현자에게는 고정관념이 없다

철학의 타자

철학의 타자

프랑수아 줄리앙 지음 박치완 · 김용석 옮김

현자에게는 固定觀念이 없다

한울
아카데미

제3의 길을 내야 한다

1

서양 철학 전공자들에게 신神은 삽삽함의 대표적 개념이다. 서양 철학서들을 읽다 보면 예외 없이 등장하는 개념이 신이기 때문이다. 플라톤Plato의 '이데아'도 아리스토텔레스Aristoteles의 '실체'도 하이데거 Martin Heidegger의 '존재'도 레비나스Emmanuel Levinas의 '타자'도 모두 신 개념의 모작模作에 불과하다. 결국 서양에서 신은 데카르트René Descartes 가 그랬듯 철학을 정초 짓는 그런 개념이었던 것이다.

하지만 자유로운 사고libre-pensée의 대명사라고 할 수 있는 철학은 신 과 같이 그 기원이 이미 정해진 것에 도전하고 저항하는 것이 일반적 이다. 특히 탈근대를 살아가는 현대인에게 신은, 보드리야르Jean Baudrillard의 표현대로라면, 일종의 '시뮬라크르'와 크게 다르지 않다. 이렇 듯 현대에 이르러서는 철학 영역에서도 의미나 깊이 대신 표면, 무의 미, 비논리를 추구하며 전통의 철학적 경계 허물기에 혈안이 되어 있 다. 만일 데리다Jacques Derrida의 표현이 옳다면, 철학은 '시니피앙의 유 희'에 불과하다.

이런 점에서 철학은 데리다 이후 전통적인 여러 가치들과 역할을 잃었다고 볼 수 있다. 모든 것이 철학이거나 아무것도 철학이 아니라고나 할까. 이런 상황에서 프랑수아 줄리앙François Jullien의 『현자에게는 고정관념이 없다』를 만난 것은 행운이다. 이 책은 철학의 가능성을 새로운 시각으로 제시한 역작이다. 지혜와 철학을 구분하고, 동양과 서양을 대면시켜 제3의 길을 개척해보려는 줄리앙의 의지는 전 페이지에 걸쳐 녹아들어 있고, 그 때문에 역자를 감동시키기에 충분했다.

줄리앙에 따르면 제3의 길만이 "차이를 지워버리지도 긍정하지도 않는" 길이다. 동양과 서양이 역사를 거듭하면서 축적시켜온 서로 다른 길, 그래서 당연히 바라보는 곳이 다를 수밖에 없는 두 길을 하나로 통합시켜보려는 줄리앙의 노력은 서양 철학을 전공하는 역자를 사로잡기에 충분했다. 역자는 번역 과정에서 두 대양을 자유롭게 가로지르는 줄리앙의 해박한 지식과 혜안에 자주 고개를 숙여야 했다. 철학은 시작되고 끝나는 것이 아니고, 하이데거나 데리다가 '끝났다'고 선언했기 때문에 다른 영역들과 새롭게 살 길을 모색해야 하는 것이 아님을 깨달았다. 또한 그 자체가 무궁무진한 길이자 아직도 미지의 길임을 깨달았고, 만일 책을 쓸 기회가 생긴다면 꼭 이런 책을 써보고 싶다는 의기義氣를 다지게 되었다.

줄리앙은 서문에서부터 줄곧 강조한다. 서양 철학이 "유럽적 이성"을 버리고 동양 철학과의 대면對面을 통해 그동안 동양 철학에 대해 가져온 선입견들을 재고하지 않는다면 서양 철학은 좌초하고 말 것이라고. 사실 공자를 비롯하여 동양의 많은 현자賢者들은 서양 철학자들을 사로잡은 진리 따위는 안중에도 없었으며, 다분히 인위적인 진리보다 그러한 길道을 자기 자신의 그러함自然 本性 속에서 제시하는 것이 전부였다. 문제는 바로 그 길을 너무도 가까이 둔 탓에 "유럽인은 더 이상 그것을 보지 못한 것이다". 때문에 줄리앙은 감히 선언한다. 유럽인은 결코 동양인에게 익숙한 그러한 도道에 도달하지 못한다고.

역설적으로 말해, 줄리앙이 『현자에게는 고정관념이 없다』에서 시도한 것은 "동양의 지혜를 서양의 철학과 대면시켜" 제3의 길 위에서 새로운 철학, 즉 비교철학을 개척하는 것이다. 그리고 이는 사실 "동양의 지혜를 서양의 철학과의 대면 속에서 일으켜 세우기 위함"이기도 하다. 그리하여 동양의 "지혜를 신비스러운 지평으로부터 끌어내" 새 옷을 입히려는 것이다. 줄리앙이 이 책에서 의도하는 궁극적인 목표가 이것이다.

2

이러한 관점에서 줄리앙은 서양의 철학자들이란 대개 자신이 세우려고 하는 관념에 얽매여 "다른 모든 관점들을 닫아버린" 경우라고 비판한다. "지혜를 사랑한다philo-sophia"는 철학자들까지도 본래 의미와 상반되게 자신의 맹목성에서 벗어나지 못했다는 것이며, "모험에 대한 욕망"과 "위험에 대한 취향"에 늘 갇혀 있었다는 것이다.

이에 비해 동양의 현자들은 "아무것도 주장하지 않으면서" "항상 모든 것을 함께" 취해왔다. 서양의 철학이 관점을 세워 그 나름의 관념을 만들고, 그 관념이 때론 유지되고 때론 도전 받으면서 늘 편파성에 치우쳐 있었다면, 동양의 지혜는 역으로 "아무것도 주장하지 않도록 조심하는 것"을 모토로 삼아 늘 일상日常에 천착했던 것이다. 일상적이고 구체적인 것들에 천착해 그것들을 인식하고 이해하는 것이 아니라 깨달음의 요체要諦로 삼은 것이다. 다시 말해 "깨닫는다는 것, 그것은 우리가 보지 못하는 것, 혹은 알지 못하는 것에 대해서가 아니라, 그와는 반대로 우리가 보고 있는 것, 알고 있는 것, 즉 우리가 상당히 잘 알고 있는, 눈앞에 있는 것에 대해 자각하는 것"이다.

요컨대 서양의 "철학은 (늘 최초의 관념에 의존해) 다른 식으로 사유의 주름을 다시 잡는 것 말고는 아무것도 할 수 없었던 것"인 반면 동양의 지혜는 일상을 무대로 하여 하늘天을 거울삼되, "역사 없이 존재한다"는 것!

줄리앙이 동양의 지혜가 역사 없이 존재한다고 말한 것은 다음 두 가지 의미에서다. 역사가 없는 지혜는 우선 그 지혜가 역사적으로 구성되지 않는다는 의미에서 그러한 것이다. 즉, 지혜는 아무것도 앞세우지 않기 때문에 반박당할 수 없다. 또한 지혜에는 토론해야 할 이유가 없다. 따라서 대비해야 할 이의제기도 없으며, 희망해야 할 미래 또한 없다. 이렇게 해서 지혜는 사유의 무역사적인anhistorique 부분이 된다. 즉, 지혜는 인생의 모든 시기에 속하는 것이고, 연륜의 토대에 기인하는 것이며, 이른바 '민중들의' 지혜라고 할 수 있는, 모든 전통들 속에서 길을 찾는 것이다.

이런 이유 때문에 동양의 사상에 능통한 줄리앙도 스스로 동양의 "지혜에 관하여 말한다는 것" 자체가 쉽지 않았다고 술회한다. 하지만 그는 "지혜를 역설적으로 밝혀" 그 "근본 지점, 즉 관념이 없는

지점에 도달하는 것"을 목표로 삼고 있다. 이 책의 제목이 의미하는
바가 정확히 여기에 있다.

3

　문제는 진보와 발전을 모토로 역사 속에서 비대해진 서양의 철학
이 자신의 역사를 과시하며, 동양의 지혜를 줄곧 무시해왔다는 점이
다. 그 결과 동양의 지혜는 서양의 "철학 아래" 처해 있어야 하는 운
명이었다. 결국 동양의 지혜는 서양인들에게 "감히 위험을 무릅쓰지
않으려는 사유, 좀 더 정확히 말해 절대적인 진리에 다가가려는 것을
포기한 사유"로 비칠 수밖에 없었다. 한마디로 동양의 지혜는 "맥이
빠진, 시대에 뒤진 사유", "진부한 사유", "패잔병과 같은 사유", "관
념들의 매혹적인 도약에 비하여 한참 뒤에 처져서 정체되어 있는 사
유", "기껏해야 하나의 체념적인 사유"로 폄하되었다.

　하지만 줄리앙은 서양인들의 이러한 편견을 일소하기 위해 동양의
지혜에서 변화variation라는 개념을 전면에 등장시킨다. "설명되지 않
는", "이해해야 할 만한 것을 거의 제공하지 않는", "명상하고", "음
미해야" 비로소 그 참된 맛을 볼 수 있는 동양의 지혜는 서양인들의
편견과 정확히 상치한다고 판단했기 때문이다.

　앞서 우리는 동양의 지혜는 "역사 없이 존재한다"고 했다. 이는 곧
"현자에게는 고정된 관념이 없다"는 뜻이며, 특정한 관념에 의해 역
사를 고정시키려 하지 않았다는 말이기도 하다. 변화하는 역사는, 더
더욱 사유의 역사는 '역사'를 가질 수 없다. 공자를 비롯해 동양의
현자들이 "세상에 대해 그 어떤 편견적인 시각을 투사하지 않으면서

도 그 세상 자체에 접근"하는 것을 지상과제로 삼은 것도 이런 이유에서다.

현자는 이렇게 "그 어떤 개별적인 관점 속에 정체되는 것"을 삼가했으며 "만물의 흐름과의 일치"를 추구하면서 변화易를 사유의 거울로 삼고 "과정의 논리"를 지혜의 수련법으로 익혔다. 그리고 바로 이러한 이유를 들어 줄리앙은 "현자에게는 고정된 '입장'이 없다"고 감히 주장했다. "현실은 지속적인 변모 속에 존재하기 때문에, 현자의 행위 또한 그러한 것이다."

현자에게 고정관념이 없다는 것은 "현자에게는 내가 없다"는 말이기도 하다. 줄리앙은 그 이유를 다음 네 가지로 설명한다. i) 현자는 자신이 주장하는 관념이 있다고 해도 이를 통해 아무것도 재단하지 않기 때문이며, ii) 그 '아무것'도 존중해야 할 정언명령으로 제시하지 않기 때문이며, iii) 또한 그 어떤 입장 속에 고정되어 있지도 않기 때문이며, iv) 그 결과 자신의 인성을 결코 특별한 것으로 만들지도 않기 때문이다. 그리하여 현자는 더 이상 '나'를 가지고 있지 않다. 역설적으로 말하면, "현자는 실제 그 무엇에도 특권을 부여하지 않기 때문에 모든 것을 포괄할 수 있는 사람이다".

바로 이런 이유 때문에 동양의 지혜는 "우주 운행의 전체성totalité과 합치되는 것"을 최고 목표로 삼게 되었으며, 동양의 현자들은 일찍이 변화, 즉 우주 운행에 대한 깨달음을 가졌기에 어느 한쪽에도 치우치지 않은 채 늘 중도中道, 중용中庸을 실천할 수 있었다. "중용은 세상의 근간이고, 조화는 그 세상의 길이다中也者, 天下之大本也, 和也者, 天下之達道也."

4

중도의 실천이 곧 학문함의 이정표인 동양에서는 그리하여 "지혜의 반대 항은 거짓이 아니라 편파적인 것이다". 편파성 때문에 사실 사람들은 하나를 보고 나머지 것들은 보지 못한다. 이는 서양 철학자들만 그랬던 것이 아니고 동양의 학파들에서도 발견된다고 줄리앙은 지적한다. 그에 따르면 묵가주의자들은 실용적인 것에 눈이 멀어 더 이상 문화적인 것의 중요성을 의식하지 못했고, 법가는 규범에만 눈이 멀어 개인적인 가치를 멀리했으며, 혜시惠施 같은 궤변론자는 역설에 대한 취향에 눈이 멀어 논의의 현실성을 놓치기도 했다. 그런가 하면 장자莊子는 자연적인 것에 눈이 멀어 인간적인 것의 영역을 소홀히 했다.

이렇듯 동서고금을 막론하고 학파는 많고 주장은 다양하지만, 대개가 특정한 관점만을 부각시킴으로써 편파성에 갇히고 말았다. "일부를 전체로 삼았기 때문"에 이와 같은 오류가 반복되는 것이리라. 줄리앙이 특히 공자를 높이 사는 이유가 여기에 있다. 그에 따르면 "공자는 자신이 개인적 경험으로 축적해놓은 것에 의해서 눈이 멀도록 내버려두지 않았으며, 도道의 '총체성'에 다가간" 유일한 현자였다. "왜냐하면 공자는 그 무엇에도 반대하지 않기 때문이다. 즉, 자신의 욕망에도 반감에도, 사물들의 시작에도 끝에도." 줄리앙이 공자를 "모든 존재자들을 동시에 펼쳐놓은" 유일한 학자라고 칭송한 이유가 바로 이것이다.

줄리앙의 결론인즉 동양의 지혜가 우리에게 제시하는 길은 관점, 편파성에서 벗어나 "사람들이 지나갈 수 있는 길을 내는 것", "사람들이 끝없이 지나갈 수 있는 길을 내는 것!", 그래서 "그 길은 실천적인 길"이자 "하늘의 길"이며, 바로 그 길을 통해서 "현실세계가 끝없이 조화를 이루는" 것이다. 요인즉 "사유의 편파성 속에 잠기지도 않는 것", "하나의 관념에 집착하지도 않는 것", "하나의 고정된 입장 속에서 굳어지지도, 하나의 개별적인 자아 속에 매몰되지도 않는 것", 이것이 바로 줄리앙이 제3의 길로서 동양의 지혜, 서양 철학의 역사를 향해 던지는 요청이자 질문이다.

5

한국에서 비교철학의 토양은 참으로 척박하다. 역자도 먼발치에서 늘 관심만 있었지 무언가를 구체적으로 실천해 옮긴 적은 없다. 하지만 이 번역서를 통해 그 필요성을 다시 한 번 절감했고, 이제는 철학이 '비교'라는 새로운 지평 위에 설 때가 되었다는 확신도 갖게 되었다. 문화적 격차와 편견을 줄일 수 있는 유일한 방법이 타자와의 비교다. 『사물의 성향』, 『맹자와 계몽철학자의 대화』 등으로 이미 한국 독자들에게 널리 알려진 줄리앙의 사상이 더욱 확산되어 비교철학의 불길이 지펴지길 기대해본다.

물론 줄리앙이 쓴 책들에 등장하는 주요 개념들이 여전히 서양 중심적인 것은 사실이다. 『현자에게는 고정관념이 없다』에서도 선과 악, 은폐와 비은폐, 내재성과 명증성, 합리성과 비합리성 등이 논의의 기본 틀을 구성하고 있다. 그럼에도 우리가 그의 논의에 감명을 받는 것은 동양의 지혜를 새로운 가지성intelligibilité으로 끌어올려 철학의 미래상으로 제시하려고 부단히 애쓰고 있는 진지한 노력 때문이다. 동양의 글쓰기, 논증술, 수사법 등에까지 세심한 관심을 보이며 그가 펼치고 있는 이야기들을 좇다 보면 혹 그가 전생에 중국인은 아니었을까 하는 생각이 들 정도다. 이런 이유 때문에 역자는 이 책을 한국의 동양학 연구자들에게 우선적으로 권하고 싶다. 줄리앙의 문제의식을 이어 한국의 철학을 유럽에 알리는 것도 우리에게 부과된 과제라고 믿기 때문이다.

끝으로 번역을 하면서 한 철학자에게 깊이 빠져들 수 있도록 충분한 시간적 배려를 해준 도서출판 한울의 기획·편집 담당자에게 감사하고, 누구보다도 공역자인 동학 김용석 님의 노고가 없었다면 이 책은 빛을 보지 못했을 것이다. 거듭 사의謝意를 표한다.

2009년 11월 박치완

서문

1

나는 지혜의 희미한 흔적들 위에서 출발함으로써 철학이 알지 못했던 경험과 사유의 그 어떤 토대를 다시 발견하기를 희망했다. 다시 말해 철학이 진리를 추구함으로써 멀어졌던 그 어떤 토대를, 철학이 가진 고유한 도구로는 포착할 수 없게 되었던 그 어떤 토대를 말이다. 그것은 철학에서 벗어나 있는 것일까? 너무 잘 알려져 있음 혹은 너무 평범함, 요컨대 너무 가까이 있음은 모든 이론적인 구상 작업에 필수불가결한 거리두기를 허용하지 않는 법이다.

하지만 이는 지혜에 과도한 요구를 하는 것이 아니었을까? 달리 말하자면 지혜라는 '그 늙은 여인'은 아직도 여전히 사귀어볼 만한 매력이 있단 말인가? 그렇지 않으면 지혜가 제공할 수 있는 것이란 철학보다 먼저 지혜 자신에 의해서 폐기되었던 것에 불과할 뿐이며, 이론적인 측면에서 이득이 없기 때문에 하위철학 이상의 것이 될 수 없는 운명을 선고받은 것뿐이란 말인가?

비록 상투적이고 진부한 표현을 화장처럼 여기저기 덧칠하고서라도 그 진부함이 갖는 순응주의적인 태도에 안도감을 느끼고 있는, 현재 유행하는 몇몇 시도들 속에 그 지혜가 다시 등장해도 좋으니 제발 그것이 우리 이데올로기에 나 있는 구멍을 채워주러 왔으면……

이른바 속담 등에서 드러나는 민중의 지혜라는 말이 있다. 하지만 어떻게 그것의 진부함으로부터 탈출할 것인가? 빛바랜, 흐릿한, 식어 버린 사상과도 같은 지혜, 그것은 우리의 욕망에 말을 걸지 않는다. 그것은 더 이상 우리에게 말하지 않는다. 그런 지혜는 지겨워서 견딜 수 없는 것이다. 우리는 그 사실을 알고 있다. 하지만 우리가 눈을 부릅뜨고 어떤 신호를 살펴야 할 것, 그 모습이 드러나기를 기다려야 할 것은 바로 지혜의 숨겨진 부분 — 대담한 사유, 미친 듯 무모한 사유 — 이다. 다시 말해 사유로서의 지혜는 모험과도 같은 것이며 극단적 인 것이다. 그러한 지혜는 어쨌든 철학적인 시와도 같다.

2

앞으로 전개될 글을 통해서 나는 이와 같은 진부함의 도발에 활력 을 불어넣는 것을 희망하는 바이다. 이는 지혜의 논리를 만듦으로써 그 지혜에 정합성整合性을 다시 부여하는 것을 받아들이게 하는 것이 다. 하지만 이러한 시도는 까다롭다. 그 이유는 철학이 자신의 사변적 인 야심으로 지혜를 뒤덮고 있기 때문이며, 철학이 여러 개념을 부각 시키는 조명을 통해서 그 지혜를 두드러짐이 없는 것으로, 감지할 수 없는 것으로, 최악의 경우에는 흥미 없는 것으로 만들었기 때문이다.

따라서 우리는 익명과도 같은 사유의 잔해들 속에서, 가치가 떨어 진 문구들 속에서, 무의미함의 주변에서 작업하게 될 것이다. 그러한 잔해들은 부지불식간에 등장하거나 우리가 생각하지 못하는 중에 말하게 되는 그러한 것들이다. 이러한 작업은 대부분 철학이 전개시켜 왔던 것과는 다른 사유의 가능성이 또 다른 빛(부드럽게 새어들고 우회적이고 비스듬한 빛) 속에서 점진적으로 다시 그려지는 것을 보려는 기다림 속에서 이루어진다.

다시 말해 나는 끈질기게 자유로움을 추구한 그와 같은 거침없는 또 다른 길ㅡ게다가 그 길은 내가 이론적인 분기점을 재구축하려고 시도하는 길이기도 하다ㅡ로부터 출발하여 철학의 가능성의 조건들 속으로 거슬러 올라가기를 제안하는 것이다. 적어도 고전 철학의 가능성의 조건들 속으로 말이다. 고전 철학에 의해서 지워졌던 조건들 말이다. 그 조건들이 지워진 이유는 고전 철학이 그 형성에 기여했던 유럽적 이성 속에 오래전부터 녹아들었기 때문이다. 따라서 지혜는 대면적인 방식으로 다시 모습을 나타내면서 그러한 선입견을 재고하도록 해줄 것이다.

왜냐하면 우리는 다음과 같은 사실을 시인하기 때문이다. 즉, 철학은 어쩌면 조금은 너무나 쉽사리 그것의 공공연한 타자들을 받아들였다. 철학은 싸구려라고 모욕당한 궤변술이라는 소小타자를 받아들였으며, 혹은 오랫동안 공모관계를 유지해왔던 신학이라는 대大타자를 너무 쉽게 받아들였다. 하지만 지혜는 좀 더 신중한 양상들을 보여주었기에 우리의 분석을 통해 훨씬 더 완강한 타자라는 사실이 드러날 것이다.

지혜의 선택은 사실상 더 혼란스럽고 지혜의 반철학적인 면모는 더 신랄하다. 즉, 사람은 진리를 필요로 하지 않을 수도 있다고 지혜는 우리에게 무심하게 말한다(완전한 일치만으로 충분할 것이라고 말이다). 심지어 사물에 대해 말해야 할 것이 아무것도 없을 수도 있다(왜 냐하면 말한다는 것은 사물의 조절된 운행을 막기 때문이다). 따라서 우선 여러 가지 관념을 경계해야 한다. 왜냐하면 그러한 관념들이 단순히 사유를 원격 조정하듯 생겨나게 해서만이 아니라, 사유를 고착시키고 약호화시키면서 영원히 편파적인 것으로 만들고 따라서 사유의 개방 성이라는 정신을 사취詐取하기 때문이다. 따라서 '지혜로운' 사유 그 자체는 극단적이라는 것 — 상투적인 말의 무미건조한 겉모습을 하고 있는 철학과 비교해볼 때 '극단적'이란 말이다 — 이 드러날 것이다. 이는 우리 가 그 사유를 재구성하자마자 그렇게 드러날 것이다. 하지만 바로 이 런 점에서 그 사유의 일관성은 철학에 의해 감춰져 있는 것이 될 것 이다.

나는 그 사유를 철학으로부터 떼어내기 위해서 동양으로의 여행을 다시 시도할 것이다. 왜냐하면 지혜의 잔해들 혹은 몇몇 위대한 고립 된 면모들만을 염두에 두었던 것은 바로 유럽이기 때문이다. 피론Py- rrhon, 몽테뉴Michel Eyquem de Montaigne, 스토아주의자 같은 이들이 그러했 다. 존재론의 체계가 세워지지 않았던 중국에서는 지혜가 바로 '도道 (길voie)'였다. 다시 말해서 현자, 즉 공자라는 현자는 편견을 가지고 있지 않기 때문에 '관념이 없는sans idée'자이다. 그리고 이를 통해 공 자는 개방된 정신을 견지하면서 각각의 '그러함ainsi'에 전적으로 열려 있게 된다고 도가 사상가는 덧붙이고 있다. 왜냐하면 공자는 그러함 을 발생하는 것으로 이해하기 때문이다. 그는 '자기 자신의 그러함에 의해서de par soi-même ainsi' 이해하기 때문이다. 다시 말하면 '의향에 따 라 어떤 소리가 발생되는' 것과 같다. 따라서 우리는 (대상을 한정함으로써) 인식하려고 노력하지 않아도 될 뿐만 아니라 가까이에 있는 어떤 특정한 명증성과 함께 사라지는 내재성의 근간을 자각하려고 노력하지 않아도 된다. 물론 우리는 항상 그러한 명증성을 눈앞에 가지고 있지만 말이다. 좀 더 정확히 말해 우리는 그 명증성을 항상 눈앞에 가지고 있기 때문에 이제 더 이상 그것을 보지 못하는 것이다. 우리는 그 명증성을 보는 것에 **도달하지 못하고 있다.**

3

비트겐슈타인(1947)*은 다음과 같이 적고 있다. "신이 철학자에게 세상 모든 사람이 눈앞에 보고 있는 것을 꿰뚫을 능력을 주었을까!" 이것을 다음과 같이 말한다 해도 과언이 아닐 것이다. 즉, 내가 지혜를 철학과 대면시켜 재구성하기를 희망했던 것은 바로 지혜를 철학과의 대면 속에서 일으켜 세우기 위함이라고 말이다. 여기서 '현자'는 개념적인 인물의 역할을 담당한다. 그리고 현자를 따라 이번엔 '철학자' 또한 그렇게 되는 것이다. 현자와 철학자는 결국 대화를 나눌 것이다. 점차적으로 드러나는 이러한 대화를 통해서, 나는 지혜를 신비스러운 지평으로부터 끌어낼 수 있기를 기대한다. 신비스러운 지평이란 우리가 지혜로부터 그것이 가지고 있는 무미함을 씻겨내고자

---

* 비트겐슈타인Ludwig Josef Johan Wittgenstein의 이름과 함께 괄호 안에 연도가 병기되어 나오는 부분은 『철학적 단상Remaques mêlées』에서 인용된 글이며, 그 연도는 글이 작성된 시점이다. 아울러 원문의 본문에서는 비트겐슈타인의 인용문이 각주 번호가 없이 각주의 형식으로 자주 등장하고 있는데, 역자는 이 각주를 본문으로 올려 번역했다. 1978년 독일에서 출판된 *Vermischte Bemerkungen*은 제라르 그라넬Gérard Granel에 의해 *Remaques mêlées*라는 제목으로 1984년 번역·출판되었다가 2002년 플라마리옹 출판사에서 재출판되었다.—역자주

원할 때 지혜를 황홀한 색채로 에워싸면서 다시 치장하는 것으로 사용된다. 그 최악의 것은 '동양'에 투사되는 '서양적' 환상이다. 즉, 도道(타오)의 동양, 정신적 스승을 일컫는 '구루'의 동양 등과 같은 환상들이다.

나의 작업은 그 원인을 열어놓는 것이지 그 요구를 포기하는 것이 아니다. 반대로 만일 내 작업이 어떤 외부로부터의 파괴를 시도한다면 이는 반이국적anti-exotique인 것이다. 이러한 시도의 낮게 깔린 저음을 읽어낼 줄 아는 사람은 그 속에서 여러 가지 탈주들에 대한 혹은 모든 종류의 보상들에 대한 풍자적인 비판을 볼 것이며, 우리의 미래를 위협할 수도 있을 반이성주의의 급격한 확산도 볼 것이다.

일러두기

1. NZ. 왕부지王夫之(1619~1692)가 주해한 『주역내전周易內傳』. neizhuan(내전)에서 n과 z를 끌어내어 약어로 사용.

2. WZ. 왕부지가 주해한 『주역외전周易外傳』. waizhuan(외전)에서 w와 z를 끌어내어 약어로 사용.

3. MZ. 『맹자孟子』.

4. 프랑스어 원본에 '(로마자, 페이지)'와 '(『논어論語』, 페이지)'로 표기된 것은 필자가 『논어』에서 인용한 것이며, '(로마자, A[혹은 B], 숫자)'는 『맹자』에서 인용한 것이다. 또한 『중용中庸』에서 인용한 것들도 있다. 역자는 『논어』, 『맹자』, 『중용』에서 인용한 문장이 들어 있는 '편'을 찾아 밝히고 본문에 원문을 병기하려고 최대한 노력했다. 각주의 문헌 표기도 '저작명, 페이지 숫자'로 통일했다.

5. 프랑스어 원본에는 책 말미에 「한자 표현에 대한 용어사전」이 첨가되어 있으나, 번역본에서는 그 한자 표현들을 본문에 병기했다.

6. 필자가 본문에서 보충설명을 위해 괄호 등에 서술한 내용 가운데 분량이 긴 것은 가독성을 기하기 위해 각주로 처리했다.

7. 필자가 중국 고전의 인용문을 프랑스어로 번역한 것을 역자가 다시 한글로 번역하면서, 우리가 찾은 한자 원문에 대해 국내 연구자들이 대체로 공감하고 있는 한글 번역문을 본문 하단에 각주의 형태로 첨가하여 독자가 일반적으로 중국의 고전을 한글로 독서하게 될 때의 가독성에 도움을 주고자 했으며, 이를 통해 중국 철학 전공자인 필자가 프랑스어로 해석하는 중국 고전의 의미와 독자가 중국

고전을 한글 번역본으로 이해하면서 발생하는 미세하면서도 새로운 관점의 차이가 자연스럽게 드러나 프랑스인의 시각을 거친 중국 고전에 대한 흥미로운 독서의 기회를 제공하고 있다.

8. 프랑스어 원본에 나오는 « »는 경우에 따라 ' '(강조의 표시)와 " "(인용의 표시)로 표기했으며, 이탤릭체로 된 부분은 고딕으로 처리했다.

9. 본문에서 인용되는 『논어』, 『맹자』 이외의 『중용』, 『노자老子』, 『장자莊子』, 『묵가』 등의 중국 고전 텍스트에 대해서는 이 책 뒷부분에 제시된 「중국학 참고문헌」의 내용을 참조하길 바란다.

10. 번역을 위해 참고한 서적들은 다음과 같다.

『논어』의 한글 번역은 성백효 역주, 『논어집주』, 전통문화연구회, 2000.

『맹자』의 한글 번역은 성백효 역주, 『맹자집주』, 전통문화연구회, 2005.

『중용』의 한글 번역은 성백효 역주, 『대학중용집주』, 전통문화연구회, 2000.

『노자』의 한글 번역은 이강수 옮김, 『노자』, 도서출판 길, 2007.

『장자』의 한글 번역은 안동림 역주, 『장자』, 현암사, 1993.

차 례

현자에게는 고정관념이 없다
철학의 타자

固定
觀念

'(고정된) 관념이 없음'에 대하여

관념은 이미 맥이 빠져 있다.
관념은 더 이상 아무것에도 적절하지 못하다.……
관념은 종이돈과 같은 것이어서,
한번 구겨지면 결코 매끄럽게 만들 수 없다.
루드비히 비트겐슈타인, 『철학적 단상 Remaques mêlées』

지혜는 회색이다. 이와는 반대로,
삶은 그리고 종교는 다채로움으로 가득하다.
같은 책

I
아무것도 주장함이 없음

1

곧바로 다음과 같이 제기해보겠다. 현자는 관념 없이 존재한다. '관념이 없음'이란 현자가 그 어떤 관념을 다른 관념들에 앞서는 것으로 다른 관념들을 발판 삼아 제시하는 것을 경계한다는 의미이다. 다시 말해 현자에게는 그가 머릿속에 내세우는, 원칙으로 제시되어 토대 혹은 단순히 발단으로 사용하는 관념이 없다. 현자의 사유가 연역될 수 있는 혹은 적어도 전개될 수 있는 것으로 사용되는 그 무엇인가가 없다는 말이다. 원칙, 즉 (그리스 자연철학에서의) 만물의 원리archè, 다시 말해 시작하는 것인 동시에 지배하는 것, 바로 그것을 통해 사유가 첫발을 내딛을 수 있는 것이 없다는 것이다. 그 원칙이 정립되면 나머지는 뒤따른다. 하지만 정확하게 바로 그 지점에 함정이 있다. 현자는 곧장 취해지는 이러한 방향에 대해서 염려하며 그 방향이 세우는 헤게모니를 염려한다. 왜냐하면 조금이라도 내세워진 관념은 다른 관념들에 영향을 주기 때문이다. 그리고 이는 곧바로 그 다른 관념들과 결합되는 것을 각오하는 것이며, 좀 더 정확히 말해 그러한 관념은 다른 관념들을 이미 자신의 손아래 옭아매게 된다. 현자는 최초의 관념이 갖는 주관자로서의 힘을 염려하는 것이다. 그렇기 때문에 현자는 이러한 '관념들'을 동일한 차원에서 다루려고 노력한다. 그리고 바로 그 점에 현자의 지혜로움이 있다. 그러한 여러 관념들을 동일하게 가능한 것들로, 동일하게 접근 가능한 것들로 취급하는 것이다. 그러면서 그 어떤 관념도 앞으로 나서면서 다른 관념을 숨기지 않으며, 다른 관념에 그늘을 드리우지도 않는다. 간단히 말하면 그 어떤 관념도 특권을 부여받음이 없다.

'관념이 없음'이란 현자가 그 어떤 관념도 소유하지 않는다는 것, 그 어떤 관념에 사로잡혀 있지도 않다는 것을 의미한다. 문자 그대로 좀 더 엄밀하게 살펴본다면 다음과 같다. 현자는 그 어떤 관념도 앞에 제시하지 않는다. 하지만 그렇게 하는 것조차 우리는 피할 수 있을까? 아무것도 주장하지 않고서 우리는 어떻게 사유할 수 있을 것인가? 지혜가 우리에게 말해주는 바에 따르면, 우리가 어떤 관념을 주장하기 시작하자마자 바로 그 모든 현실적인 것(혹은 **모든** 사유 가능한 것)이 단박에 뒤로 물러섰다는 것이다. 좀 더 정확히 말해 그 모든 현실적인 것이 배후로 사라진다는 것이다. 그렇게 되면 다시금 그것에 다가서기 위해서는 엄청난 노력과 매개가 필요하다. 이와 같이 주장된 최초의 관념은 우리를 둘러싸왔던 명증성의 토대를 깨뜨렸다. 다른 측면이 아닌 바로 특정한 하나의 측면을 조준함으로써 처음 주장된 관념은 우리가 자의성 속에서 균형을 잃도록 만들었으며, 우리를 바로 그 측면으로 향하게 했다. 그리고 다른 측면은 잃어버렸다.

이러한 추락은 치유할 수 없는 것이다. 다시 말해 우리가 곧바로 모든 가능한 이성의 연쇄고리를 구축한다고 해도 소용이 없을 것이다. 우리는 영원히 빠져나오지 못할 것이다. 우리는 항상 파고들 것이며, 항상 더욱 빠져들 것이며, 항상 그 같은 사유의 기복들과 긴 참호 속에 사로잡힐 것이다. 따라서 결코 명증성의 표면인 **평평한** 표면으로 되돌아올 수 없을 것이다.

또한 지혜가 우리에게 말해주고 있는 바에 따르면, 만일 세상이 여러분에게 계속해서 제공되기를 바란다면, 그리고 이를 위해서 세상이 무한정 공평하고 절대적으로 펼쳐져 있는 상태로 유지되기를 바란다면, 여러분은 반드시 첫 번째 관념의 자의성(제일 처음에 놓인 관념의 자의성을 말하며, 방금 필자가 개시한 바로 그 관념 자체에 이르기까지)을 포기해야만 할 것이다. 왜냐하면 모든 최초의 관념은 이미 당파적이기 때문이다. 즉, 그 관념은 독점하는 것을 시작했고, 그렇게 함으로써 등한시하는 것을 시작했기 때문이다. 현자는 아무것도 등한시하지 않는다. 현자는 아무것도 그만두지 않는다. 그런데 현자는 다음과 같은 사실을 알고 있다. 즉, 하나의 생각을 주장함으로써 사람들은 이미 편을 드는 것이며, 비록 그것이 단지 일시적인 것일지라도 현실에 대한 특정한 입장에 편을 드는 것이라는 사실을 알고 있다. 다시 말해 사람들은 실타래와 같은 일관성들 속에서 다른 것이 아닌 바로 그 어떤 하나의 맥락을 끌어냄으로써 사유를 특정한 방향 속에서 물결치도록 했다는 것을 현자는 알고 있다. 또한 사람들이 아무리 신중하게 방법론적으로 처신한다고 하더라도, 하나의 관념을 주장한다는 것은 자신이 가르쳐주기를 시작하고 싶어하는 것을 단번에 잃게 한다.

다시 말해 사람들은 특정한 관점에 의해서 유죄선고를 받는 것이며, 곧이어 총체성을 회복하기 위해서 어떤 노력을 하게 되는 것이다. 그렇게 되면 이후 사람들은 더 이상 처음 주장된 관념에 의해서 형성된 구김에 의존하는 것을 끝낼 수 없을 것이며, 그 구김에 의해서 되풀이되는 것을 그칠 수 없을 것이다. 또한 사람들은 그것을 지워버리고 싶어하면서 끝없이 재론하게 될 것이며, 이를 위해서 사유 가능한 것의 장을 다른 식으로 다시 구기게 될 것이다. 하지만 사람들은 사유의 **구김 없음**을 영원히 잃어버린 것이다.

그런데 하나의 관념을 주장한다는 것, 바로 그것에 의해 철학의 역사는 시작되었으며 계속되고 있다. 다시 말해 사람들이 앞세운 그러한 관념으로부터 사람들은 하나의 원칙을 만들게 되며 나머지는 자연히 뒤따라오게 된다. 즉, 관념은 스스로 체계 속에서 조직화된다. 사람들은 앞에 놓인 이러한 관념으로부터 자기 사유의 두드러진 논점을 만든다. 그 어떤 사람은 자신의 사유를 옹호하고, 다른 어떤 사람은 그 어떤 사람의 사유를 반박하는 입장을 취한다. 이처럼 주장된 단호한 결심으로부터 출발하여 하나의 독트린이 구축될 수 있으며, 한 학파가 형성될 수 있으며, 그렇게 되면 더 이상 끝나지 않을 논쟁이 시작되는 것이다.

2

바로 이런 의미에서 17세기 중국의 사상가 왕부지는 중국에서 가장 오래된 고서 '변화의 고전', 즉 『역경易經』에 나오는 "머리 없는 용들의 무리를 보는 것, 그것은 상서로운 것이다見羣龍, 无首, 吉"*라는 규범적인 문구를 주해할 수 있었다. 실제로 여러 도식64괘들**의 첫 번째를 차지하고 있는 그림을 살펴보자.

$$\equiv\equiv$$

이 그림의 여러 획들은 상황이 갖는 다양한 양상을 상징하고 있으며, 상황의 발전에 연속되는 여러 계기(순간)를 상징하고 있다. 이 그림에서는 그 어떤 획도 다른 획들과 분리되지 않으며, 다른 획들보다 우월하지 않고 넘어서지 않는다. 획들의 위치가 동등하지 않음에도 불구하고 어떤 획도 내세워지지 않고 있으며 특권을 부여받고 있지

---

* 「건괘乾卦」, 용구用九: [여러 용을 보되 앞장서지 않으면 길하리라.] 일러두기에서 밝혔듯이 앞으로 중국 고전에서 인용된 문장의 한글 번역 부분은 본문 하단 각주에서 대괄호([ ]) 속에 소개한다. 이는 국내의 중국 철학 전공자들이 일반적으로 공감하는 번역을 함께 소개함으로써 중국 철학 전문가인 필자가 프랑스어로 번역한 것을 역자가 한글로 번역하면서 발생하는 새롭고도 미세한 차이점을 독자에게 소개하기 위함이다. 프랑스어 원문은 다음과 같다. "Voir la troupe des dragons sans tête : faste." 즉, Voir(보다)/ la troupe des dragons(용들의 무리)/ sans tête(머리 없는)/ faste(길하다)와 같이 한자 원문을 단어 대 단어로 프랑스어로 번역했다. 그러나 한자 원문見羣龍, 无首, 吉에서 볼 수 있듯, 쉼표가 어디에 찍혀 있느냐에 따라서 해석의 차이를 만들어낼 수 있는 것으로 보인다. 한자 원문은 이 문장을 세 부분으로 나누었지만, 프랑스어 번역은 두 부분으로 나누어져 있다. '머리 없는'이라는 표현이 앞부분을 수식하느냐 아니면 단독으로 의미를 갖느냐에 따라 미묘한 해석의 차이가 발생할 수 있다.―역자주

** 『역경』, 즉 『주역』에서 우주 최초의 상태는 무극이었으며 이는 곧 태극이다. 태극이 기의 작용으로 생겨나는 것이 양의(음과 양)이며, 양의(음과 양)가 팽창과 수축을 거듭하여 생겨나는 것이 사상이며, 또한 음과 양의 거듭되는 가운의 작용은 8가지 특징을 가진 사물을 형성하는데 이를 8괘라 한다. 또한 괘와 괘가 결합되어 세상 만물을 설명할 수 있는 64가지 괘를 형성하니 이것이 곧 주역 64괘이다. 각 64괘는 6개의 효로 이루어졌으니 전체 효는 384효가 된다.―역자주

도 않다. 간단히 말해서 그 어떤 획도 두드러져 보이지 않으며 부각되지 않는다. 이 획들은 모두 동일한 면에 위치해 있는 것이다. 따라서 "머리 없는"이라는 표현은 그 모든 용들이 "무리로" 남아 있다는 의미이며, 그 어떤 용도 머리로 나서지 않고 자신을 내세우지 않는다는 것을 의미한다. 또한 그 용들이 '동등한 능력'을 가지고 있다는 것을 의미한다(NZ, 50).[*] 따라서 여러 계기들 혹은 다양한 양상들로부터 그 어떤 획도 내세워지지 않기 때문에, 그 어떤 획도 '과대평가되지'도 '평가절하되지'도 않기 때문에, 모든 용들이 동일한 면에서 균등하게 '머리가 없는 것으로 보이기' 때문에, 그림에 나오는 획들과 같은 실재의 여러 특징들 각각은 균등하게 발화될 수 있으며 그 요소들 각각은 그러한 '용'과 같이 충만한 효과를 드러낼 수 있는 것이다.

이는 다음과 같은 사실을 인정하는 것이 된다. 즉, 실재로부터 모든 잠재성을 보존하기 위해서는 아무것도 선두에 세우지 않는 것으로도 충분하다는 사실이다. 주해가가 상세하게 말하고 있듯이, 이는 또한 "그것이 끝까지 작용될 수 없는 곳은 그 어디에도 없을 것無首者, 無所不用其極"을 위해서도 충분하다. 이렇게 이해된다면, 아무것도 그것을 멈추게 하지 못하거나 혹은 그것을 붙잡을 수 없기 때문에 그것이 완전하게 전개되는 것이다. 현실세계의 선들 중 어떤 것도, 그림의 선들처럼 자신에게 우선권을 요구하면서 다른 것에 그늘을 드리우지 않는 것과 마찬가지로, 그러한 표시를 하는 모든 사람들은 상황의 모

---

* 『주역내전周易內傳』, 50. 본문에서는 약자 NZ로 표기.

든 양상이 조화롭게 공존하도록 내버려두는 것이다. 그 양상이 아무리 다양하다고 할지라도 말이다. 마찬가지로 그 양상은 자신의 변화에 나타나는 모든 계기가 유리하게 전개되도록 내버려두는 것이다. 그것들의 대립적인 위상에도 불구하고 말이다. 스스로에게 그만큼의 기회를 제공하는 이러한 선들의 집단 속에서 현자는 어떤 것도 거부하지 않으며 어떤 것도 금하지 않으며, 전개된 그것들 모두가 도약하도록 주의한다. 그렇게 비상하는 '용들'처럼 말이다.

만일 이러한 점으로부터 출발하여 우리가 철학으로 되돌아간다면, 이러한 해석이 근거하고 있는 그리고 암시적으로 담고 있는 그 연결고리가 더 잘 드러날 것이다(그리고 그 결과 필자는 외향성을 통해 그것이 갖는 사유의 틀에서 우리의 사유의 틀로 이행하도록 함으로써 그것을 더 완벽하게 번역할 수 있을 것이다). 즉, 현자는 항상 **모든 것을 개방되게** 유지하려는 것을 그치지 않을 것인데, 그 이유는 현자가 항상 **모든 것을 함께 취하려는** 것을 그치지 않기 때문이다. 앞에서 보았듯 마치 그림의 선 여섯 개가 동일한 면에서 균등하게 하나의 묶음으로 이해되고 있는 것과 마찬가지다.

반면에 우리가 철학의 작업을 향하여 돌아서면서 모든 주장된 관념은 여는 것인 동시에 닫는 것이라는 점을 다시 인식해야 할 필요가 있다. 좀 더 정확하게 말해 모든 주장된 관념은 자신의 관점에 길을 터주기 위하여 다른 가능한 모든 관점들을 닫아버리기 시작하는 것이다. 즉, 철학한다는 것의 출발에는 자의적인 동시에 필연적인 일종의 실명失明이 있을 수도 있다. 그것이 무엇이든 간에 타인의 경험 혹은 사유가 보여주는 특정한 양상에 대해서 철학자는 항상 자신의 눈을 상하게 하는 것으로 시작하는 것이며, 적어도 하나의 특정한 관점으로 그렇게 하는 것이다. 심지어 다음과 같이 말할 수도 있다. 즉, 철학자는 그 최초의 맹목성이 더 클수록 그만큼 더 천재적－그만큼 더 깊이 파고드는－이다. 플라톤과 칸트Immanuel Kant는 '버리는 것'으로 시작했다는 위상에 걸맞게 위대한 사람들이다. 철학의 측면에서 보자면, 그 체계가 곧이어 구축하려고 목표하는 이러한 통일성은 단지 한 발 한발 재인식될 수 있을 뿐이다. 이 통일성은 전반적으로 포착되는 대신에 단지 점진적으로만 전개될 수 있을 것이다. 따라서 결코 총체적일 수 없는 방식으로 전개될 수 있을 뿐이다. 즉, 시작이 있는 사유는 끝을 가질 수 없을 것이다.

아무것도 주장하지 않으면서, 시작을 경계하면서 현자는 '하늘'과 일치하는 것이라고 주역은 계속해서 언급하고 있다. 왜냐하면 '모든 것을 포괄하고' 있으며 '모든 것의 출발점에 있는' '하늘'을 정의한다는 것, 그것은 바로 하늘이 어떤 계기도, 어떤 존재도, '아무것도 머릿속에 위치시키지 않는' 것이기 때문이다(NZ, 58). 좀 더 자세하게 말하면, 운행하는 과정의 총체성과 다름없으며, 그 자체로 자연성의 토대 없는 토대를 구축하고 있는 것인, 그 하늘의 '덕'을 만드는 것은, 그 하늘이 '아무것도 머릿속에 위치시키지 않을' (그 결과 '나머지는 뒤따르는') 수 있다는 것이기 때문이다. 그리고 바로 그러한 사실에 의해서 하늘은 만물의 흐름을 끊임없이 안정시키며, 모든 것이 존재하도록 한다. 주해가 왕부지에 따르면, "동지冬至로부터 시작하여 시작 날짜를 삼는 것은 단지 인간의 계산 편의성일 뿐이다". 혹은 "봄으로부터 시작하여 그것을 시작으로 삼는 것은 단지 식물 성장을 고려하는 것일 뿐이다". (변화의 개별적인 현상으로서 말이다.) 달리 말하면 우리의 모든 시작은 자의적이거나 개별적이다. 현실세계의 근간으로서의 '하늘'이 시작도 없고 우선권도 없는 것과 마찬가지로, 사람 역시 '그것이 무엇이든 어떤 관점에 의지함으로써' 자신에게는 두드러져 보이는 한 측면을 우선시할 수 없을 것이다.

3

따라서 (철학과 대면하여) 지혜의 선택은 다음과 같은 것이 될 것이다. 즉, 아무것도 앞세우지 않으며 아무것도 주장하지 않도록 조심하는 것이다. 맞은편, 즉 지혜 쪽에서 보이는 철학은 하나의 관념을 내세우는 이러한 최초의 편파성에 기인하는 것이다. 그 편파성은 하나의 관념을 주장할 것이며, 곧이어 그 관념은 끊임없이 다시 취해지며 왜곡되고 변형될 것이다. 이후 철학은 하나의 개별적인 관점을 다른 개별적인 관점에 의해서 수정하는 것 이외에는 아무것도 할 수 없을 것이다. 우리가 알고 있듯이 각각의 새로운 철학자란 선임자들을 부정하면서 등장한다. 요컨대 철학은 다른 식으로 사유의 주름을 다시잡는 것 말고는 아무것도 할 수 없을 것이다. 하지만 철학은 결코 초기에 빠져 있던 그 편파성으로부터, 즉 주름, 좀 더 정확히 말해 선례, 주장된 최초의 관념으로부터 완전하게 벗어날 수 없을 것이다. 또한 이러한 근원적인 과오로부터 벗어나기 위해서 그리고 그러한 과오를 넘어서기 위해서 철학은 항상 전진하는 것으로, 다른 식으로 사유하는 것으로 이끌릴 것이다(왜냐하면 철학은 그 과오를 지울 수 없을 것이기 때문이다). 이로부터 철학의 역사가 진행될 것이다. 즉, 철학은 하나의 역사를 가질 것이다. 좀 더 정확히 말하면, 철학은 그러한 역사이다.

반면 지혜는 역사 없이 존재할 것이다. 그 증거로 우리는 철학의 역사를 기술할 수 있지만 지혜의 역사는 기술할 수 없다. 지혜의 역사가 없다함은 우선 지혜가 역사적으로 구성되지 않는다는 의미에서 그러하다. 즉, 지혜는 아무것도 앞세우지 않기 때문에 반박당할 수 없다. 지혜에는 토론해야 할 이유가 없으며, 따라서 대비해야 할 이의제기도, 희망해야 할 미래도 없다. 이렇게 해서 지혜는 사유의 무역사적인anhistorique 부분이 된다. 즉, 지혜는 인생의 모든 시기에 속하는 것이며, 연륜의 토대에 기인하는 것이며, 이른바 '민중의' 지혜라고 할 수 있는 모든 전통 속에서 길을 찾는다. 이에 따라 지혜의 회복 불가능한 진부함이 나온다. 역사가 없는 것으로서의 지혜는 또한 다음과 같은 의미에서도 역사가 없다. 즉, 지혜를 가지고서는 말(언어)이 집착할 수 있는 그 어떤 특이할 만한 것, 두드러진 것이 일어나지 않을 것이며, 그 어떤 흥미로운 것도 발생하지 않을 것이다. 사실상 지혜는 치료할 수 없을 만큼 진부한 것이다. 그 이유는 지혜도 인정하고 있듯이 모든 것을 동일한 면에 유지하려는 것과 관련되어 있기 때문이다. 그렇기 때문에 지혜에 관하여 말하는 것을 그토록 어렵게 만드는 것은 바로 이와 같은 사실이다.

철학이 주장하는 것과 그렇게 함으로써 위험을 무릅쓰고 드러내는 것을 선택했다는 것에 의해서 철학이 끊임없이 파고들고 추구하고 넘어서는 것처럼, 이를 위해서 창의적인 것이 되어야 하는 것에 의해서, 이렇게 해서 철학이 영원히 연장시켰던 것에 의해서, 그리고 결코 만족되지 않는 그것에 의해서 철학은 욕망의 논리에 지배받게 된다. 철학은 분명 지혜에 대한 '사랑'이다. 다시 말해 철학은 우리의 욕망에 호소하는데, 그 이유는 철학이 수수께끼로 인식된 세계의 도전에 응답하기 위해서 도발적인 언사를 끝없이 내세우기 때문이다. 모험에 대한 욕망(진리의 추구)이자, 위험에 대한 취향(주장된 가설에 대한 취향처럼)을 갖는 것이다. 그런데 현자는 탐험하지 않으며 암호를 해독하지도 않는다. 현자의 의도는 어떤 욕망에 의해서도 주름이 잡히지 않는다. 따라서 바로 그러한 점에 필자와 같은 중국학 연구자의 실망이 있지 않겠는가? 필자 또한 중국의 지혜에서 그 사상가가 경이로움 - 그것이 철학하다의 출발점과 다름없다는 것을 사람들이 알고 있는 바로 그 놀라움(타우마제인thaumazein) - 을 얼마나 무시할 수 있는지를 보고 놀랐다. 또한 그 사상가가 심지어 의심과 문제제기라는 것에 대해서 가치 평가한다는 관념조차 가지고 있지 않다는 것에 놀랐다. 그는 카오스에 대한 의구심도 갖지 않고 머무를 수 있다. 따라서 그는 결코 스핑크스와 마주치지 않았던 것이다. 또한 수수께끼를 알아내야 하는 것 대신에 그는 명증성을 밝히기를 권유하며, 그것을 '깨닫는 것'을 권유하며, 그 명증성을 인식하기를 권유하는 것이다. 하나의 명증성이란 동일한 면에서 끝없이 우리에게 다가오는 것이며, 이는 앞서 살펴본 『역경』에 나오는 여섯 괘가 형상화하고 있는 것이며, 고대 중국인이 '신'이 가지고 있는 신비로움과는 거리가 먼 '하늘'과 같은 존재로서 이해했던 것이다. 하지만 이것만큼 포착하기가 어려운 것도 없는데, 그만큼 그것은 모든 주변에서 동시에 포착해야 하기 때문이다. (그리고 게다가 불안한 감정과 욕망에 대한 호소도 없다.) 그것은 사유의 동일한 면이기 때문이다.

지혜의 (철학의 두드러짐과는 대립되는) 평범함이라는 난관과, 치유 불가능한 (자신에 대한 모든 의도를 무의미 속에 빠뜨리도록 선고된) 진부함이라는 난관을 피하기 위해서 필자는 바로 다음과 같은 것을 선택했다. 즉, 지혜를 즉각 그 한계에까지 이르게 함으로써 지혜를 환기시킨다는 것이다. 다시 말해 이렇게 해서 지혜를 역설적인 것으로 밝히는 것, 그리고 그것을 근본적인 지점 — **관념 없음**의 지점 — 에까지 도달하게 하는 것이다. 하지만 그 결과로 필자는 스스로 길을 막아버렸다. 간신히 시작은 했지만 어떻게 주장해야 할지를 알지 못했다. 지혜에 대한 사유는 제자리에 멈춰 서고 말았다. 그리고 실제로 방법론적으로 설명될 수 있는 철학과는 반대로, 지혜는 **진보**progression가 아니라 **변화**variation이다. 따라서 우리는 여러 흐름들을 대조·검증하면서 끊임없이 그것을 재검토하게 될 것이다. 즉, 명증성(내재성의 명증성)을 구현하기 위해서 필자는 독자 여러분의 권태로움을 다른 방향으로 돌리면서 지겹게 되풀이하는 수밖에 없을 것이다. 중국인들은 다른 식으로 표현한다. 즉, 지혜는 설명되지 않는다. 지혜는 이해해야 할 만한 것을 거의 제공하지 않는다. 지혜는 **명상**méditer해야 하는 것, 혹은 좀 더 자세히 설명하면 그것의 모든 시간을, 스며들기와 같은 흐름이라고 할 수 있는 그러한 펼쳐짐에 할애하면서, '음미해야' 하는 것이라고 말이다.

II
특권적 관념이 없음, 개별적 자아가 없음

1

지혜에 관한 여러 가지 변주들을 다루기 위해서, 필자는 중국에서 지혜를 가장 잘 구현했다고 할 수 있는 사람, 즉 공자孔子로부터 출발해볼까 한다. 『논어』에 나오는 짧은 언급은 현자에게 왜 '관념이 없는'지에 대한 이유를 남다른 시각에서 밝혀주고 있다.

> 스승은 네 가지에 사로잡히지 않았다. 즉, (특권적인) 관념이 없고, (미리 정해진) 필연성이 없고, (고정된) 입장이 없으며, (개별적인) 자아가 없다子絶四. 毋意, 毋必, 毋固, 毋我(『논어』, 「자한子罕」, 4).*

이 표현은 글자 그대로 무의無意, 스승이 사로잡히지 않았던 것이

---

* 「자한」, 4: [공자는 네 가지의 마음이 전혀 없으셨으니, 사사로운 뜻이 없으셨으며, 기필하는 마음이 없으셨으며, 집착하는 마음이 없으셨으며, 이기심이 없으셨다.](성백효)

있다는 것으로 해석해야 한다. 그것은 전적으로 만들어진 관념이 없다는 것, 혹은 경솔한 관념이 없다는 것, 혹은 근거 없는 관념이 없다는 것을 말한다. 이는 일상적으로 번역되었던 것과 마찬가지다. 이를 위해 우리가 공자가 되어야 할 필요는 없다. 하지만 공자에게도 많은 관념이 있다는 것, 단순히 그것뿐이다. 이는 각자는 '자신의 관념을 가지고 있다'라고 말하거나, 혹은 이와는 반대로 '내 관념들 속에는' 그러한 것이 없다고 말하거나, 혹은 더 나아가 '자신의 관념에 따라' 판단하고 행동해야 한다고 말하는 의미에서 그러하다. 현자에게 관념이 없는 이유는 그가 어떠한 관념에도 특권을 부여하지 않기 (그렇기에 그 어떤 것도 배척하지 않기) 때문이다. 또한 현자가 세상에 대해 그 어떤 편견적인 시각을 투사하지 않으면서 그 세상 자체에 접근하기 때문이다. 그 결과 현자는 하나의 개인적 관점이라는 직관에 의해서 그 무엇도 축소시키지 않으면서 항상 모든 가능성을 열어두려고 노력하는 것이다. 또한 현자는 아무것도 추측하지 않는 것과 마찬가지로, 자신에게 강요되고 자신의 행위를 미리 결정짓게 될 '무엇을 해야 한다는 당위'를 가지고 있지도 않으며, 그 어떤 '필연성'도 그의 행위를 미리 규범화시키지 않는다. 그 필연성이라는 것이 사람들이 자기 자신에게 스스로 가하는 좌우명이나 도덕에 의해서 강요된 규칙의 차원에 속하는 것일지라도 말이다. 우리는 특히 이러한 원칙을 주장하는 제자인 자로子路의 완고함을 공자가 받아들이지 않았음을 알 수 있다.[*] 즉, 세계에 대해 전적으로 열린 관계를 유지함으로써

* 「양화陽貨」, 5: 공산불요公山弗擾가 비읍費邑을 점거하여 반란을 일으키고 공자를 부르니,

공자는 매우 다른 방식으로 세계와 하나가 될 수 있었으며, 각각의 경우에 구속됨 없이 적응할 수 있었다.

또한 다음과 같이 생각할 수도 있다. 즉, 그 어떤 개별적인 관점에 정체되어 있지 않음으로써 우리는 만물의 흐름과 일치 협력하여 변화할 수 있을 것이라고 말이다. 그리고 바로 이러한 이유 때문에 현자는 고정된 '입장'이 없다고 말한다. 현실은 지속적인 변모 속에 존재하기 때문에 현자의 행위 또한 그러하다. 현자의 행위는 현자와 마찬가지로 '멈추지' 않는다. 현자가 미리 그 어떤 필연성을 투사하는 것을 경계하는 것과 마찬가지로, 그는 나중에도 채택된 입장에 집착하지 않으려고 주의하며 그 입장에 고착되지 않으려고, 매몰되지 않으려고 주의한다. 다른 부분에서 공자는 "고집불통을 싫어한다"*라

선생님께서 가려고 하셨다. 자로가 기뻐하지 않으며 말하였다. "가실 곳이 없으면 그만이지, 하필이면 공산씨公山氏에게 가려 하십니까?" 선생님께서 말씀하셨다. "나를 부르는 이가 어찌 헛되이 불렀겠느냐? 만일 나를 써주는 자가 있다면, 나는 그 나라를 장차 동쪽의 주周나라로 만들 것이다."公山弗擾以費畔召, 子欲往. 子路不說曰, 末之也已, 何必公山氏之之也. 子曰, 夫召我者, 而豈徒哉. 如有用我者, 吾其爲東周乎

「양화」, 7: 필힐佛肹이 선생님을 부르니, 선생님께서 가려고 하셨다. 자로가 말하였다. "옛날에 제가 선생님께 듣기로는 '몸소 옳지 못한 짓을 하는 자에게는 군자君子는 들어가지 않는다'고 하셨습니다. 필힐이 지금 중모읍中牟邑에서 배반하였는데, 선생님께서 가시려고 하는 것은 어찌된 일입니까?" 선생님께서 말씀하셨다. "그렇다. 그런 말을 한 적이 있다. 단단하다고 하지 않겠는가, 갈아도 얇아지지 않으니 희다고 하지 않겠는가, 검은 물을 들여도 검어지지 않으니 내가 어찌 조롱박 같겠는가? 어찌 매달려 있기만 하고 먹지도 못하는 것이겠는가."佛肹召, 子欲往. 子路曰, 昔者由也, 聞諸夫子, 曰親於其身, 爲不善者, 君子不入也. 佛肹以中牟畔, 子之往也如之何. 子曰然, 有是言也. 不曰堅乎, 磨而不磷. 不曰白乎, 涅而不緇. 吾豈匏瓜也哉, 焉能繫而不食(성백효)

* 「헌문憲問」, 34: 미생묘微生畝가 공자께 말하였다. "구丘는 어찌하여 이리도 연연해하는가. 말재주를 구사하는 것이 아닌가?" 공자께서 말씀하셨다. "내 감히 말재주를 구사하려는 것이 아니라 고집불통固執不通을 미워하는 것입니다."微生畝謂孔子曰, 丘何爲是栖栖者與, 無

고 천명하고 있는데, 우리는 그 말을 하나의 단순한 성격적인 특징으로 오해했던 것이다. 즉, (『논어』가 과도하게 허용했던 것에 대해) 도덕론을 펼치거나 심리분석적인 것으로 만들 필요가 없는 것이다. 여기서 문제가 되고 있는 것은 판단을 내리는 것에 대한 거부, 그리고 판단을 내리면 이어서 그 행위가 경직화되는 것에 대한 거부를 말하기 위한 가장 일반적인 범주에 대한 것이다. 사물을 엄격한 의미로 고찰해본다면 (다시 말해 형이상학적인 보충을 하지 않는다면) 인간의 악함에는 심지어 다른 근원이 있는 것도 아닐 것이다. 우리가 알고 있듯이 중국의 사유는 모든 악마 숭배로부터 자유롭다. 즉, 부정적인 것이란 본질적으로 우리가 하나의 특정한 입장에 스스로 갇혀서 더 이상 변화할 수 없는 것에 집착하는 것이다. 혹은 좀 더 자세히 말해 관념의 차원에서 볼 때 사물에 대한 특정한 관점에 스스로 매몰되어서 더 이상 그것에서 빠져나오는 것과 그것을 변화시키는 것이 가능하지 않는 것에서 기인하는 것이다. 부정적인 것이란 흐름(모든 현실의 흐름)의 진로를 방해하는 것이며, 악은 고착인 것이다. 왜냐하면 하나의 경우에 적합했던 것이 다른 경우에 더 이상 적합하지 않기 때문이다. 따라서 현실의 논리는 (그것이 '현실적'이기 위해서는) 과정의 논리가 된다. 즉, 악이나 실수 같은 것은 그러한 **경직됨**에서 기인한다. 경직됨은 우리의 인식을 구습으로 변화시키기 때문이며, 따라서 우리가 스스로 혁신되는 것을 방해함으로써 우리를 그러한 요구로부터 빗나가게 한다.

乃爲佞乎. 孔子曰, 非敢爲佞也, 疾固也(성백효)

마지막으로, 정확하게 말해 공자에게는 '소아가 없다ₛₐₙₛ ₘₒᵢ' 단순히 '이기주의가 없다' 혹은 '대아가 없다ₛₐₙₛ ₘₒᵢ'뿐만이 아니다. 이것이 우리가 앞에서 번역한 바이다. (이 점에서도 그 말의 근본적인 면모를 변질시키고, 그 말을 편협한 것으로 만드는 도덕적이거나 심리분석적인 해석을 경계하는 것이 좋을 것이다.) 실제로 현자에게는 소아가 없다. 왜냐하면 현자란 그 무엇도 주장된 관념에 의해서 재단하지 않는 것처럼, 그 무엇도 존중해야 하는 정언명령으로 제시하지 않는 것처럼, 또한 그 어떤 입장 속에 고정되어 있지도 않는 것처럼, 그 결과 현자란 결코 자신의 인격을 **특별하게** 만들지 않기 때문이다. 그는 더 이상 소아를 가지고 있지 않다. 왜냐하면 그 소아는 너무 협소한 것에 불과하기 때문이다. 그렇게 되면 우리의 전망은 완전히 개방되며 우주 운행의 전체성ₜₒₜₐₗᵢₜé과 합치된다. 그 운행의 전체성은 하늘만큼이나 '넓은' 것이다.* 또한 사람들은 현자에 대해서 그 어떤 것도 말할 것을 찾을 수 없으며,** 찬양할 그 어떤 것도 찾을 수 없게 된다.*** 따라서

---

* 「태백泰伯」, 19: 공자께서 말씀하셨다. "위대하시다. 요堯의 임금 노릇 하심이여! 높고 크다. 오직 저 하늘이 가장 크거늘, 오직 요 임금만이 그와 같으셨으니, 그 공덕功德이 넓고 넓어 백성이 무어라 형용하지 못하는구나. 높고 높은 그 성공이여! 찬란한 그 문장이여!" 子曰, 大哉, 堯之爲君也. 巍巍乎唯天爲大, 唯堯則之, 蕩蕩乎民無能名焉. 巍巍乎其有成功也, 煥乎其有文章(성백효)

** 「술이述而」, 18: 섭공葉公이 자로에게 공자의 인물됨을 물었는데, 자로가 대답하지 않았다. 선생님께서 말씀하셨다. "너는 어찌 그의 사람됨이 분발하면 먹는 것도 잊고 이치를 깨달으면 즐거워 근심을 잊어 늙음이 장차 닥쳐오는 줄도 모른다고 말하지 않았는가." 葉公問孔子於子路, 子路不對. 子曰, 女奚不曰, 其爲人也, 發憤忘食, 樂以忘憂, 不知老之將至云爾(성백효)

*** 「자한」, 2: 달항당達巷黨의 사람이 말했다. "위대하구나, 공자여! 박학하였으나 어느 한 가지로 이름을 낸 것이 없구나." 선생님께서 이를 들으시고 문하의 제자들에게 다음과 같이

현자에게는 특징도 없으며 자질도 없는 것이다.

지혜의 말의 속성이자 그 변화에 대한 전략의 속성에 대해서 현기증이라고는 말하지 않겠지만, 필자는 이러한 균형 잡힌 결과를 예상했다. 우리는 주해가의 지적을 따라가면서 그 지혜의 말에 대해 다음과 같은 사실을 이미 검증하고 있는 것이다. 즉, 주장된 '관념'이란 바로 그 관념이 편협함을 가지고 있다는 사실에 의해서 '정언적인 명령'의 투사를 야기한다. 게다가 그 정언적인 명령은 고착에 기여하는 방향설정에 의해서 우리로 하여금 하나의 특정한 '입장'을 채택하도록 만든다. 그리고 이때 그 입장은 결국 그것이 작용시키는 편협함에 의해서 우리를 개별적인 '나'의 형성에 이르게 한다. 그런데 그렇게 되면 우리가 도달하게 되는 '나'는 그 자체로 주장된 관념들의 출발점이 되는 것이다. 이는 일상적으로 누구나 자신이 주장하는 관념들을 가지고 있다는 의미에서 그러하다. 이것이 바로 지혜의 말을 다루는 초반에 제시되었던 바로 그 문제인 것이다. 사실상 '나'의 고유한 개별성으로부터 관념의 고유한 편파성이 유래되는 것이다. '나'는 관점으로 축소되며, 이로부터 전망의 '파편화'와 관점의 협소함이 도출된다. 즉, 그 말은 '나'의 울타리에서 완성됨으로써 그 출발점으로 되돌아가며('관념'의 출현), 그 매듭은 다시 닫힘으로써 개별성이라는 낡고 오래된 순환을 그린다.

말씀하셨다. "내 무엇을 전문專門으로 하겠는가? 말 모는 일을 하겠는가? 아니면 활 쏘는 일을 하겠는가? 내 말 모는 일을 하겠다."達巷黨人曰, 大哉, 孔子, 博學而無所成名. 子聞之, 謂門弟子曰, 吾何執, 執御乎, 執射乎, 吾執御矣(성백효)

2

다른 여러 표현들은 다음과 같은 주제의 변주를 이루고 있을 뿐이다. 즉, "군자는 완전한(총체적인global) 사람이며 그 어떤 쪽으로도 치우치지 않는다. 소인배는 이와는 반대다子曰, 君子, 周而不比, 小人, 比而不周".* 달리 말하면, 군자는 그 무엇도 명확하게 지지하는 사람이 아니며 선호하는 것이 없으며, 따라서 인간 사이에 틈을 만들어내는 것과 같은 그 첫 번째 장점은 비편파성non-partialité이라는 장점이 되는 것이다. 오히려 공평함이라고 하는 것이 더 나을 것이다. 왜냐하면 우리가 사용하는 개념은 판단에서의 균형이라는 관념으로 축소되고 있기 때문이다. 즉, 한 진영이 다른 진영과 대면하고 있다는 것, 두 측면 사이에 있다는 것을 말한다(이때의 문제는 정의 혹은 진리가 될 것이다). 한편 편파성에 대한 중국식 정반대의 표현은 모든 가능한 것들을 그 어떤 측면으로 축소시킴 없이 모든 가능한 것들에 대해 개방됨을 유지하는 것이다. 따라서 그것은 오히려 비부분성im-partialité과 관련될 것이다. 비부분성은 총체성globalité이 되는 편파성의 반대인 것이다. 다시 말해 현자는 실제로 그 무엇에도 특권을 부여하지 않기 때문에 모든 것을 포괄할 수 있는 사람이다. 그리고 이를 위해서, 우리가 말하듯이, 항상 모든 것을 상세하게à plat 검토할 수 있는 사람이다. 그렇다고 해서 현자가 참여할 수 없는 사람이라는 의미는 아니다. 오히려 현자의 그러한 참여를 굴절시킬 수 있는 것은 아무것도 없다는 의미

---

* 『논어』, 「위정爲政」, 14.

이다(왜냐하면 현자에게는 "'나'가 없기" 때문이다). 달리 말하면 현자는 편을 들면서도 편견을 가지고 있지 않다.

다음과 같은 말은 앞의 말을 보완함으로써 그러한 사실을 확고한 것으로 만들어주기에 충분할 것이다. "군자는 세상 속에서 찬성하기 위해서 반대하지도, 반대하기 위해서 반대하지도 않는다. 하지만 군자는 상황이 요구하는 쪽을 향하여 기울어진다子曰, 君子之於天下也, 無適也, 無莫也, 義之與比."* 실제로 군자는 그 무엇도 배척하지 않으려고 노력한다. 한 방향에서 혹은 다른 방향에서 군자는 자신이 위치하고 있는 그 무엇에도 자동적으로 속하는 것이 아니며 또한 군자는 원칙적으로 배척하는 것도 아니다. 주해가의 주석에 따르면 "부자인 것이 적합할 때 군자는 부자이다. 가난한 것이 적합할 때 군자는 가난한 사람이다. 살아가는 것이 적합할 때 군자는 삶을 살아간다. 그리고 죽는 것이 적합할 때 군자는 죽는다". 바로 앞서 제시된 말이 갖는 기울어짐inclination의 개념을 다시 취하고 있는 것이다. 하지만 그것을 긍정적으로 방향 전환시키고 있다. 즉, 현자는 자신으로부터 출발하여 영향을 주지 않는다. 또한 타인의 '나'로부터 출발해서도 아니다. 하지만 (義의 옛 의미에서) 상황에 적합한 것에 따라서 영향을 준다. 다시 말해 중국 사상이 이후 계속해서 그렇게 인식하게 될 것처럼, 조절이 요구하는 것에 따라서 말이다. 또한 현자가 영향을 주는 것이 바로 항상 그러한 조절인 것과 마찬가지로, 주해가인 호광胡廣이 적절하게 결론을 내리고 있듯이 "현자가 자신이 영향을 주는 한 측면이

---

* 『논어』, 「이인里人」, 10.

있는 것처럼 보임에도 불구하고, 현자는 실제로 그 어떤 측면에도 영향을 주지 않고 있는 것이다".

3

우리는 또 다른 현자들(한 단계 아래의 현자들)을 범주에 따라서 나눌 수 있다. 즉, 결코 자신의 갈망을 포기하지 않으면서도 순순하게 머물러 있을 줄 알았던 사람들이 있다. 혹은 이와는 반대로 자신의 갈망을 포기했으며 인격을 더럽혔지만, 이는 풍습의 순기능에 의해서 그리고 사람들의 근심에 대답하기 위해서 그러했던 사람들도 있다. 그리고 그 중간의 길에 위치하고 있는 자들로서 세상으로부터 물러났던 자들이 있는데, 자신의 말에 자유로운 흐름을 주기 위해서 그리고 그 순간의 조건을 전적으로 고려하면서 순수하게 머물러 있을 줄 알았던 사람들이다.* 그런데 공자는 스스로를 그 어떤 측에도 분류하고 있지 않다. "나는 그들 모두와 다르다我則異於是"고 간략하게 결

---

* 「미자微子」, 8: 일민逸民은 백이伯夷와 숙제叔齊와 우중虞仲과 이일夷逸과 주장朱張과 유하혜柳下惠와 소련少連이었다. 공자께서 말씀하셨다. "뜻을 굽히지 않고 몸을 욕되게 하지 않는 자는 백이와 숙제이다." 유하혜와 소련을 평가하셨다. "뜻을 굽히고 몸을 욕되게 하였으나, 말이 윤리에 맞으며 행실이 사려思慮에 맞았으니, 이런 점일 뿐이다." 우중과 이일을 평가하여 말씀하셨다. "숨어 살면서 말을 함부로 하였으나 몸은 깨끗함에 맞았고, 폐함벼슬하지 않음은 권도權道에 맞았다. 나는 이와 달라서 가可한 것도 없고 불가不可한 것도 없다."逸民, 伯夷叔齊, 虞仲夷逸, 朱張柳下惠少連. 子曰, 不降其志, 不辱其身, 伯夷叔齊與. 謂柳下惠少連, 降志辱身矣, 言中倫, 行中慮, 其斯而已矣. 謂虞仲夷逸, 隱居放言, 身中清, 廢中權. 我則異於是, 無可無不可(성백효)

론을 맺고 있다. 왜냐하면 "내가 할 수 있는 것이 아무것도 없으며 내가 할 수 없는 것이 아무것도 없기無可無不可" 때문이다. 이는 또한 나에게 적합한 것도 적합하지 않은 것도 없기 때문이라고 할 수 있다. 이는 다음과 같이 말하는 것으로 되돌아오는 것과 같다. 즉, 공자는 스스로를 세상의 선을 위해서 자신의 덕을 더럽히는 것을 완고하게 거부했던 사람들의 편에 위치시키지도 않았으며, 이와는 반대로 너무나 가볍게 자신을 희생했던 사람들의 편에 서지도 않았다. 또한 공자는 도덕적 청렴결백함과 힘 있는 자에 대한 존경을 조화시키게 될 중간적인 길을 탐색하면서 두 가지 입장을 조화시키려는 노력도 하지 않는다. 공자는 다른 어떤 것과 마찬가지로 어떤 한 가지 것을 할 수도 있다. 상황에 따라서 그 두 양극단은 가능한 것이다.

또한 사람들은 그에 대해서 아무 말도 할 수 없을 것이다. 따라서 그는 다른 사람들과는 달리 자질을 부여받지 않고서 남아 있을 수 있는 것이다. 즉, 공자는 완고하지 않으면서 또한 완고하지 않는 것도 아닌 것이다. 왜냐하면 공자는 가장 완고한 사람만큼이나 완고할 수도 있기 때문이며, 따라서 모든 공모를 거부할 수도 있기 때문이다. 또한 세상을 개선시킬 수 있는 것이 좋다고 생각한다면 그 세상과 가장 완벽하게 관계를 맺을 수도 있다. 완고함과 타협 사이에서 볼 수 있는 이러한 가치의 투쟁에 관하여 공자는 고정된 관념 없이 머무를 수 있다. 공자가 그러한 갈등에 무관심해서가 아니라 오히려 그러한 점에서 모든 개인적인 관점이라는 것이 가능한 것들에 부담을 주게 될 것이기 때문이며, 조작의 여지를 자의적으로 축소시키게 될 것이기 때문이며, 따라서 자신의 행위를 위선적인 것으로 만들 것이기 때문이다. 즉, 만일 공자가 그 문제에 대해서 자신의 생각을 피력하는 것을 삼가는 것이라면, 그것은 바로 상황이 요구하는 것에 대해 대답함에 전적으로 자유롭게 남아 있기 위해서인 것이다.

한 세기 조금 더 지나 여러 학파들 사이의 논쟁이 시작된 기원전 4세기에 등장한 맹자孟子는 이에 대한 대안의 형태로 다음과 같은 유형론을 구축한다. 즉, 자신의 군주에게만 봉사하는 것을 받아들이는 '완고한 사람들'이 있을 수도 있다. 그것도 단지 세상에 질서가 있을 때에만 말이다. 혹은 세상의 행복을 위하여 그 어떤 군주에게라도 만물의 상태가 어떠하든 간에 봉사할 준비가 되어 있는 '타협적인 사람들'이 있을 수도 있다. 그런데 맹자에 따르면 공자는 이러한 딜레마에서 벗어나 있다. 사람들은 공자에 관하여 단지 다음과 같이 말할 수 있을 뿐이다. "임무를 받아들이는 것이 가능했을 때 그는 그 임무를 받아들였다. 그리고 (그 임무를 담당하는 것을) 멈춰야 하는 것이 가능했을 때 그는 멈췄다. 그것이 지속되는 것이 가능했을 때 그는 지속했다. 그리고 일찍 (물러서는 것이) 가능했을 때 그는 그렇게 했다可以仕則仕, 可以止則止, 可以久則久, 可以速則速, 孔子也."* 바로 그렇기 때문에 우리는 단지 '가능함'에 의해서만 공자를 정확하게 규정할 수 있다.

하지만 여기서 '가능함'이란 모호하다. 그것은 '적합함'을 의미하기도 한다. 그리고 도덕과 세계는 그 속에 동등하게 함축되어 있다. 좀 더 정확하게 말해, 여기서 가능함이란 실현가능한 것을 의미하기도 한다. 갈 수 있는 최대한, 그 가능성을 최대로 이용함으로써 임무

* 『맹자』, 「공손추公孫丑」 上, 2.(성백효)

를 담당하고 그것을 유지하는 것을 말한다. 그리고 동시에 정당성을 의미하기도 한다. 더 이상 용인될 수 없을 때 바로 멈추는 것, 지체 없이 물러나는 것을 말한다. 따라서 그 가능성은 철저한 것인 동시에 제한적인 것이 된다. 즉, 그것에서 현실은 완벽하게 개방되어 있다. 이와 동시에 그것에 도덕적 요구는 끊임없이 함께 있어야 한다. 하지만 도덕적 요구는 상황에 내재적으로 남아 있는 것과 마찬가지로, 그리고 도덕적 요구가 본질적으로 그 상황에 의존하고 있는 것과 마찬가지로, 사람들은 원칙적으로 그 도덕적 요구를 내세울 수는 없다. 즉, 그 상황에 들러붙어 있기 때문에 항상 자의적일 수밖에 없는, 하지만 단지 그 상황 자체에서만 발생하는 '규칙들'이 더 이상 존재하지 않을 때라야만 조절을 최적으로 지속시키는 것이 가능하다. 따라서 이러한 유일하고 독특한 요구에 대해서, 우리는 어떤 특별한 자질을 만들어낼 수도 없을 것이다.

우리는 단순히 이렇게 말하게 될 것이다. '지혜에 대해서' 어떤 사람들은 지혜의 다양한 양상을 구현하고 있는 반면에, 어떤 사람은 '순수함'을 구현하고 있고, 또 어떤 사람은 '책임성의 의미를' 구현하고 있고, 또 다른 사람은 '순응적인' 특징을 구현하고 있다고 말이다. 단지 우리는 공자가 그런 것처럼 '그 순간이다'라고 말할 수 있을 것이다.* 이는 다음과 같은 문제로 되돌아온다. 즉, '가능한 것'은 그 '순간'이다. 공자는 지혜에 대해서 이러저런 그 어떤 특별한 양상을 표명하지 않았다. 하지만 지혜가 매 순간 스스로 현실화될 수 있는, 즉

---

* 『맹자』, 「만장萬章」下, 1.(성백효)

지혜가 가지고 있는 다양한 양상에 따라서 한 축에서 다른 축으로 변화함으로써(즉, 호의에서 완고함에 이르기까지), 그렇기 때문에 전체 폭을 아우를 수 있는 그러한 지혜에 대해서는 언급했다.

그 결과 우리는 공자에게 왜 '관념이 없는'지에 대해서 더 잘 알게 된다. 이는 하나의 관념이 (하나의 개별적인 관점에서 기인하는 것이기 때문에) 너무나 개인적일 뿐만 아니라 너무나 일반적이기 때문에 그러한 것이다. 즉, 하나의 관념은 여러 '순간들'의 차이점을 지나치게 초월한다. 하나의 관념은 역설적이게도 두 측면에 의해서 잘못된 것으로 만들어진다. 너무나 부분적인 따라서 너무나 편파적인 측면('하나의' 관념, **나의** 관념)에 의해서, 그리고 너무나 추상적인 것('관념')에 의해서 그러하다. 또한 (관념이 특권을 부여한다는 점에서) 너무나 축소적인 동시에 (너무나 다양한 경우를 포섭하고 있기 때문에) 너무나 외연이 넓다는 점에서 그러하다. 반면에 순간의 가능성에 순응함으로써 모든 개인적인 나를 지워버릴 정도로 공자는 하나의 '규범normativité'을 유지하는 것에 성공을 거둔다. 하지만 그 규범이 더욱 절대적이고 범주적인 것이어야 하는 것은 아니다. 그리고 이처럼 하나의 축에서 다른 축으로 변화함으로써, 즉 한 극단에서 다른 극단으로 변화함으로써 공자는 조절의 지속적인 중용을 실현할 수 있었다.

여기서 우리가 공자의 규범을 '중용'으로 이해하는 것을 명확하게 밝힐 필요가 있다. 우리는 그 개념을 친숙하며 일상적이며 진부한 것으로 생각하고 있다. 고백하건대 우리는 그 개념으로부터 더 이상 아무것도 기대하고 있지 않을 정도이다. 철학이 그 개념으로부터 이론적인 이득을 끌어내는 데 절망한 것은 이미 오래되었으며, 아울러 철학이 그 개념으로부터 고개를 돌려버리고 공론이라는 진부함의 딱지를 붙인 지도 이미 오래전의 일이다. 아마도 경솔한 것이리라. 왜냐하면 중용이라는 공론은 보기보다 더 역설적이기 때문이며, 게다가 철학이 몽상하지 못했던 원천을 포함하고 있기 때문이다.

III
중용은 극단에 대한
공평한 가능성 속에 있다

1

철학이 아무리 '지혜와 해결해야 할 문제를 가지고 있다'는 사실을 인정하지 않는다 하더라도 소용이 없다. 그렇기는 하지만 처음부터 그러한 분배는 확실한 것처럼 여겨졌다. 위계질서가 확고하게 설정된 것이다. 즉, 지혜는 이상적인 것에 머물러 있고 철학이 그로부터 거리를 유지하려고 했던 것은 바로 고귀한 신중함 때문이었다. 플라톤이 공공연하게 인정했던 것처럼, 지혜는 신들을 위한 것이고 인간은 단지 그 지혜를 갈망할 수 있을 뿐이며 지혜를 '사랑하는' 것만 할 수 있을 뿐이다. 이렇게 '지혜를 사랑하는 사람들philo-sophes'이 탄생했다. 너무도 겸손한 철학이 아닌가. 오히려 철학의 간계라고 해야 할까. 왜냐하면 니체Friedrich Wilhelm Nietzsche가 우리에게 말해주고 있듯이 너무 과도한 신중함이란, 이미 플라톤에게서 볼 수 있듯이, 증명된 (혹은 계시된) 지식에 속하지 않는 모든 것에 대한 무의식 속에 지혜를 밀어 넣으려는 준비를 이미 끝마쳤음에도 불구하고 막 태동한 철학의 야심을 감추는 것에만 이용되었기 때문이다. 따라서 이러한 거만함은 철학의 발전과 함께 커질 수밖에 없었을 것이다. 왜냐하면 철학이 비대해졌기 때문에, 철학은 하나의 역사를 갖는 것을 과시할 수 있었으며 지혜는 그렇지 못했던 것이다. 그 결과 지혜는 거꾸로 취급되기에 이르렀다. 즉, 철학의 위를 차지하는 것이 아니라 철학의 아래를 차지하게 된 것이다. 지혜는 (절대적인 것, 진리에 도달하기 위해서) 감히 위험을 무릅쓰지 않으려고 하는 사유가 되었으며, 좀 더 정확히 말해 포기된 사유가 되었다. 맥 빠진, 뼈 없는, 무뎌진, 시대에 뒤진 사유가 되었던 것이다. 말 그대로 진부한 사유, 그리고 순전히 패잔병과 같은 사유(공통 공론)가 되었으며, 관념의 매혹적인 도약에 비하여 한참 뒤에 처져서 정체되어 있는 사유가 되었다. 즉, 지혜는 욕망의 쇠퇴에 대한 사유―이때도 지혜가 여전히 사유하는가와 같은―가 되었으며, 기껏해야 하나의 체념적인 사유가 되어버렸던 것이다.

이러한 사태는 합의된 것으로 보일 수도 있다. 그렇게 되면 지혜는 아무런 후회 없이 사유의 유년기로 보내져야 할 것이다. 철학이 주장하는 것에 따르면 그러한 사태는 명료한 것일 수 있으며, 결론이 나버린 것인지 모른다. 하지만 지혜가 다음과 같이 반론을 펼 것이다. "위선자여, 사실은 이렇소. 당신 자신도 그것을 믿지 않고 있지 않소. 게다가 심지어 당신은 그것을 원하지도 않는 것이오." 그것은 단지 철학이 스스로를 높이기 위해서, 조롱하기 위해서 지혜를 상당히 필요로 하기 때문이 아니었을까. 또한 철학은 하려고 하지 않는 유희자의 ('통속적인') 역할을 지혜에게 떠맡기기 위해서가 아니었을까. 왜냐하면 철학이 공공연하게 지혜에 경멸감을 퍼붓고 있는 것과 동시에 사람들이 지혜를 '삶을 살아가는 데 사용되는' 사유라고 계속해서 불렀기 때문이다. 이는 이미 그리스인이 그렇게 원했던 것이었으며, 이후 철학이 지혜에 대해서 신중한 입장을 부여했음에도 불구하고 우리는 항상 잊지 않고 그런 말을 했던 것이다. 어떤 면에서 우리는 아직도 자신의 사유를 실천에 옮겼던, '행복'을 위해서 지혜에 기대하고 있는 현자에 대한 낡은 스토아주의적인 (혹은 에피쿠로스 학파적인 혹은 회의론적인) 이미지를 연구하고 있다. 그리고 심지어 그러한 요구는 철학이 더 이상 종교와, 혹은 절대를 추구하는 철학의 후예들과, 과학 혹은 정치학의 유토피아들과 등질 수 없게 된 이후에 더욱 활발해졌다고 할 수 있다.

의도적이든 아니든 철학은 이런 것들과 공모했던 것이다. 즉, 이후 그것들의 자리는 공허해졌으며, 그 때문에 그만큼 더 유럽에서 지혜에 대한 우리의 개념이 얼마나 빈약한 것으로 남아 있는지가 명백하게 드러났다. 몇몇 특출한 인물(몽테뉴가 그러한데, 그에 대해서는 다시 언급하기로 한다)들은 분명 예외적인 모습을 보여주고 있다. 단지 너무나 개별적인 방식으로 진행되었지만 그 가능성까지 망쳤던 것은 아니었다. 왜냐하면 그토록 비밀스러운 동시에 그토록 영악한 '주체'에 대한 이러한 뒤틀린 고백에 철학은 당황했으며, 아마도 불안했을 것이다. 하지만 그것을 이용할 수도 없었다(철학 자체도 그럴 능력이 없다고 느꼈을 것이기 때문이다). 그리고 오늘날에도 그 문제는 철학에 스며들고 있다. 아마도 그 문제는 철학을 파고들고 있는 중이라고 할 수 있다. 즉, 지혜에 대한 우리의 개념을 어떻게 재충전할 것인가, 그것을 해낼 수 있는가? 물론 이런 질문은 이성의 작업을 포기하지 않는다고 하더라도 철학의 전유물이며, 정신적 지도자들이라는 구루에게 도움을 청하지 않아도 되는 것이다.

그 증거는 철학이 이러한 '중용'의 이상을 알고 있었다는 것이다. 하지만 중용의 이상은 무미건조해졌고, 따라서 그 사유는 이상에 빠져서 시대에 뒤떨어졌다. 소크라테스Socrates가 절제를 가르치기 위해서 도움을 받았던 것도 실제로 중용의 이상이었다. 비록 그것은 수학(비율)적이며 여전히 매우 경직되어 있는 굴레를 겨우 벗어난 것이었지만 말이다. 아리스토텔레스는 다음과 같이 말했다. "칼리클레스Callicles 여, 만일 자네가 다른 사람을 이기기 위해 공부해야 한다고 생각한다면, 그것은 자네가 기하학을 등한시하고 있다는 것일세. …… 왕성한 열정을 가진 사람은 학문과 아이러니가 동시에 쳐놓은 변증법의 올가미에 빠지기 쉬운 법이네." 사람들은 한동안 그렇게 생각했으며 침묵에 빠졌다. 하지만 그 덕을 확증하기 위해서는 시간이 좀 더 필요했으며, 그것에 대한 정의定義가 필요했다.

사물에서의 '중간'과 우리 인간과 관련된 중간을 구분하면서 아리스토텔레스는 그것에 전념했다. 덕은 과도함과 과오 사이에 위치하고 있는 중용으로 이해된 '동등한 것'이 될 것이다(이렇게 해서 공포와 신중함의 중간의 길에 '용기'가 위치하며, 후함과 검약의 중간의 길에 '관대함'이 위치한다). 아리스토텔레스에게 이러한 중간은 여전히 이론적인 위상을 간직하고 있다. 그것은 본질상 '지속하는 것'과 관련되어 있으며, 그 결과 나눌 수 있는 것이다. 그리고 구조적으로 사유의 총체와 소통하는 것이다. 또한 논리학에서의 추론의 매듭과 자연학에서의 혼합과도 소통하는 것이다. 하지만 이후 아리스토텔레스의 학설이 통속화되면서 그 개념은 엄밀함을 상실하고 퇴색했다. 그 개념은 '과도한 것은 필요하지 않다'라는 공통된 의견과 합치되는 신중함이라는 조언에 굴복했다. 다시 말해 중용은 어중간한 것이 되어버렸다. 그 증거는 호라티우스Horatius의 『풍자시』에서 볼 수 있다. "만사에는 척도가 있다est modus in rebus." 그렇다고 해서 능란한 호라티우스가 이런 소심한 중용으로 귀착했던 것은 아니다. 그에게는 에피쿠로스 학파적인 면모가 상당히 있었던 것이다. 하지만 그의 이름을 내세웠던 전통은 이러한 중간의 지혜에 대해서 끊임없이 찬사를 보냈다. '황금의 중용aurea mediocritas'* 같은 것이 그것이다. 라틴 민족은 '구체적인' 정신을 가지고 있었을 것이다. 극단적인 것을 회피하고 그것의 과도함을 염려했다. 소심한 '중용'은 혐오감의 대상이 되었으며 '지혜'는 던져버려야 했다.

지혜는 차가운 어떤 것이다. 따라서 이런 점에서 보자면 어리석은 어떤 것이다(이와 반대로 '신앙'은 하나의 열정이다). 우리는 또한 다음과 같이 말할 수도 있을 것이다. 지혜는 너에게서 단지 생명을 감추기만 할 뿐이라고. 지혜는 숯불을 뒤덮고 있는 차가운 회색빛 잿더미와 같은 것이다(비트겐슈타인, 1947).

---

* 호라티우스 『풍자시』, I, 1. 106~107.

2

필자는 우리가 공자에게서 알아보기 시작한 것에서 출발하여 다음과 같은 사실을 드러내고자 한다. 즉, 중용의 지혜는 정확히 그 반대가 될 수 있다는 것이다. 다시 말해 그 사유는 극단적인 것들에 겁을 내고 있는, 그리고 어중간한 조치에 만족하고 있는 소심하고 체념적인 사유여서 부분적으로만 살아갈 수 있는 것에 이르게 하는 사유가 아니라는 것이다. 오히려 하나의 축에서 다른 축으로의 변화에 의해서 그 사유가 그 어떤 편도 들지 않으며 어떤 관념에도 매몰되지 않기 때문에 현실적인 것을 모든 가능한 것들 속에서 전개하는 것이 허용된 극단적인 것들에 대한 하나의 사유라는 것이다.

이러한 사실을 우리가 출발점으로 삼고 있는 도식이 보여주는 방식으로 검증하게 될 것이다.

이와 더불어 '변화의 고전', 즉 『역경』*에서 볼 수 있는 여섯 괘를 통해서도 검증될 것이다. 우선 우리가 기억해야 할 것은 이 여섯 개의 획은 좀 더 기본적인 도식을 발전시킨 것으로 간주되고 있다는 점이다. 즉, 다음과 같은 세 개의 획이 각각 '나뉘고' 펼쳐짐으로써 여섯 개의 획이 되었다.

---

* 또한 왕부지, 『주역외전』, 1064~1065.

우리는 이 도식에서 무엇을 확인할 수 있는가? 세 번째와 네 번째 획 사이에는, 매개되는 획의 자리가 존재하지 않는다. 따라서 이 도식은 '중심이 없는' 혹은 **중간이없는** 것이다. 이와 동시에 이 도식을 이루는 두 개의 세 획들 각각의 속에는 아래와 위에 매번 매개되는 획이 존재하고 있다. 따라서 이 도식은 **두 개의 중간**을 가지고 있다. 두 번째와 다섯 번째 획들을 말하는데, 이 도식은 밑에서부터 위로 읽어야 한다.

주해가인 왕부지에 따르면, 하나의 구조가 일관성을 갖기 위해서는 다음과 같은 사실이 필요하다고 생각하게 된다. 구조는 하나의 중간을, 그것도 유일한 하나의 중간을 가지고 있어야 한다는 것이다. 분산을 피하기 위해서는 하나의 중간이 필요하고, 수렴을 피하기 위한 유일한 하나의 중간이 필요하다. 그런데 이 도식은 정확히 그 반대를 보여주고 있다. 이 도식은 중간이 없는 동시에 두 개의 중간을 가지고 있다. 그렇다면 이 도식의 일관성은 어디에서 나오는가?

적어도 구조적인 면에서 보자면, 홀수에서 기인하는 중간(각각의 세 획들에서 홀수로 제시된 획들)이 있다는 사실은 분명하다. 또한 짝수에서 기인하는 중간은 존재하지 않는다는 것도 분명한 사실이다. 그런데 이 도식에서 세 획은 토대가 되는 것으로, 여섯 획은 이 세 획이 발전한 것으로 읽힐 수 있다. 이제 우리는 다음과 같은 사실을 고려하면서 중국식의 전문용어를 면밀하게 따라가자. 즉, 중국식 전문용어에서 현실적인 것은 항상 과정 속에 존재한다. 면밀하게 말해서, 이를 위해서는 어디서부터 그 차이가 기인하기 시작하는지를 구별하는 것이 필요하다. 세 획들과 관련된 수준에서 보자면, 그 구조는 움직이는 변화를 포착하고 있다. 특히 우리의 마음속에서 보이는 변화를 말한다. 이 단계에서는 구조가 아직 펼쳐져 있는 것은 아니다. 다시 말해 이 단계에서는, 왕부지가 지적하고 있듯이, 중심이나 중간이 될 만한 그 무엇도 존재하지 않는다. 왜냐하면 이러한 만물의 근본적인 단계에서 보면 그 어떤 배치도 다른 배치를 배척하지 않기 때문이다. 따라서 모든 것은 여전히 단일한 것이며 동시에 하나의 중심이 될 수 있는 것이다.

반면에 여섯 획으로 발전된 수준에서 보자면, 동일한 도식의 구조가 변화를 포착하고 있다. 이때 변화는 구조가 완전하게 전개시켜놓은 것이며, 또한 개별적으로 활성화된 것이 일관성의 가치를 부여하고 있는 것이다. 다시 말해서 이러한 구체적인 출현의 단계에서 보자면, 단지 다양한 '길들'만이 존재하는 것이며, 따라서 우리는 '더 이상 중간을 보지 못한다'. 좀 더 정확하게 말하면 우리가 위계적인 구분을 도입할 수 없는 것과 마찬가지로, 자기 자리에 존재하는 모든 것이 실제적인 것이기 때문에 '우리는 중간을 설정할 수 없다'. 다른 식으로 말하자면, 모든 것은 원칙적으로 하나의 중간이 될 수 있다. 마찬가지로 일단 '그러한 것'이 실현되고 나면, 가능할 수 있는 중간에 대한 측정은 더 이상 있을 수 없게 된다. 이 개념은 이렇게 해서 스스로 사라지며, 따라서 우리는 실현 가능성 이외의 여러 가지 현상을 볼 수 없게 된다. 실현 가능성이란 그것으로 인하여 여러 가지 현상이 스스로 실현되는 데 빚을 지고 있는 것을 말한다. 그래서 주해가 왕부지는 다음과 같이 결론을 내리고 있다. 즉, 이처럼 (유일한) 중간의 부재不在가 가지고 있는 '미묘함' 덕분에 '변화의 고전(『역경』)'은 현실 속에서 항구적으로 작동되어야 하는 단일한 논리(세 획을 말함)에 빛을 비추는 척도가 되는 것이다. 이와 동시에 모든 가능한 입장이 철저하게 압축되는foulées, 그리고 그렇기 때문에 완전히 밝혀지는 것이다(여섯 획의 단계를 참조).

이제 다음과 같은 것을 검토해보아야 할 것이다. 즉, 두 개의 중심 혹은 두 개의 중간을 가지고 있는 구조가 우리에게 가지성intelligibilité을 획득하도록 해준다는 것이다. 왕부지가 강조하고 있듯, 단지 하나의 중간만이 존재할 때 현실적인 것은 그 속에서 정체되고 움직이지 않게 되며, 따라서 더 이상 변화할 수 없게 된다. 따라서 현실적인 것의 현실성이라고 할 수 있는 이러한 '변화'의 작동은 다만 두 개의 중심 혹은 두 개의 중간이 있을 때라야만 그것들의 변화에 의해서 가능해진다. 이처럼 하나의 단일한 중심에서 기인하는 모든 독점화가 귀착될 수 있는 그러한 고착의 반대 방향에서 모든 현실적인 것에 대한 논리는 한 축에서 다른 축으로 변화하는, 여기서는 여섯 획의 두 중심 사이에서 변화하는 규제의 논리가 되는 것이다. 이러한 현실적인 것에 대한 논리는 현실적인 것으로 하여금 매번 차용된 길을 끝까지 갈 수 있도록 허용해준다. 따라서 이것은 행위에도 적용된다. 다시 말하면 변화하는 것의 불가능성이란 공자가 모든 고정된 입장을 거부했을 때 그가 맞서서 반대했던 것이다. 이러한 고착은 이미 모든 관념이 구성하고 있는 독점 속에서 자리 잡고 있는 것이다.

이와는 반대로 바람직한 것은 하나와 마찬가지로 다른 하나도 할 수 있는 것이다. 다시 말해서 우리는 '참여하는 것'과 동시에 '물러서는 것'을 알고 있으며, '일시적이 되는' 것과 동시에 '지속하는 것'을 알고 있다. 따라서 이로부터 매번 각각의 특별한 '계기(순간)'를 최대한 계발하면서 '가능한 것'의 끝까지 나아갈 수 있다. **중용**의 개념은 바로 여기서 발견된다. 하지만 그 개념은 되씹어볼 필요가 있다. '중용'은 실제로 '공정한juste' 것이다. 왜냐하면 그것은 규제되어 있기 때문이다. 우리는 어떤 입장 속에서 움직이지 않고 있는 것이 아니다. 혹은 '멈춰 있는 것이' 아니다. 따라서 우리는 상황에 적응하기 위하여 끊임없이 변화한다. 이와 마찬가지로 물론 중간도 존재한다. 하지만 중간은 둘로 나뉜다. 다시 말해서 중간은 하나의 극단에 속하는 동시에 다른 극단에도 속하는 것이다. 그 각각의 극단은 서로 그 자체로 정당하다. 이는 여섯 획의 도식에서 볼 수 있듯 대립되는 두 개의 중간이 정당한 것과 마찬가지다.

따라서 이러한 중용은 소심한 신중함sagesse timorée에서 볼 수 있는 어중간함과는 당연히 대립되는 곳에 위치한다. 이 사상가가 알려주고자 애쓴 바에 따르면, 상喪을 당해서 삼 년 동안 곡을 할 때 이러한 깊은 애도는 정당한 것이다. 그것은 하나의 가능한 '중용'인 것이다. 그리고 잔치에 가서 여러 잔의 술을 마신다고 할 때 이러한 과도한 즐김 또한 정당한 것이며, 이 또한 하나의 중용인 것이다. 정치에서도 마찬가지다. 돈을 풀어 백성의 생활을 도와야 할 필요가 있을 때 군주의 구호는 하나의 중용인 것이다. 그리고 희생이나 징벌을 내릴 필요가 있을 때 군주의 엄격함은 마찬가지로 하나의 중용이 되는 것이다. 이처럼 우리는 완전히 반대되는 방식으로 행동할 수도 있는 것이다. 따라서 이러한 두 행동은 모두 중용이라고 할 수 있으며, 두 행동 모두 정당한 것이라고 할 수 있다. 다른 식으로 말하면 이런 모든 경험은 '그 극단에 이르기까지 전개될' 수 있으며, 따라서 그만큼 중용이 될 수 있는 것이다.

그것을 다음과 같이 표현해보기로 하자. 나는 가장 열정적일 수도 있으며 또한 가장 태연한 모습을 보일 수도 있다. 축제에 전적으로 몰입하는 것도 가능하며 철저하게 고독에 빠지는 것도 가능하다. 오늘은 공부에 매진하는 것도 가능하고 내일은 쾌락에 빠지는 것도 가능하다. 나는 두 가지 것들을 철저하게 번갈아가면서 살아갈 것이다. 나는 한 가지를 경험한 것만큼이나 다른 것도 경험할 것이다. 따라서 나는 그 어떤 측면도 과장하지 않는다. 하지만 물론 이러한 '나'에 대해서 우리는 아무것도 말할 것이 없을 것이다. 그러한 나는 특색 있는 성격을 가지고 있지도 않을 것이기 때문이다. 우리는 중용이 어디에서 오는 것인지를 잘 알고 있다. 즉, 중용은 중도에 멈추는 것이 아니라는 것을 말이다. 하지만 하나에서 다른 하나로 **균등하게** 이행할 수 있다는 것, 하나가 될 수도 있는 **만큼 마찬가지로** 다른 것이 될 수도 있다는 것, 그것은 어떤 측면에도 매몰되지 않으면서도 중용의 '가능성'을 구성하는 것이다.

그렇지 않다면 사람들은 반쯤은 고통 속에서 살아갈 것이며, 마찬가지로 반쯤은 기쁨 속에서 살아갈 것이기 때문에, 사람들은 전적으로 자비롭지도 못할 것이며 충분히 엄격하지도 못할 것이다. 따라서 사람들은 끊임없이 그 가운데에 머무를 것이다. "살아갈 수 있는 것과 죽을 수 있는 것 사이에"라고 왕부지는 정확히 말하고 있다. 그런데 진정한 중용은 긍정적인 방식으로 균등하게 어떤 하나가 그리고 다른 어떤 하나가 될 수 있는 것으로 이해되어야 하는 것이지, 부정적인 방식으로 감히 어떤 하나가 되지도 못하고 그렇다고 다른 어떤 것이 되지도 못하는 것으로 이해되어서는 안 될 것이다. 왕부지는 계속해서 다음과 같이 말하고 있다. 즉, 어중간한 조치들에 만족함으로써 사람들은 비판을 벗어날 수 있다고 생각한다. 하지만 공자가 그렇게 했던 것처럼, 어떤 하나와 마찬가지로 다른 어떤 하나를 끝까지 할 수 있는 대신에 그 사람들은 항상 배타적인 동시에 편협한 방식으로만, 다시 말해 부분적인 방식(왜냐하면 그들은 결코 철저히 '살아가지' 않기 때문에)과 편파적인 방식(왜냐하면 그들은 반대의 가능성을 잘 잊어버리기 때문에)으로만 '행동할 것이다'. 즉, 하나의 축에서 다른 축으로, 하나의 중간에서 다른 중간으로 변화함으로써 '총체적인' 방식과는 다르게 '행동할 것이다'.

3

중용이라는 것은 단순히 소심한 지혜가 보여주는 임시변통적인 수단에 대립되는 것만은 아니며, 아리스토텔레스가 말한 중용médiété과도 구분된다.* 마찬가지로 양쪽 모두가 모든 개념적인 배경을 함축하고

---

* 아리스토텔레스, 『니코마코스 윤리학』 II, 5 참조.

있으며, 그 차이점 속으로 거슬러 올라갈 만한 가치가 있다. 우선, 그리스의 측면에서 보면, 덕에서 고유한 중용은 행동ergon의 전망 속에서 고려되었으며, 중용은 기술적인 방식으로 그리고 목표로 설정된 하나의 모델에 의해서 인식되었다.[*] 반면에 중용의 중국식 개념은 전개의 논리 속에 각인되어 있다. 현실적인 것은 과정의 범주에 의거하여 이해되었던 것이다. 즉, 중용이 중용인 이유는 바로 그 조절이 한 극단에서 다른 극단으로 변화할 수 있음으로써 지속된다는 것에 있다. 둘째, 아리스토텔레스도 분명 변화 가능한 중용에 대한 관념을 가지고 있었다. 그 관념은 단순히 기하학적인 것(숫자 2와 10 사이의 6처럼)만이 아니라 각각에서 상대적인 것이기도 하다.[**] 따라서 아리스토텔레스는 상황적인 ('필요한 순간에 따라서', '필요한 경우에 그리고 관련된 사람에 대하여') 적응에 의해서 행동하는 것이다. 하지만 아리스토텔레스는 한 극단에서 다른 극단으로의 변화에 의한 중용이라는 관념을 가지고 있지는 않다. 즉, 두 개의 중간에 대한 중국식 개념에서 발견되는 것과 같은 동일하게 가능성을 가지고 있는 극단들에 대한 중용의 관념을 가지고 있지 않다. 셋째, 아리스토텔레스적인 중용은 단순히 윤리적인 미덕만 포함하고 있다. 그리고 그것은 여전히 절제에 대한 중용은 아니다. 반면 중국식 중용은 모든 운행의 논리와 상응한다. 운행이 지속되기 위해서는 규제가 필요할 것이다. 중국의 측

---

[*] 수학적인 유형으로서, 즉 분리가능성, 공평성, 비율을 통해서 말이다. 그 모델은 '하나'이고 오차는 '다수'이다. 그 배후에는 물론 **코스모스**가 자리 잡고 있다. 이는 이미 『고르기아스』, 504a에서 찾아볼 수 있다.

[**] 특정한 음식의 양은 어떤 사람에게는 많고 다른 어떤 사람에게는 적은 것이다.

면에서 보면 한 측에 현실적인 것이 있고 다른 한 측에 선한 것이 있는 것이 아니다. 하지만 현실적인 것이 발생하게 되는 그것, 그리고 그 출현의 조건이 되는 그것은 또한 규제의 중용처럼 선함의 규범이기도 하다. 혹은 오히려 그것은 하나의 규범이 아니며, 단지 그 '길', 그것을 통해 현실적인 것이 실현 가능한 도인 것이다.

4

우리는 그 어떤 입장에 멈추지도 그것을 '고집하지도' 않을 것이다. 따라서 우리는 그렇게 하기 위해 가능한 것들의 한 측면에서 다른 측면으로 변화해 나아갈 것이다. 그런데 그렇게 하는 것이 또한 우리의 이론적인 입장을 포괄하고자 하는 것이 되는 것일까? 하지만 이때 이를 통해 말하고 싶은 것은 바로 건더낼 수 있는 그 유일한 이론적 '입장'이 그 어떤 입장에도 스스로 고착되지 않는다는 것에 있으며, 따라서 이것이 말하고자 하는 것은 극단적인 것들의 중간 길에서 움직이지 않고 있는 것과는 물론 거리를 두고서, 행위의 정당함과 같은 바로 그 정당함이 전적으로 마주치게 되는 경우에 의존한다는 것이다. 다시 말해 하나의 진리가 갖는 가능성 자체가 바로 그 속에서 용해될 수 있는 것을 말한다. 이는 우리가 그러한 진리에 대해서 의심해야 하기 때문이 아니라 혹은 그 진리를 상대화시켜야 하기 때문이 아니라, 그렇게 함으로써 단지 "더 이상 발전하는 것을 알지 못하더라도" 하나의 미리 결정된 입장에 "합치되어야" 하기 때문이라고 주해가 주희朱熹는 말하고 있다. 그것은 실패할 수도 있을 것이다. 이처럼 공통된 하나의 규범으로 축소되고 그 규범에 의해서 완고해지게 된다면, 극단적인 변화 능력은 현실적인 것의 **풍부함**을 만들어 내는 것이다.

여러 학파들 사이의 논쟁을 요약하면서, 맹자는 다음과 같이 말하고 있다. 한편에는 "나를 위한 전체"를 찬양하는 양주楊朱 같은 자들이 있다. 즉, "수많은 머리카락 중에서 단 하나로도 세상을 위해서 선한 것을 행할 수 있을 자들이 있지만, 그들은 그렇게 하지 않을 것이다". 그리고 다른 한편에는 "모든 사람에 대한 공평한 사랑"을 주장하는 묵자墨子 같은 자들이 있다. 즉, "세상을 위해서 선한 것을 행하기 위해 머리끝에서 발끝까지 염려하는 자들이 있다. 그들은 그것을 할 것이다". 세 번째 부류인 자막子莫은 적대적인 입장 사이에서 "중용을 취한다". 또한 "중용을 취함으로써" 그는 "더욱 가까이에 있는" 것이다. 하지만 "경우의 다양성을 면밀히 고찰하지 않고서" "이러한 중용에 집착한다는 것"은 바로 "단 하나의 유일한 가능성을 취하는 것"과도 같은 것이다. 따라서 맹자의 결론은 다음과 같다. "단하나의 유일한 가능성을 취하는 행위에서 내가 유감스러워하는 것은 다름이 아니라 바로 그렇게 하는 것이 그 길(도)을 사취詐取하는 것이라는 사실이다. 사람들은 하나의 가능성을 약속한 바 있다. 하지만 사람들은 그 가능성을 백 번이나 살리지 못했다."*

---

*『맹자』, 「진심盡心」 上, 26: 맹자께서 말씀하였다. "양자楊子는 자신의 위함을 취하였으니, 하나의 털을 뽑아서 천하가 이롭더라도 하지 않았다. 묵자는 겸애兼愛하였으니, 이마를 갈아 발꿈치에 이르더라도 천하에 이로우면 하였다. 자막은 이 중간을 잡았으니, 중간을 잡는

여기서도 중용이 유일한 것이 될 수는 없다. 그것은 적대적인 입장 사이의 중도에 있는 것이 아니다. 여기서 말하는 중도란 관대함과 이기주의에서 동일한 거리에 있다는 것을 말한다. 중용이란 또한 적대적인 입장을 화해시키는 것에 있는 것도 아니다. 예를 들면 한 주해가가 암시하고 있는 것처럼, 스스로는 그 어떤 위험도 무릅쓰지 않으면서 세상의 선함을 추구하는 것도 아니다. 왜냐하면 만일 이타주의와 개인주의라는 적대적인 입장들이 있다고 할 때, 그 입장들이 체계적인 것들이 되자마자 (그 입장들이 스스로 입장으로 공고해지게 되자마자) 그 입장들은 자의적인 것들이 되기 때문이다. 이는 또한 다음과 같은 경우에 이를 수 있다. 즉, 전적으로 스스로를 희생하는 것이 적합하게 되는 경우가 발생하기도 한다. 이는 극단적인 이타주의가 원했던 것과 같다.[*] 또한 세상에 대한 모든 근심에서 초연해지는 경우도 있는데, 이는 극단적인 개인주의가 주장하는 것과 같다.[**] 문제가 되는 이러한 차이점은 '집執'이라는 용어의 모호함 속에서 기인한다. 따라서 다음과 같은 문장이 유희적인 모습을 보이는 것은 바로 그러한 모호함에 기댔기 때문이다. 즉, 무엇인가를 취하는 것과 무엇인가

것이 도道에 가까우나, 중간을 잡고 저울질함이 없는 것은 한쪽을 잡는 것과 같다. 한쪽을 잡는 것을 미워하는 까닭은 도를 해치기 때문이니, 하나를 들고 백 가지를 폐하는 것이다."孟子曰, 楊子, 取爲我, 拔一毛利而天下, 不爲也. 墨子, 兼愛, 摩頂放踵, 利天下, 爲之. 子莫, 執中, 執中, 爲近之, 執中無權, 猶執一也. 所惡執一者, 爲其賊道也, 擧一而廢百也.(성백효)

[*] 이는 위대한 우禹가 홍수에 대비하기 위하여 수년 동안 자신의 집에 돌아가지 않았던 예에서 찾아볼 수 있다.

[**] 안회顏回는 고독했고 자신의 규방에서도 몸과 마음이 차분했다.

에 관심을 갖는 것 사이에 그 무엇인가에 집착하는 것이 위치하고 있다. 다시 말해 주해가가 말하고 있듯이, 중용을 취하는 것은 정당한 것이다. 하지만 중용에 집착하는 것, 중용에 '들러붙는 것', 따라서 중용에 고정되어 있는 것은 그렇지 못하다. 왜냐하면 사람들이 중용에 집착하게 되자마자 그 사람은 변화를 그칠 수 없게 되고, 대부분의 경우 그 중용을 그르치게 될 수밖에 없기 때문이다.

따라서 만일 현자에게 고정된 관념이 없다고 한다면, 앞으로 우리가 좀 더 자세하게 살펴볼 것이지만, 그것은 바로 현자가 어떤 관념에도 집착하지 않는다는 것이다. 따라서 이러한 것은 (유학자들의) '중용'에 적용되는 것이며, 도가주의자들의 '빔虛'에 적용되는 것이다. 실제로 이러한 '빔'이란 무엇을 말하는 것인가? 도가에 따르면 "그것은 사람들이 정신의 빔에 더 높은 가치를 부여하기 위한 것"*이다. 우리의 지향성志向性은 그 속에서 자유로우며 비결정 상태에 있다는 것이다. 그런데 사람들이 정신의 '빔'에 집착하자마자 그들은 정신에 고정된 자신의 지향성을 유지하게 되며, 따라서 이때의 지향성은 정신에 의해서 결정되기에 이른다. 다시 말하면 그것은 더 이상 정신의 빔이 아니며, 정신은 '빔'에 점령당하게 된다. 즉, '빔'은 사라진다.

중용, 빔, 다시 말해서 중용을 주장하는 것은 중용에 집착하는 것은 아니다. 빔을 주장하는 것은 빔에 집착하는 것이 아니다. 왜냐하면 중용에 집착하는 사람은 그 중용에 의해서 고정되기 때문이며, 따라서 중용의 풍부함을 잃기 때문이다. 이와 마찬가지로, 빔에 집착하

---

* 『한비자韓非子』, 「해로解老」.

는 사람은 그 빔에 의해서 혼미해지며, 따라서 욕망된 정신의 자유를 잃는다. 그렇다면 이때 우리는 어떻게 '주장'하며, 무엇을 주장하는 것인가? 이러한 '주장', 즉 테시스thèsis는 사라져버릴 것이다. 그리고 이러한 지워짐滅 아래서 다음과 같은 것이 나타나기 시작할 것이다. 즉, 항상 변화하게 될, 그리고 결코 집착하지 않으면서 말하게 될 지혜의 이 같은 말(의도)로부터 그 진부함의 심오함을 만들어내기 시작할 것이다. 다시 말해서 지혜의 말이 스스로에게서 면제됨과 동시에, 그리고 지혜의 말이 스스로 '사용됨'과 동시에 지혜의 말은 항상 후퇴하는 것이 된다.

IV
드러냄 그리고 감춤

1

그렇다면 사람들이 기대하고 있는 것으로는 파악되지 않고, 처음에는 어쨌든 기대에 어긋나기까지 하는 이와 같은 지혜의 말$_{propos}$이란 무엇인가? 그 말은 입장을 취하지도 않으며 진리를 말하려는 것을 목표로 하지도 않는다. 그리고 그 말은 하나의 말에서 다른 말로 연장됨으로써 쌓이는 것이다. 그러나 그렇다고 향상되는 것은 아니다. 보통 부르는 것처럼 이러한 지혜의 '말'은 논리적으로 연관되기에도 너무나 조각나 있어서 결코 담화가 될 수도 없을 것이다. 그리고 심지어 그 말이 완결되는지도 확실치 않다. 이처럼 산발적으로 말해진 것들이 그렇다고 해서 단장斷章들도 아니다. 왜냐하면 그 말해진 것들 속에서 모든 것이 매 순간 말해진 것처럼 보이기 때문이다. 게다가 그 뒤를 따르는 순간에 더 많이 말해지지도 않는다. 그러나 그 '모든 것$_{tout}$'은, 정확히 말해서 그 어떤 욕망에 의해서도 수축되지 않고 그 어떤 드라마에 의해서도 동요되지 않기 때문에 무無와 비슷하다. 아무

문제가 없는 것과 마찬가지로, 그 말은 입장을 취하지도 않는다. 다시 말하면 그 말은 증명하지 않는다. 그렇다고 해서 무엇인가를 보여주지 않는 것은 아니다. 그 말은 또한 구축하지도 않는다. 따라서 우리는 심지어 그 말이 정확하게au juste 가르치고 있는지의 여부조차도 알 길이 없다. 그 정도로 그 말은 어떤 효과에 의해서 부각되지도 않으며, 그 정도로 그 말은 곧바로 둘둘 말려버리고, 그 표현들 속에 아주 잘 삽입되고, 혹은 나지막한 목소리로 비밀을 털어놓는 것처럼 보이며, 마치 하루에 하나씩 제시되는 것과 같다. 그 정도로 그 말은 이목을 끌지 못하는 것이다. 우리가 아무런 저항에 부딪치지 않고 가볍게 다루는 이러한 말보다 더 지속되는 것은 그 무엇도 없다. 다시 말하면, 때로는 근거를 제시하고 교훈으로 사용하기에는 너무나 간결하고, 때로는 성찰해보기에는 너무나 하찮은 것이다. 한마디로 '평범한 말'인 것이다. 사람들은 그런 말에는 흥미를 느끼지 못하고 단지 지나칠 뿐이다. 그런데 다음과 같은 말을 가지고도 사람들은 더 나아진 모습을 보여주지 못했다.

> 스승이 말하길 "아침에 도에 관한 이야기를 들으면, 저녁에 죽어도 좋다"子曰, 朝聞道, 夕死可矣(『논어』, 「이인里仁」, 8).*

'좋다Ça va', 좀 더 정확하게 말해서 '가능하다可'라고 『논어』에서는 말하고 있다. 하지만 그 말은 '좋다', '가능하다'에 관해 더 이상의

---

* 「이인里仁」, 8: [선생님께서 말씀하였다. "아침에 도를 듣는다면 저녁에 죽어도 괜찮다."](성백효)

설명 없이 끝나고 있다. 따라서 우리는 그 말의 정합성이 어디에서 온 것인지 잘 알 수 없다. 다시 말해서 그 말이 거의 입장을 표명하지 않았던 만큼 거의 태도를 표명하지 않은 것이 된다. 혹은 오히려 그 말은 끝맺지 않는 것이며, 그 말은 거우 시작되자마자 스스로에 의해서 서서히 해소되는 것이다. 따라서 생각이 동요되었다거나 혹은 미심쩍은 마음이 들었다고도 할 수 없는 것이다. 다시 말해서 그 말은 펼쳐짐 속에서도 거의 눈에 띄지 않는 것이며, 거의 아무런 사건도 만들어내지 않으며, 그 자체로 소멸되는 것이다. 그 말에서 사유는 거의 고개를 들지 않는다. 그 말에 관념이 부과되지도 않는다. 실망스러운 것은 단순히 그 의미 작용signification뿐만 아니라 그 의미 형성signifiance이다. 따라서 주해가는 실제로 실망감을 감추지 못하는 것이다. 즉, 레게James Legge*의 말에 따르면, 우리는 그 같은 문장에서 "중국의 현자들이 제시할 수 있었던 것보다 더 고차원에 속하는 어떤 진리에 대한 막연한 인식"을 알아내기라도 한다면 다행스러울 것이다. 그런데 중국적 전통의 입장에서는 정확히 그 반대를 주장하고 있다. 다시 말하면 그 같은 말은 본질적인 것을 언급했다고 주장하고 있다. 그리고 심지어 공자는 그 말을 통해서 특정한 방식으로 모든 것을 말했던 것이다. 그 모든 것이란 삶 − '도' − 죽음, 시작과 끝, 아침과 저녁에 불과하지만 자신을 완성하기에는 충분한 그 기간을 말한다. 따라서 저녁과 아침이라는 두 시간 사이에 그 '가능함'이 있는

---

* 제임스 레게(1815~1897). 영국 선교사로 1893년에 중국에 갔다. 그는 1840년 『논어』, 『맹자』, 『대학』, 『중용』 등을 번역하기 시작하여 1861년 이들 '사서四書'의 번역과 주해를 완성했다.—역자주

것이다. 이로부터 삶은 정당한 것이 된다. 이 말은 이렇게 모든 것을 말했던 것이다. 혹은 어쩌면 이렇게 '말하는 것' 자체가 사족이 될 수도 있다. 몇 개의 단어를 통해 그 말은 말해야 하는 것보다는 오히려 포착하고, 혹은 더 적절하게는 용인하는 것에 성공을 거두었다고 할 수 있다. 정확히 말해서 그 말은 주제화시키지 않기 때문에 이론화시키지도 않는다. 그 말은 그 무엇도 가정하지 않기 때문에 그 무엇에도 호소하지 않는다. 그리고 심지어, 이미 우리가 언급했듯이, 아무것도 주장하지 않는다. 요컨대 그 말이 가진 모든 힘은 그 말이 거의 말한 것이 없다는 것에서 기인한다. 왜냐하면 바로 그러한 신중함을 통해서 그 자체로 슬그머니 빠져나가는 그 말은 그 어떤 담론도 말할 수 없는 것을 이해하게끔 하는 데 성공을 거둘 수 있었다. 결코 그것이 말할 수 없는 것이어서가 아니라(왜냐하면 우리는 항상 말을 하는 데 다다르기 때문에), 단순히 이 단계(가장 '가까운' 단계)에서는 더 이상 말해야 할 것이 없기 때문이다. 그렇지 않다면 그 사유는 필연적으로 구성되고 반응하게 되며, 이를 통해 성장하기 때문이다. 다시 말해서 단지 '가능하다' 혹은 '좋다'만으로는 그 어떤 특수화의 대상이 될 수 없으며, 따라서 어떤 개념의 대상이 될 수도 없는 것이다. 하지만 그것으로부터 우리는 이미 다음과 같은 사실, 즉 그것이 효과적인 것과 정당한 것을 연결 짓고 있음을 알고 있으며, 그것이 대립적인 것들과 가치들을 조정하며, 따라서 삶에 유일한 근거의 정당화를 제공했음을 알고 있다. 다시 말하면 실존의 근거 자체를 받아들인다는 것을 알고 있다. 그 실존만이 투기되지도, 고안되지도, 따라서 강요되지도 않는 유일한 것이다. 실존은 다른 곳으로부터 도래하는 것도 아닐 것이다.

이러한 말은 일회적이며 고립되어 있어 사람들은 그 말을, 여러 모습을 보이고는 있지만 역사의 전체 흐름 속에서 지속되고 있는, 이와 같은 장르 속에 위치시킴으로써, 여기서는 레게가 하고 있는 것처럼, 그 말을 포착한다고 생각하게 될 것이다. 이것은 하나의 형태 혹은 다른 형태로 끊임없이 다시 자라나기 때문에 '판결(격언)$_{sentence}$'로 된 말, 좀 더 폭을 넓히면 일반적으로 '간결한' 말로 이루어지는 것이다. 이와 같은 분류는 너무나 형식적이며 충분하지도 않다. 왜냐하면 그 말을 좀 더 가까이에서 관찰해본다면, 지혜의 말은, 우리가 중국에서 발견하는 것 그대로, 서양에 이어져 내려오고 있는 위대한 두 장르를 벗어나기 때문이다. 다시 말하면 오랜 전통을 보여주고 있는 격언 $_{adage}$('금언$_{dit}$', 속담$_{diction}$, 잠언$_{proverbe}$)과는 달리, 지혜의 말은 나이를 바탕으로 도출되고 획득된 의견의 일치에서 그 일관성$_{consistance}$을 끌어내지 않는다. 그리고 속담$_{maxime}$(현대적인 의미에서는 신랄함$_{pointe}$, 위트, 아포리즘)과는 달리, 지혜의 말은 과시적인 독창성에서 역으로 그 일관성을 끌어내지도 않는다. 격언은 준비하고 기다리며(격언은 바로 이러한 평범하다고 할 수 있는 특징으로부터 권위를 끌어낸다), 그 반대로 위트의 특징은 비밀을 간파하고 포착하고 신비화시키는 데 있다*(근대라는 전환점은 주체의 도래가 이룬 것이다). 또한 격언이 비인칭성에 우위를 두고 있는 반면, 현대적 의미의 속담은 독창성에 우위를 두고

---

* 격언과 위트 사이에는, 물론 라 로슈푸코$_{La\ Rochefoucauld}$(1613~1680) 같은 사람에 의해서 지적되었으며 낭만주의에 의해서 근본화의 작업을 거친, 근대라는 전환점이 존재한다.

있으며 독창성을 요구하고 있다.

그런데 지혜의 말은 개인적인 동시에 공통적이다. 좀 더 자세히 말하면 지혜의 말은 개인적인 것과 공통적인 것의 마주침 — 그 변화 — 에서 발화된다. 다시 말해 지혜의 말이 들려주는 것은 **억견**doxa이 아니며, 또한 지혜의 말이 '역설'을 늘어놓는 것도 아니다. 지혜의 말은 자신의 이름으로 고안해내지도 않으며, 타인의 의견을 억압하지도 않는다. 지혜의 말은 타격을 가하지도 않으며, 그 독창성을 통해서 구분되고 싶어하지도 않는다. 또한 지혜의 말은 결코 완벽하게 용해되지도, 혼합되지도, 동화되지도 않으려 할 것이다. 주해가들이 일상적으로 사용하는 표현에 따르면, 그 말은 '가까이에 있는' 것이다. 그것도 가장 가까이에 있는 것이다. 그럼에도 불구하고 "우리는 그 말의 끝에까지 도달할 수는 없다". 왜냐하면 지혜의 말은 가장 자연스러운 방식으로 드러나 있는 동시에 그 속에 감춰진 근간을 담고 있기 때문이다. 지혜의 말이 숨겨진 근간을 감추려고 해서가 아니라 근간이 무궁한 것이기 때문이다. 다시 말하면 그 말은 겉으로 평범한 모습을 보이고 있으며, 그것도 종종 일화적인, 즉 중요하지 않은 모습을 보이고 있다. 왜냐하면 그 말은 거의 대부분 무엇에 **관한** 것이기 때문이다. 그 말은 상황에 따르는 것이기 때문이다. 즉, 의미에 대한 것인데, 그 의미란 피륙처럼 짜인 경구들 속에서 중단된 채로 있으며, 혹은 오히려 정체停滯된 채로 존재하는 것이다. 그렇기 때문에 결국 우리는 그 의미를 이용할 수 없게 될 것이다.

'의미' — 이 용어가 가장 공통적인 것처럼 보인다 — 에 대한 것은 실제로 어떤 '의미'와 관련된 것인가? 중국인들은 '뜻의 맛意味, sens-saveur'

이라고 말한다. 그러한 경구는 지성에 호소하는 것이 아니기 때문에 간파하고 해독해야 할 것이 아니라 사유 속에 '용해되어' 있다. 그렇기 때문에 사람들은 그 경구들을 맛보아야 한다고 말하는 것이다. 경구는 용해되고 사람들은 경구를 분석할 필요가 없다. 또한 마찬가지로 그 경구가 용해되기 위해서는 끝없는 시간이 필요하다. 게다가 경구는 결코 완전하게 용해되지도 않는다. 따라서 우리는 그 경구를 마음으로 '반향을 일으키는 것이다'. 즉, 그것에는 ('관념'의) 명확함으로 이끌어갈 수 있을 견인차와 같은 해석이 존재하지 않는다. 하지만 침투작용은 다음과 같은 운행 속에 존재한다. 즉, 중국식 해석은 그 단어들 각각에 주석을 다는 것으로 만족함으로써, 좀 더 길게 보자면 모든 해석학적 시도에 만족함으로써(왜냐하면 그 작업에는 거리가 필요할 것이기 때문에), 단순히 도움을 주는 것을 목적으로 하는 것이다. 따라서 그러한 특정한 말이, 우리가 말하고 있는 것처럼, 끝없이 이루어지는 바로 그러한 용해작용을 통해서 '생각거리를 부여한다'.

2

생각거리를 부여한다는 것은 무엇을 의미하는가? 우리가 주는 것이 다름 아니라 '생각할 것'이라고 할 때 무엇인가를 주는 것이 아닌 만큼, 타인이 해야 할 모든 것을 가질 때 그 타인에게 (기회와 같은) 무엇인가를 '준다'는 것이 아닌가? 왜냐하면 이러한 말은 우리에게 가르쳐주는 것이 없기 때문이고, 우리는 남겨진 유일한 출구인 자기 자신에 의해서만 생각할 것을, 진보할 것을 가질 수 있기 때문이다. 필자는 다른 곳에서 격려하는 동시에 지시적인 공자의 말이 갖는 이중적인 특징이 어떤 것인지를 이미 언급한 바 있다.* 다시 말하면, 격려적인 특징이란 공자가 교육을 하거나 교훈을 주는 것을 목적으로 하지 않는다는 점에서, 오직 자신의 말을 듣는 사람의 정신을 일깨우려고 한다는 점에서 격려한다는 의미이다. 지시적이라는 특징은 공자가 단지 말하기 시작할 뿐이라는 점에서, 그리고 타인의 방향을 바꾸는 데 만족한다는 점에서 지시적이라는 의미이다. 만일 우리가 사용하는 개념으로 이야기하면, 그것에는 (함축적인 차원에 의한) 암시와 제안이 있는 것이다. 다시 말하면 가장 가벼운 방식으로 사유를 자극하는 것이다. 가장 가벼운 방식으로, 하지만 바로 그렇기 때문에 가장 지속적인 방식으로, 좀 더 정확하게 말하면 그러한 자극은 끝이 없는 것이다. 그러한 말은 우리에게 거의 강요하는 바가 없기 때문에, 그러한 말은 사유로서의 일관성을 가지고 있지 못하기 때문에, 주해가들의 말에 따르면, 우리는 그 말로부터 '영향을 받는 것'에 저항할 수 없는 것이다. 사유를 강요하는 대신에 그 말은 사유 속으로 스며드는 것이며, 따라서 사유와 용해됨으로써 그 사유를 '흠뻑 적시고' 감염시키는 것이다. 그렇게 되면 의미가 (맛이) 지속적으로 감지할 수 없을 만큼 점차 퍼져 나가는 것이다. 즉, 그 말은 **기름 자국처럼 점점 크게 퍼진다.** 그리고 또한 비밀스럽게 퍼져 나감으로써 그 말은 끝없이 또 다른 양상들로 이끄는 것이며, 좀 더 넓지만 여전히 측정

---

* 프랑수아 줄리앙, 『우회와 접근Le Détour et l'Accès』, VII장.

할 수 없는 또 다른 면모들을 고려하도록 만드는 것이다. 또 다른 중국의 개념을 취한다면 그 말의 '미묘함微' — 이 개념은 육체 혹은 감각과 동일한 가치를 갖는 것으로서 미묘한 의미, 미묘한 실체 등으로 표현된다 — 은 지수적indicielle이다.

계문자季文子는 행동에 옮기기 전에 세 번 숙고했다. 이 말을 듣고서, 스승은 "두 번이면 족하다"라고 말했다季文子三思而後行. 子聞之, 曰再思可矣(『논어』, 「공야장公冶長」, 19).

이 말 또한 앞에서 보았던 것과 같은 '족하다ça va', '가능하다可'로 끝나고 있다. 하지만 이 말도 역시 결론을 내리는 것은 아니다. 다시 말하면 그와 같은 경계는 가장 간략한 것이며, 가장 덜 구속하는 것이며, 또한 가장 덜 집요한 것이다. 따라서 그것은 가장 개방된 것이기도 하다. 타인을 그가 집착하고 있는 원칙으로부터 해방시켜줌으로써, 여기서는 그 사람으로 하여금 그가 자제하는 것을 만류함으로써(왜냐하면 그 타인이 보여주고 있는 그 같은 철저한 신중함은 동시에 과도한 것이 되기 때문에), 그처럼 경계하는 모습은 스스로 원칙으로 제공하는 경계 자체에 대해서 경계하는 것이며, 범주화되고 예방적인 것이 되기를 경계하는 것이다. 억제된 말이며, 겨우 말해진 말이라고 할 수 있으며, 무無에 관한 것이기도 하다. 필자는 그것을 지수적이라고 부르는데, 이는 철학에서 특수한 것에 부여된 지위와 이러한 지혜의 말을 구분하기 위함이다. 왜냐하면 지혜의 말이 다루고 있는 보잘것없는 것détail은 특수한 것과 일반적인 것이 맺는 관계 속에서 취해져야 하는 것이 아니기 때문이다. 그러한 관계는 추상적인 정의를 탐색하는 것으로, 우리는 소크라테스 이후로 그렇게 하는 것('연민'에 대해서, '용기'에 대해서 등)을 배웠던 것이다. 다시 말하면 예증으로부터 출발하여 공통된 즉자en-soi(정의에 대한 공통된 즉자는 **로고스**이며, 그렇게 되면 이후 직면한 모든 경우에서 타당한 근거를 가진다)로 거슬러 올라가면서 일반성을 '결론으로 끌어내는'(**귀납법**epagôné) 것이다. 여기서 특수한 것은 예증의 가치를 가지고 있지 못하다. 또한 논리적인 의미에서 '심급'의 가치도 가지고 있지 못하다. 하지만 보잘것없는 것의 가치, 더 정확하게 말해서 **지표**의 가치는 가지고 있다. 왜냐하면 특수한 것 역시 초월해야 할 것이기 때문이다. 하지만 특수한 것은 (추상 작용을 통해) 수직적으로 본질적인 보편성에 도달해야 하는 대신에, (인식의 유일한 목적 속에서) 실행 능력은 특수한 것이 경험의 또 다른 측면들, 양상들 혹은 '순간들(계기들)'과 점점 더 밀접하게 수평적으로 소통하도록 만드는 것이다. 지표가 의미하는 것은 그 보잘것없는 것이 눈에 띤다는 것, 그것이 명백하다는 것이다. 하지만 또한 그 보잘것없는 것이 드러냄으로써 어떤 숨겨진 근간을 가리킨다는 것도 의미한다. 즉, 근간을 찾아내게 만든다는 것을 의미하는 것이다. 다시 말하면 개별적 특징으로서 국부적으로 우연하게 포착된 것으로서의 그 말은 하나의 총체성globalité에 대한, 지혜에 대한 혹은 '도'에 대한 폭로자인 것이다. 앞서 살펴보았듯이, 이 도는 확정하는 것이 불가능한 중용의 도이다. 총체성은 그 자체로 도처에 현존한다. 하지만 오히려 더 잘 포착되도록 내버려두는 것이며, 더 정확하게 말하면 우회를 통해, 그 특징을 통해서 식별되도록 내버려두는 것이다. '더 잘', 다시 말해id est

더 적절하게 말하면, 우리가 이미 공자에게서 보았던 것과 마찬가지로, '가능한 것', '순간(계기)'에 따라서 나타나는 것이다.

　다시 말하면 다음과 같은 말이 될 것이다. 즉, "스승은 낚시로 물고기를 잡았지 그물로 잡지는 않았다. 사냥할 때에도 스승은 결코 앉아 있는 새를 겨냥하지 않았다子釣而不網, 弋不射宿".* 주해가가 더 무게를 두고서 말하고 있듯, "현자가 동물을 어떻게 취급했는지를 알아보면, 현자가 사람을 어떻게 취급했는지를 이해하게 된다. 만일 사소한 것에서 현자가 이렇게 행동한다면, 그가 중요한 것에서 어떻게 행동할지를 이해하게 된다". 즉, 이 말의 지수성indicialité은 그것이 엿보게 해주는 것에서 기인한다. 점진적인 확대에 의해서, 자기의 것인 우회로부터 출발하여, 자기 자신의 우회가 아무리 덧없거나 평범하게 보일지라도 그것이 엿보게 해주는 것에서 기인한다는 말이다. 이렇게 일종의 **열림(개방)**이 만들어진다. 그리고 그 뒤에서 도遁가 모습을 드러내기 시작한다. 즉, 한 '구석'이 제거된 것이다.** 왜냐하면 지혜와 관련되기 때문에, 그리고 만일 우리가 지혜의 평범함을 보여줄 줄 안다면, 우리는 그러한 보잘것없는 것의 극히 미미함infimité을 통해서 매번 하나의 세상을 발견하는 것이다. 다음과 같은 사실도 마찬가지다. 우리는 더 이상 지혜 혹은 '도'의 전체tout에 대한 탐색에 종지부를

＊『논어』, 「술이」, 26.

＊＊『논어』, 「술이」, 8: 선생님께서 말씀하셨다. "마음속으로 통하려고 노력하지 않으면 열어주지 않으며, 애태워하지 않으면 말해주지 않되, 한 귀퉁이를 들어주었는데 이것을 가지고 남은 세 귀퉁이를 반증反證하지 못하면 다시 더 일러주지 않아야 한다."子曰, 不憤不啓, 不悱不發, 擧一隅, 不以三隅反, 則不復也(성백효)

찍지 못할 것이라는 점 말이다. 게다가 이러한 이유 때문에, 비록 그러한 주제가 아무리 미세한 것이라 할지라도, 항상 하지만 어떤 특정한 방식으로, 다시 말하자면 바로 그 주제의 것인 우회적 수단biais을 통해서 이러한 말들 각각은 전부를 말할 수 있을 것이다. 다시 말하면 이러한 미미함은 무한한 것이다.

"현자의 말은, 처음에는 다르지 않다"고 『논어』의 여러 주해가들은 말하고 있다. 정이程頤와 주희에 따르면, 현자는 "처음에는 두 가지 말을 가지고 있지 않다". 여기서 '처음에는'이라는 표현이 중요하다. 왜냐하면 한편에서 보면 철학의 그것, 즉 전체성totalité은 구성되어야 하는 것인 반면에, 그것도 우선 (추상화·체계화를 통해) 특수한 것에서 일반적인 것으로 다다르는 반면에, 다른 한편에서 보면 그 전체성은 하나의 '총체성', 즉 도 혹은 지혜의 총체성에 속하는 것으로서 이미 끝없이 그곳에 있기 때문이며, 보아야 할 것을 내주기 때문이다. 하지만 항상 국부적으로 완곡한 방법으로 비스듬하게de biais 한 면 혹은 다른 면을 통해서 말이다. 게다가 그 이후부터는 가장 작은 것이 가장 큰 폭로자가 된다. 다시 말하자면 조절의 '도'가 자연의 무한한 현상들 속에서 끝없이 스스로 보아야 할 것을 제공하는 것과 마찬가지로, 지혜의 도는 현자에 의해 조절된 행동의 각 양상 속에서 보아야 할 것을 내놓는다. 다른 식으로 말하면, 철학은 (본질들, 진리와 같은) 시선의 지평선을 고정시키는 반면에, 지혜 혹은 도는 지평fonds 그 자체라고 할 수 있다. 중국에서는 그것을 보통 '샘'이라고 말하고 있다. 즉, 지혜는 끝없이 흘러나오는 것이다. 매 순간 모든 측면에서 말이다. 그리고 항상 같은 층에 위치하고 있는 지혜는 자연처럼 그 무엇에도 특권을 부여하지 않으려고 경계하는 것이다. 또한 사람들은 그 근간을 볼 수 없기도 하다. 왜냐하면 그만큼 그 토대는 끝없이 드러나기 때문이다. 따라서 그 토대를 눈에 띄게 해야 한다. 그리고 이러한 이유 때문에 그것의 지수적 기능에 응답하면서 지혜의 말이 갖는 위상은 당연히 충고remaque의 말이 되는 것이다. 다시 말하자면 그러한 충고가 **반박적인**ad hominem 특정한 방식으로 말해지든 혹은 좀 더 일반적인 충고로서 제시되든 간에 『논어』 전체에서 공자는 사실상 단지 여러 가지 '충고들'만을 하고 있을 뿐이다.

그런데 **충고**란 무엇인가? 더 잘 확립된 개념이 없다면, 우리는 바로 충고라는 것을 통해 스스로를 되돌아볼 필요를 갖게 된다. 충고는 진리에 대해 말하는 것을 임무로 갖고 있는 것이 아니다. 이는 사람들이 일반적인 말을 통해 그 사실을 암시하고 있는 것과 같다. 또한 결론을 끌어내는 것 혹은 예시를 하는 것(하나의 예증이 담당하게 될 것과 같은)도 아니다. 충고는 하나의 관념을 드러내는 것이 아니다. 충고는 명제적인 것이 아니다. 하지만 충고는 벗어나야 할 것을 강조하고 관심 있는 사람의 주의를 끌어낸다. 그 순간에 우연하게 지나치듯 말이다. 충고는 부수적인 것이다. 충고의 기능은 정의를 내리는 (혹은 구성하는) 것이 아니라 오히려 정곡을 **찌르는** 것이다. 즉, 사람들은 일반성généralité(소크라테스적인 실천)에 대해서 정의했다. 하지만 총체성에 대해서는 정의하지 못했다. 단지 사람들은 총체성을 하나의 특수한 관점으로부터 출발하여 인식할 수 있을 뿐이다. 사람들은 단지 그것을 '깨달을' 수 있을 뿐이다. 공자는 끊임없이 보아야 할 것을 제공하는 지혜 혹은 도의 총체성에 대해서 하나의 우회적 방법으로 혹은 다른 우회적 방법으로 한 측면을 지나치듯 국부적으로 우연하게 인식하도록 만들기 위하여 충고들을 끝없이 하고 있다. 그리고 끝없이 우리에게 몰려드는 항상 같은 측면에 대해서도 충고하고 있다. 다시 말하면 공자는 자신의 충고를 통해 끝없이 스스로를 제공하고 드러나기 때문에 우리에게서 벗어나도록 이끄는 명증성의 근간을 일시적으로 구분되도록 만든다.

씨를 뿌리는 충고들이 있다. 그리고 추수하는 충고들이 있다(비트겐슈타인, 1949).

3

충고는 일시적이기 때문에, 우리는 충고를 우연하게 지나치듯 하기 때문에, 충고는 스스로 구성될 수 없을 것이며 혹은 연장될 수 없을 것이다. 그렇지 않다면 영사막처럼 구성될 위험에 처하고 더 이상 충고할 수 없게 될 위험에 처한다. 반면에, 충고는 되풀이된다. 또 다른 우회적 방법으로, 또 다른 계기에서, 시간이 흐르면서 말이다. 또한 공자의 말은, 진보하기보다는 끝없이 진화를 그치지 않는다고 할 수 있다. 좀 더 정확하게 말하면, '변화하기를' 그치지 않는다. 즉, 그의 말이 갖는 **간결함**brevitas에 **다양함**varietas이 화답한다. 그렇게 해서 다양함이 간결함을 보충한다.

공자의 지혜는 '가능한 것' 혹은 '순간'의 지혜와 다름없기 때문에,

충고는 최대한 가능한 만큼 그리고 순간에 따라서 주의를 끌어내는 말이기도 하다. 또한 동일한 주제(예를 들면, 효란 무엇인가 같은)에 대해서 공자는 대화 상대자가 바뀔 때마다 각자에게 다른 식으로 대답할 수 있었던 것이다.* 어떤 특정한 규정에 집착하지도 혹은 스스로 규정을 주장하기는커녕 그때 그가 말한 것은 항상 **적절하게** 상황 속에 위치해 있다. 다시 말하면 공자는 동일한 순간에도 각자에게 반대되는 대답을 할 수 있다. 어떤 사람에게는 먼저 자신의 부모에게 물어보라고 조언한다. 또 다른 사람에게는 즉시 실천에 옮기라고 조언한다.** 그런 점에서 모순이 있는 것은 아니다. 공자는 그 이유를 설

---

* 「위정」, 5: 맹의자孟懿子가 효孝를 묻자, 선생님께서 "어김이 없어야 한다"고 대답하셨다. 번지樊遲가 수레를 몰고 있었는데, 선생님께서 말씀하셨다. "맹손씨孟孫氏가 나에게 효를 묻기에 나는 어김이 없으라고 대답하였다." 번지가 "무엇을 이르신 것입니까" 하고 묻자, 선생님께서 말씀하셨다. "살아 계시면 예禮로 섬기고, 돌아가시면 예로 장사지내고, 예로 제사지내는 것이다."孟懿子問孝. 子曰, 無違. 樊遲御, 子告之曰, 孟孫問孝於我, 我對曰, 無違. 樊遲曰, 何謂也. 子曰, 生事之以禮, 死葬之以禮, 祭之以禮

6: 맹무백孟武伯이 효孝를 묻자, 선생님께서 대답하셨다. "부모는 오직 자식이 병들까 근심하신다."孟武伯問孝. 子曰, 父母, 唯其疾之憂

7: 자유子游가 효孝를 묻자, 선생님께서 말씀하셨다. "지금의 효라는 것은 물질적으로 잘 봉양한다고 이를 수 있다. 그러나 개와 말에게도 모두 길러줌이 있으니, 공경하지 않는다면 무엇으로 구별하겠는가?"子游問孝. 子曰, 今之孝者, 是謂能養. 至於犬馬, 皆能有養, 不敬, 何以別乎

8: 자하子夏가 효孝를 묻자, 선생님께서 말씀하셨다. "얼굴빛을 온화하게 하는 것이 어려우니, 부형父兄에게 일이 있으면 제자弟子가 그 수고로움을 대신하고, 술과 밥이 있으면 부형父兄을 잡숫게 하는 것을 일찍이 효라고 할 수 있겠는가?"子夏問孝. 子曰, 色難, 有事, 弟子服其勞, 有酒食, 先生饌, 曾是以爲孝乎(성백효)

** 「선진先進」, 21: 자로가 "옳은 것을 들으면 실행하여야 합니까" 하고 묻자, 선생님께서 "부형父兄이 계시니, 어찌 들으면 실행할 수 있겠는가" 하고 대답하셨다. 염유冉有가 "옳은 것을 들으면 곧 실행하여야 합니까" 하고 묻자, 선생님께서 "들으면 실행하여야 한다" 하고 대답하셨다. 공서화公西華가 물었다. "유由가 '들으면 곧 실행하여야 합니까' 하고 묻자 선생님께

명하고 있다. 두 번째 사람은 은둔해 있으려는 성향을 가지고 있기 때문에 공자는 그에게 앞으로 나아가라고 부추겼던 것이다. 첫 번째 사람은 부모에게 지극하여 공자는 그 사람을 만류하는 데 신경을 쓰고 있는 것이다. 조절의 중용은 (원칙과 같은 것으로서) 단호하게 표현될 수는 없는 것이지만 전적으로 상황에 달려 있는 것이기 때문에, 이 점을 고려해보면 지혜의 말은 단지 상황에 따를 수밖에 없는 것이다. 즉, 가능한 것은 항상 '권權해보아야 하는, 다시 말해서 가늠해보아야 하는' 것이다. 따라서 본질에 대해서나 (추상적이고 초시간적인) 진리에 대해서는 태평한 것이다.

충고가 단지 대화 상대자와 순간에 따라서만 변화하는 것은 아니다. 충고는 차용된 방식에 따라서도 변화한다. 이로 인해 『논어』에서는 극단적인 다양성을 만나게 된다. 구체적으로, 다루고 있는 글투의 다양성, 즉 '개인적인 것', '정치적인 것', '도덕적인 것', '교육적인 것' 등을 만나게 된다. 물론 이 모든 범주가 연대기적으로 등장하는 것은 아니다. 또한 다루고 있는 '대상objects'의 다양성, 즉 성격의 특징, 평가, 개념, 결론, 확증 등도 만나게 된다. 마지막으로 장르의 다양성, 즉 소견, 대화, 금언, 일화, 해설, 인용 등도 만나게 된다. 간단히 말하면 그 색채가 엄청나게 넓고 개방되어 있는 것으로서, 적어도 서양

서는 '부형이 계시다' 하셨고 구求가 '들으면 실행하여야 합니까' 하고 묻자 선생님께서는 '들으면 실행하여야 한다'고 대답하셨습니다. 저는 의혹 되어 감히 묻습니다." 선생님께서 말씀하셨다. "구는 물러남으로 나아가게 한 것이요, 유는 일반인보다 나음으로 물러나게 한 것이다" 子路問, 聞斯行諸. 子曰, 有父兄在, 如之何其聞斯行之. 冉有問, 聞斯行諸. 子曰, 聞斯行之. 公西華曰, 由也問聞斯行諸, 子曰, 父兄在. 求也問聞斯行諸, 子曰聞斯行之. 赤也惑, 敢問. 子曰, 求也退, 故進之. 由也兼人, 故退之(성백효)

의 고대 '격언chrie'과 비견할 만하다. 게다가 지혜는 특수화, 분류, 정돈 이전의 '말'인 것이다. 에라스무스Desiderius Erasmus, 몽테뉴 같은 서양의 인본주의자들도 **다양성**을 예찬했다. 즉, 다양성이 작동시키는 불연속성에 의해서 다양성은 단조로움을 차단하고 권태를 방어하는 성벽으로 사용되고 있다. 변화할 수 없는 모든 말은 강요하는 것이 되고 응고되며, 따라서 현학적인 것이 될 수밖에 없다. 하지만 우리가 공자의 연속되는 충고들을 통해서 발견하게 된 그대로의, 그의 말이 갖고 있는 그러한 진화적인 특징은 지혜의 의도 자체와 최대로 결합된다. 물론 그 의도가 너무 추상적이기는 하다. 충고는 지나가듯 우연히 이루어진다. 또한 충고를 통해서 사람들은 그 어떤 입장에 멈추지도 않게 되며, 그 어떤 관념에도 집착하지 않게 된다. 되풀이됨으로써 그 충고는 지속적으로 주의를 끄는 생각을 경계할 수 있게 한다. 이렇게 다른 식으로 주의를 다시 끌면서 충고는 고정에 저항하며, 따라서 도그마에 저항한다. 공자의 말을 다시 취해본다면 '고집스러움'에 저항하는 것이다. 충고를 다양하게 변화시킴으로써 공자는 자신의 사유 속에 정착하지 않게 되고, 또한 하나의 특별한 '자아'에 빠지지 않는 것은 물론이고 하나의 말 속에 더 이상 매몰되지도 않는 것이다.

4

『논어』는 다음과 같은 말로 시작된다.

스승이 말씀하시길, "배우고 매 순간 (혹은 적절한 순간) 익히는 것, 그것에 기쁨이 있지 않겠는가? 친구가 멀리서 찾아오는 것, 그것에 즐거움이 있지 않겠는가? 다른 사람들로부터 무시당하더라도 그것으로 그 어떤 유감도 느끼지 않는 것, 거기에 군자다움이 있지 않겠는가?"子曰, 學而時習之, 不亦說乎. 有朋, 自遠方來 不亦樂乎. 人不知而不慍, 不亦君子乎(『논어』, 「학이學而」, 1).*

이 말은 우리가 지혜의 말에서 보았던 모든 것을 단번에 증명해주고 있다. 다시 말하면 이 말은 그 무엇도 구성하지 않으며, 그 무엇도 드러내지 않으며, 그 무엇도 고안하지 않는다. 달리 말하면, 이 말은 (공통된 의미로부터, 경험으로부터) 유리되어 있지 않다. 이 말은 '아주 가까운 곳'에 있다. 이 말은 그 무엇도 내세우지 않는다. 이 말의 위상은 매번 하나의 특별한 관점에서 ("그렇지 않은가?"라는 양태로 비난하면서) 관심을 끌어내는 충고가 갖는 위상과 다름없다. 좀 더 정확하게 말하면, 이 말은 그 자체로 연속된 세 개의 충고들로 이루어져 있다. 즉, 충고들은 독립된 것들로서 이미 하나의 변화 양상을 보여주고 있는 것이다. 공부와 우정, 그리고 세상이 알아주지 않음이라는 변화가 있다. 그만큼 이 주제들을 차례차례 다양하게 접근하고 있으며, 다른 관점에 따라 서로 각각 거리를 두고서 다루어진다. 그런 것들을 통해서 말은 반복되지만 제자리걸음을 하고 있는 것은 아니다. 즉, 말은

---

* 「학이」, 1: [선생님께서 말씀하셨다. "배우고 그것을 때마다 익히면 기쁘지 않겠는가. 친구가 먼 곳에서부터 찾아온다면 즐겁지 않겠는가. 사람들이 알아주지 않더라도 서운해 하지 않는다면 군자君子가 아니겠는가."](성백효)

고정되지 않고 서로 '대적하지도' 않는다. 말은 주제화되지 않는다. 세 가지 문장 표현은 나란히 놓여 있으며, 따라서 동일한 차원에서 평등하게 제시되고 있다. 어떤 문장도 다른 문장을 넘어서지도 않고 다른 문장의 원칙으로 사용되고 있지도 않다.

다른 점에서 보면, 이러한 관점에 대해 중국의 해석은 실망스럽다고까지 할 수 있다. 하지만 하나의 충고를 어느 정도까지 해석할 수 있는 것인가? 공자의 사상을 독트린으로 (특히 11세기부터 시작하여 '유교'로) 승격시키려는 (이데올로기적인) 필요성을 가짐으로써 그 해석은 같은 차원에서 제시되고 있는 우발적이고 연속된 충고들로 만족할 수 없었던 것이다. 또한 중국의 해석은 그 말을 (하나의 건축물처럼) 구성했다. 17세기의 일본 학자 오규 소라이荻生徂徠는 이러한 일탈에 대해 아주 민감한 반응을 보인 바 있다. 만일 우리의 친구가 멀리서 찾아온다면(두 번째 문장), 신유학파 주해가들의 말에 따르자면 그것은 바로 우리가 학문에서 발전시켰던 도덕적 능력에 이끌려서 그러한 것이다(첫 번째 문장. 도덕성에 의하여 행해진 거역할 수 없는 매력에 대한 맹자의 개념을 참조). 따라서 만일 친구가 "멀리서 찾아온다면"에서, 좀 더 큰 그 이유는 그가 가까운 친구이기 때문인 것이다. 마찬가지로 만일 내가 다른 사람들과의 관계에서 기쁨을 느낀다면(두 번째 문장), 그것은 바로 우선 내가 공부 덕분에 내적인 만족을 경험했기 때문이다(첫 번째 문장). 따라서 세상에 대해 느끼는 나의 유감없음(세 번째 문장)은 또한 첫 번째 문장의 결과인 것이다. 즉, 처음에 기술된 공부와 익힘이 조건이 되는 것이다. 그렇기 때문에 공부(익힘)가 '기반base'으로 놓이며, 공부(익힘)는 원칙으로 사용되고 있다. 따라서 나머지는 다음과 같다. 즉, 이 말은 연쇄적인 것이며 '도덕적인 것'이 된다.

공부를 하나의 원칙으로 삼는 것('군자'가 삼는 교육의 원칙), 그 원칙에서 출발하여 모든 말들, 즉 『논어』의 모든 나머지 말들을 구성하는 것, 그것은 유교가 교리로 구성됨으로써 이루어진 것이다. 도가주의자의 '빔', 불교도의 '니르바나'와 대적할 수 있는 교리로서 말이다. 이러한 사실로 인하여 그 원래의 말이 개방적이고 **평등하게** 간직하고 있었던 것이 실패로 돌아가게 되었다. 하지만 이와 동시에 우선은 다양성을 통해서 혹은 관점에 의해서 각각의 충고들이 시작되었던 것이며, 어떤 특정한 공통점이 점차적으로 작용된다는 것을 인식하지 않을 수 없는 것이다. 만족, 기쁨, 원한 없음 같은 것들은 우선은 아주 다른 것들이기는 하지만, 그러한 표현들은 동일한 방향을 향하여 솟아 있는 것들이다. 그 표현들은 그 표현들을 넘어서 일정 부분 수렴된다. 좀 더 정확하게 말하면 그 표현들은 하나의 중심 주변을 맴돌고 있다. 그 표현들은 하나의 공통된 근간을 이해하도록 만들어준다. 하나의 연속성이 작용되고 있는 것이다. 그 같은 불연속성을 통해서 말이다. 그 연속성은 하나의 통일성을 예상하도록 해주고 있다. 하지만 어떠한 통일성과 관련된 것인가?

어느 날 스승이 제자들 중 한 명에게 말한다. 그 제자가 가장 공부에 진척이 있다고 생각되었기 때문이다. "나의 도에는 그것을 꿰뚫을 수 있는 하나의 통일성이 있다."* 그 제자는 스승에게 "그렇습니다"

---

* 「이인里仁」, 15: 선생님께서 말씀하시기를 "삼參아! 나의 도道는 한 가지 이치가 만 가지 일을 꿰뚫고 있다" 하시니, 증자曾子께서 "예" 하고 대답하였다. 선생님께서 나가시자, 문인門人들이 "무슨 말씀입니까" 하고 물으니, 증자께서 대답하셨다. "선생님의 도는 충忠과 서恕일

라고 말하는 것으로 그치고, 그 스승은 이해했다. 그리고 그 문장은 이어서 지속적으로 반복된다. 그 표현을 자세하게 읽어볼 필요가 있을 것이다. 즉, 그 통일성은 '실을 꿰는 것'에 의해서 이루어지는 통일성인 것이다. 마치 가운데 구멍이 뚫린 중국의 엽전을 실로 꿰어 묶는 것처럼 말이다. 비록 그 충고들이 엮이지 않았다고 하더라도, 따라서 진전이 없다고 하더라도 지혜의 말을 이루고 있는 충고들은 어쨌든 하나의 유일한 맥락을 통해서 관통되었던 것이고, 따라서 그 맥락에 의해서 다시 연결되었던 것이다. 사유의 통일성에 대한 두 가지 다른 양식을 통해서 무엇을 알 수 있는가? 한편으로는 추상화(구성)를 통한 철학의 작용이 있고, 다른 한편으로는 실에 꿰기와 연속을 통한 지혜의 작용이 있다. 철학은 '인식한다'. 반면에 지혜는 꿰뚫는다. 전자의 작용이 차이를 (하나의 공통된 장르 속에서, 즉 본질의 동일성을 탐색하면서) 제거하는 것을 겨냥하고 있는 반면, 후자의 작용은 관련된 경우들이 아무리 다양할지라도 내부에서 그것들이 '서로 소통하도록' 만들면서 그 차이를 연결 짓는 성향을 가지고 있다. 다시 말하면 각각의 충고를 통해서 지혜의 말은 끝없이 스스로를 '조정한다'. 하지만 '조정' 자체를 통해서 하나의 동일한 의미(맛)는 반복되고 새로워짐으로써 끝없이 '용인되는 것이다變通'. 따라서 철학의 작용은 체계화에 속하는 것이고, 지혜의 작용은 다양함에 속하는 것이다. 달리 말하면 첫 번째 논리는 철학이 갖는 파노라마적인 논리이고, 두

뿐이다."子曰, 參乎, 吾道, 一以貫之, 曾子曰唯. 子出, 門人問曰, 何謂也, 曾子曰, 夫子之道, 忠恕而己矣(성백효)

번째 논리는 지혜가 갖는 역순應따하는 논리인 것이다. 몽테뉴 또한 편력했던 자라고 할 수 있다. 즉, 그의 『에세이』 전체가 주제에 따른 하나의 변화라 할 수 있다. 단 중국식 변이처럼 드러나지도 암시적이 지도 않지만 말이다. 다시 말하면 지혜의 논리는 하나의 관점, 돌출 부를 드러내는 대신에 지평을 가장 넓게 포괄하기 때문에 (수평적인) 회전과 우회를 통해서 사유의 동등한 차원을 끝없이 주파해나가는 것이다. 첫 번째 작용 뒤에서는 그리스적인 모델화 작업을 볼 수 있 다. 이것은 시선을 통해서 원형과 '형상eidos'을 발견하는 사유가 지배 한다. 다른 작용 아래에서는 변형과 운행의 펼쳐짐으로 인해서 진화 에 가해진 중국식 관심이 다시 발견되고 있다.

5

사람들은 철학과 지혜의 각 측면에서 '현실'과 사람들이 그것에 대 해 말하는 것 사이에 유사한 것이 있음을 혹은 동질적인 것이 있음을 기대할 수 있다. 다시 말하면 세상이라는 건축물에 철학적 담론의 구 조가 화답하는 것이다. 마찬가지로 사물의 끝없는 전개에 충고가 실 타래처럼 풀어지는 것이 화답한다. 지혜의 말은 '가까이에' 있다고 한다. 심지어 가장 가까이에 있는 것이어서 가장 자연스럽게 떠오르는 말이며, 그 의미는 평범하다. 이와 동시에 그 말은 그 속에 숨겨진 하 나의 근간을 간직하고 있다. 다시 말하면 숨겨진 근간의 샘이 바로 통일성인 것이다(현자는 "처음에 두 가지 말을 가지고 있지 않다"라는 말을 참조하라). 그리고 통일성은 끝없이 근간을 관통한다. '도'에 대해서도 마찬가지로 말할 수 있다. 즉, 군자의 도는 '드러나고' 혹은 '스스로 발산되고', '사용되고' 동시에 '감춰져 있다'君子之道, 費而隱.* 군자의 도는 펼쳐지고 모든 사람에게 접근 가능하고, 심지어 가장 재능이 떨어지는 사람에게도 접근 가능한 것이며, 동시에 가장 현명한 사람도 결코 완벽하게 다가설 수는 없는 것이다. 이와 동일한 문구가 또한 발견되는데, 그것도 가장 일반적인 양태로 고전인 『역경』**에서도 발견된다. 다시 말하면 '그의 말들은' '회전과 선회를 통해서' 혹은 '하나의 관점이나 또 다른 관점을 통해서' '중심에 다다르는' 것과 마찬가지로, 군자가 언급하는 그와 같은 만들어진 다양한 상황들 les faits-situations은 '드러나 있고' '펼쳐져 있는' 동시에 '감춰져 있다'. 이것에 대해 레게는 자신도 알지 못한 채 해석을 달아놓은 '~인 듯하다'라는 단어를 첨가했다.*** 반면 또 다른 해석자인 필라스트르

---

* 『중용』 12: 군자의 도는 비費하고 은미隱微하니라. 부부의 어리석음으로도 참여하여 알 수 있으되 그 지극함에 이르러는 비록 성인聖人이라도 또한 알지 못하는 바가 있다. 부부의 불초不肖함으로도 능히 행할 수 있으되 그 지극함에 이르러는 비록 성인聖人이라도 또한 능하지 못한 바가 있다. 천지天地의 큼으로도 사람이 오히려 한恨하는 바가 있는 것이다. 그러므로 군자가 큰 것을 말할진댄 천하가 능히 싣지 못하며, 작은 것을 말할진댄 천하가 능히 깨뜨리지 못한다. 『시경詩經』에 이르기를 "솔개는 날아 하늘에 이르는데, 물고기는 연못에서 뛰논다" 하였으니, 상하上下에 이치가 밝게 드러남을 말한 것이다. 군자의 도는 단서가 부부에게서 시작되니, 그 지극함에 미쳐서는 천지에 밝게 드러난다君子之道, 費而隱. 夫婦之愚, 可以與知焉, 及其至也, 雖聖人, 亦有所不知焉. 夫婦之不肖, 可以能行焉, 及其至也, 雖聖人, 亦有所不能焉. 天地之大也, 人猶有所憾. 故君子語大, 天下莫能載焉, 語小, 天下莫能破焉. 詩云, 鳶飛戾天, 魚躍于淵, 言其上下察也. 君子之道, 造端乎夫婦, 及其至也, 察乎天地(성백효)

** 『역경』, 「대주해大註解」 下, 16.

*** 레게는 "the matter seem plainly set forth, but there is a secret principle in them"라고 했다.

Paul-Louis-Félix Philastre*는 해석을 잘 해냈다. 즉, "사물은 펼쳐져 있고 감춰져 있다". 하지만 이 해석자도 괄호에 의문부호를 하나 첨가해놓았다. 그렇게 하면서 그 의미가 손상된다는 것을 알리고 있는 것이다. 왜냐하면 그렇게 되면 모순이 발생할 수도 있기 때문이고, 따라서 텍스트는 읽힐 수 없는 것이 될 수도 있기 때문이다. 즉, 그 모순이 서양의 형이상학이 갖고 있는 특수한 논리에 속하지 않는 한, 그리고 그 형이상학의 특수한 논리를 넘어섬으로써 사람들이 그것을 가지적으로 만들지 못하는 한 그 텍스트는 읽힐 수 없는 것이다.

'드러냄'과 '감춤', 이것이 바로 하이데거가 피시스_{phusis}**라고 부르고 있는 것, 요컨대 '길'이라고 이야기되는 것이다. 이러한 공통점을 정당화하는 것은 바로 하나의 출현으로서 사유된 피시스에 대해서 말할 때 단지 그 피시스가 다른 것을 필요로 한다고 말해서가 아니며, 혹은 그 피시스가 그것과는 대립되는 것을 가정한다고 말해서가 아니다. 오히려 자라데_{Marlène Zarader} 같은 학자의 연구에 따르면, 그 반대되는 것을 피시스의 일부분으로 삼음으로써 생각해야 한다는 것이다.*** 여기서 그 펼쳐짐의 대립되는 것 ─ 그 숨겨진 후퇴 ─ 이 당연히 '길'의 일부분을 이룬다는 것과 마찬가지로, '그것_{cela}'은 끝없이 후퇴

---

* 필라스트르(1837~1902)는 『역경』을 중국어에서 프랑스어로 처음 번역했다. Paris, Ernest Leroux, 1885~1893.─역자주

** 철학적 성찰의 토대가 되는 것으로, 우주와 자연과 계절의 순환을 관찰함으로써 가지성과 합리성에 이르는 것을 목적으로 하기 때문에 일종의 자연, 주변 환경이라고 할 수 있다. ─역자주

*** 마를렌 자라데의 대표적인 저작은 『하이데거와 기원의 언어_{Hidegger et les paroles de l'origine}』 (Vrin, 1986), 『사유되지 않은 빛_{La dette impensée}』(Seuil, 1990) 등이다.─역자주

하는 것이다. 펼쳐짐, 드러냄의 내부에서는, 일종의 '벗어나기ein Sich-entziehen'가 지배하고 있다. 벗어나기는 펼쳐짐의 (따로 남겨둔) 근간을 구성하고 있는 것이며, 펼쳐짐의 조건이 되는 것이다. 다른 말로 하면, 역시 하이데거의 용어가 되겠지만, 펼쳐짐처럼 스스로 드러나는 존재자에게 속하는, 그렇게 해서 지속적으로 우리에게서 벗어나는 존재에게 속하는 것은, 그럼에도 불구하고 하나의 뒤틀림 ― **은폐**Ver-bergung ― 이며, 이는 내재적으로 그 존재를 구성하는 것이다. 즉, 펼쳐침과 후퇴 사이에는 단지 병치(혹은 등위, 혹은 연속)만이 있는 것이 아니라, 오히려 '맞세움Fügung'이 있는 것이다. 따라서 바로 그러한 맞세움에 대해서 생각해보아야 할 것이다.

이렇게 되면 모든 문제는 (이 장의 제목인 '드러냄 **그리고** 감춤'에서 볼 수 있듯이) '그리고' 속에 존재한다. 하이데거가 읽은 바에 따르면, 헤라클레이토스Heracleitos에게 자연은 '숨기를 좋아하는' 것인 동시에 **전쟁**polemos, 투쟁이 있는 곳이다. 즉, 출현하기 위해서는 매번 그 출현이 풀려나와야 되는 것이다. 그리고 하이데거에게는 이러한 예기치 못한 대립되는 것들의 친밀성 속에 '수수께끼'가 존재하는 것이다. 즉, 피시스의 본질적인 다의성이라는 친밀성을 통해서 최종적인 수수께끼, '근원'의 수수께끼가 존재하는 것이다. 그 수수께끼 앞에 도달한 하이데거는 "응시를 통해서 그것을 고정시키려고 노력하는 것" 이상은 할 수 없을 것이다. 그런데 중국어에서 두 가지를 연결시키는 고유한 의미가 없는 단어 而(이)는 '그럼에도 불구하고'라는 뜻과 '그 결과로'라는 뜻을 동시에 가지고 있다. 그 단어는 대립 관계와 결과 관계를 동시에 구축하는 것이다. 따라서 우리는 다음과 같이 읽을 수도 있다. '드러냄과 그럼에도 불구하고 감춤', 그리고 '감춤으로 귀착하는 드러냄'이라고 말이다. 필자는 두 번째 의미를 끝까지 밀고 나감으로써 심지어 '숨겨지게 될 정도로 드러냄'이라고 해석하는 데에까지 이르게 된다. 중국어에서는 도처에 함축되어 있는 그러한 점진적인 논리에 합당하게 그 공허한 단어는 지향과 변화를 동시에 말하고 있다. 여기서 변화란 드러난 것과 감춰진 것이라는 두 가지 대립되는 축 사이에서 끝없이 작용되는 것을 말한다. 왜냐하면 전체 '현실'을 위해서, 그리고 그것이 '의미'를 가지고 있기 위해서, 그러한 것은 오직 대립되는 것들의 변화를 통해서만, 즉 드러난 것과 감춰진 것의 변화를 통해서만 존재하는 것이다. 바로 그것이 도인 것이다. 다른 식으로 말하면, 지향적인 동시에 변화적인 모든 '실존'이다. 또한 그 단어, 즉 모든 필수적인 유희를 보장해주는 공허한 말의 접합부 속에서 포착된 그러한 지향·변화는 하나의 수수께끼와 대립된다. 즉, 지향·변화는 하나의 명증성인 것이다. 좀 더 정확하게 말하면, 지향·변화는 '존재'하지 않는다. 왜냐하면 그 문제는 존재의 문제가 아니기 때문이다. 오히려 그것은 '유희하고' '실천된다'. 즉, 하나의 완벽한 명증성 속에서 (명증성과 함께) 말이다. 중국에서 지배적인 것은 바로 그러한 '걸음'의 관점, 기능의 관점이다. 우리는 다음과 같이 결론을 내릴 수도 있을 것이다. 즉, 철학이 수수께끼라고 다루고 있는 것(단지 후퇴함으로써만 주어지는 존재는 우리를 성경으로 다가가게 만드는 것처럼 좀 더 엄밀한 의미에서는 신비로움이라고 다루고 있는 것)이 그것이고, 지혜는 그것(존재)을 '명증성'으로 다루고 있다는 바로 그것이다. 하지만 이 결론도 곧 다시 출발하기 위한 결론에 불과하다.

V
난해하기에 감춤 — 분명하기에 감춤

1

사람들은 '근원에 대한' 또 다른 말들을 원했는지도 모르겠다. 다시 말해 근원에 관해 말할 수 있는 동시에 바로 근원이기도 한 그러한 말들을 말이다. 또 다른 말들이란, 그리스가 사유의 아침이라는 것, 이스라엘은 믿음의 역사라는 것을 빼놓을 수 없을 것이며, 그렇게 말하는 데 주저할 이유도 없을 것이다. 정확히 말하면 그것이 '이성'과 '믿음(신앙)'이라는 오래된 간극인 것이다. 다시 말하면 또 다른 말들이란, 결국 우리를 이러한 역사로부터 탈출하게끔 해주며, 단번에 철학의 발전과 거리를 두게끔 만들면서 철학을 좀 더 거리를 두고서 고찰할 수 있도록 해주는 것이며, 사유되지 않았던 철학으로 거슬러 올라가도록 해주는 것이며, 철학의 암묵적인 선택과 모든 감춰진 편애에 대해서 의문하도록 하는 것이다. 헤겔Georg Wilhelm Friedrich Hegel에게 (이미 니체에게도 마찬가지인데) 이러한 시도는 당연히 철학의 시초로 되돌아가도록 하는 것이며, 혹은 적어도 철학의 존재론적 전개의 시작으로 되돌아가도록 하는 것이어서, 이를 통해 거리를 두고 철학을 재발견하고 그것을 하나의 개별적인 미래로 재발견하도록 해준다. 그럼에도 불구하고 오래전부터 다시 덮여 있고, 그것도 항상 다소간 잃어버린 것으로 남아 있는, 따라서 사람들이 그것에 대해 향수를 품고 있는 바로 그러한 좀 더 '근원적인' 샘으로부터 존재론이 흘러나왔던 것이다.[*] 돌이켜보건대, 비록 호메로스Homeros가 그 사유가 작동되도록 도움을 주었다고 하더라도 매혹적인 시초('헤라클레이토스')도 그 사상의 발전과 차후의 성숙한 단계에 이르기까지 상당한 역할을 했다. 그 인물로부터 출발하여 로고스의 지배가 이루어진 것이다. 내부에서 보면, 파괴는 어려운 것으로 남아 있을 것이다. 더군다나 사람들은 항상 그 형이상학의 초월을 의심할 정도였기 때문에 또 다른 사유의 원천인 히브리 성서적 전통에 진 부채를 고백하지 않았다. 동시에de front 사람들은 항상 내부에 자리 잡고 있는 것으로 보인다. 따라서 사람들은 무기력한 것이다. 새롭게 눈에 띄는 사유를 부여하기 위해서는, 그리고 그것에 접근하기 위해서는 한 발 물러서서 주도권을 되찾고 이와 동시에 전망을 수정하고 또한 풍경을 대조시키는 것의 도움을 받아야 할 것이다. 다시 말해 어떤 우회를 통해서, 우회적인 방식으로 그것에 접근할 수 있어야 할 것이다.

그런데 우리는 그 또 다른 말을 인도에서는 발견할 수 없을 것이다. 왜냐하면 우리는 인도와 인도유럽어족을 통해서 연결되어 있기

---

[*] 동사 '존재하다être'는 파르메니데스Parmenides와 플라톤이 가정하기 전에 이미 호메로스가 완벽한 모습을 구축했다.

때문이며, 따라서 우리는 인도에서 여러 면에서 우리의 것과 유사한 사유의 범주들을 발견하기 때문이다. 뒤메질Georges Dumézil로부터 벤베니스트Émile Benveniste에 이르기까지 이들은 그런 사실을 보여주었다.[*] 인도가 우리의 전망을 변화시키지 못한다기보다는 오히려 우리의 전망의 끝에 있다고 해야 할 것이다. 아랍 세계도 마찬가지다. 왜냐하면 아랍 세계도 그리스라는 샘으로부터 물을 길었기 때문이며, 그리스의 '동양'은 언제나 우리 '서양'과 연계되어 있었기 때문이다. 그 동양을 통해 아리스토텔레스가 우리에게 되돌아온 것이다. 고양된 사유 체계에 속하고 우리의 역사와는 관련 없는 고대 시대에 등장했던 또 다른 근원의 말들이 있다. 우리는 세대가 흐르면서 그것을 명확하게 만들 줄 알았고, 그 말들은 결과적으로 결코 침묵 상태에 있지 않았으며, 결코 우리를 행복하게 내버려두지 않았다. 하지만 그 말들에 대한 해석을 통해서 통찰할 것과 연구할 것을 남겨주었다. 우리는 그 말들을 오직 중국에서 찾을 수 있을 것이다. 일본도 그 말들을 전달받았다. 손쉬운 선택이었다. 비록 뒤따를 기나긴 숙고의 시기가 필요하더라도 말이다. 여기서 중국이 방법론적으로 개입할 것이라고 해도 과언이 아니다. 모든 이국적인 즐거움과는 거리가 멀다고 해도 말이다. 우리가 그것에서 발견하게 되는 것이 필연적으로 가장 차이가 있는 것이라서가 아니라, 오히려 그 틀이 다른 것이라는 점에서 그러하다. 이는 푸코Michel Foucault가 유토피아의 환영에 대립되는 '헤테로토피

---

[*] Georges Dumézil, L'Héritage indo-européen à Rome, Gallimard, 1949; Les Dieux souverains des Indo-Européens, Gallimard, 1977 참조. Émile Benveniste, Le Vocabulaire des institutions indo-européennes 1~2, Minuit, 1969 참조―역자주

아hétérotophie’라고 불렀던 것이기도 하다.[*] 다른 용어로 표현하면, 중국을 통한 이러한 우회는 전략적인 것이다. 이러한 우회는 유럽적인 이성을 거꾸로 뒤집어 취하려는 것을 목적으로 하고 있으며, 문자 그대로 말해서 그 이성을 공격함으로써 그리고 외부에서의 파괴를 시도함으로써 그 이성이 갖고 있는 개별성 속에서 그 이성에 대해서 생각하려는 것을 목적으로 하고 있는 것이다. 즉, 그 이성의 근원성 속에서 이성 자체를 재발견하려는 것을 목적으로 하는 것이다. 왜냐하면 그 이성이 순진하게도 일조했던 (지난날의 민족중심주의의 현대적인 이면인) 보편주의로 되돌아옴으로써 그 이성을 ‘상대화시키는 것’이 문제가 아니기 때문이며, 오히려 그 이성을 또 다른 가능한 가지성에 개방시킴으로써 스스로를 성찰할 기회를 제공하고자 하는 것이 문제이기 때문이다.

2

드러난 것과 감춰진 것의 접점을 좀 더 가까이에서 살펴보는 것은 철학이 밝히지 못했던 또 다른 가능성의 한 가지 예를 제공할 것이다. 철학이 그 가능성을 완전히 몰랐기 때문이 아니라 오히려 그 발전 속에서 철학을 발생시켰던 것이 그 가능성이 아니기 때문이다. 따라서 아마도 그 가능성은 더욱 신학에 영향을 주었을 것이다. 하지만

---

* Michel Foucault, "Des espaces autres," Dits et écrits, Gallimard, 1954 참조─역자주

이때에도 신비한 차원에 영향을 주었을 뿐이다. 공자는 군자의 길은 펼쳐져 있는 동시에 감춰져 있다(『중용』, 12)는 것을 말하기 전에, 바로 앞에서 다음과 같이 말했다.

숨겨져 있는 것을 파헤치는 것, 비범한 일들을 행하는 것, 후세가 이런 점들을 기록으로 남기기 쉬운데, 나는 바로 그 점을 경계한다子日, 素隱行怪, 後世, 有述焉, 吾弗爲之矣(『중용』, 11).[*]

여기서 공자는, 인접성과 도의 단순성(조절에 대한 중용의 그것)의 대조를 통해서 이해된 그 감춰진 것에 대해서 공공연하게 의심하고 있는 것이다. 이 점에서, 필자가 보기에 그의 문장은 지혜가 거부하는 것, 지혜를 철학과 나누는 그것을 보여주는 것처럼 보였다. 다시 말하면 그가 사용하는 대구법은 역으로 드러나 보이는 것이다. 이로부터 철학이 나온다. '숨겨진 것을 구축하면서' 철학은 스스로를 진리에 대한 서사시로 간주한다. 철학은 영웅이 업적을 통해서 그러하듯, 신비로운 것에 대한 놀라운 성공을 통해서 구분되며 또한 눈길을 끄는 것이다. 그런데 중국은 서사시를 알지 못했다. 또한 중국은 먼 곳으로 '진리'를 찾으러 가는 사유의 서사시도 알지 못했다. 왜냐하면 다음 문장이 말하고 있는 것처럼, "도는 사람과 멀리 떨어져 있지 않기 때문이다". 다시 말해 "만일 사람이 도를 위하여 취하는 것이 사

---

[*] [선생님께서 말씀하셨다. "은벽隱僻한 것을 찾고 괴벽怪僻함을 행함을 후세에 저술하는 이가 있는데, 나는 이러한 짓을 하지 않는다."](성백효)

람과 멀리 떨어져 있다면, 사람들은 그것이 도라는 것을 생각하지 못할 것이다子曰, 道不遠人, 人之爲道而遠人, 不可以爲道".*

필자에게는 군자의 도가 '감춰져' 있다는 것이 모순처럼 보였다. 마치 도가 그 둘 사이에 이야기된 것처럼 말이다. 그리고 수많은 주해가들이 그것 때문에 난처해졌다. 좀 더 정확히 말해서 우리는 이를 통해 감춰진 것이 가진 이중적인 양상에 관하여 성찰하게 된 것이다. 즉, 난해하기 때문에 감춰진 것, 수수께끼와 신비한 것의 감춰짐이 있는데, 그것은 조절의 도와 다름없는 일반적인 도와 우리를 나누는 것이다. 공자는 바로 이것을 경계한다. 그리고 끝없이 드러나는 (스스로 '발산되는', 스스로 '써버리는費') 것의 감춰짐도 있다. 그리고 그것은 물론 도의 또 다른 차원에 속하는 것이다. 그런데 가장 형이상학적이라고 정평이 난 주희에 대해 주해한 주해가 석덕청釋德清**의 용어를 다시 사용해보면 다음과 같다. 즉, "절대적으로 보이지 않음, 말할 수 없음"에서 기인하는 "감춰짐" ─ 이에 대해 공자는 경계한다 ─ 이 존재한다. 그것은 '나눔에 의한' 감춰짐이다. 그리고 "가장 넓은 방식으로, 가장 단순한 방식으로 펼쳐지는" 것의 감춰짐도 있다. 좀 더 정확하게 말해서, "가장 가까이 있는 것을 통한"이라고 할 수 있다. 그것은 사람들이 "매일 이용하는" 것이며 "그럼에도 불구하고 사람들

---

* 『중용』, 13.

** 석덕청(1546~1623). 감산덕청憨山德清이라고도 한다. 명대 4대 고승 중 한 명이다. 속세의 성은 채蔡이며 자는 등인澄印, 호는 감산憨山이며 전초全椒(현 안휘성安徽省) 사람이다. 삼교일리三敎一理를 전하며 선禪과 정淨을 함께하는 것을 주장한다. 그의 불교사상은 연지주굉蓮池袾宏의 영향을 받았다. 그가 어렸을 때 공자의 제자였고 소년 때 노자老子와 장자의 제자였으며 마지막으로 불교에 귀의했다.─역자주

이 알지 못하는" 것이다. 그런데 우리는 이를 '동일한 것으로는 알 수 없는 것'이라고 해석할 수도 있다. 그 둘을 연결시키고 있는 것은 대립과 결과를 동시에 나타내고 있는, 고유한 의미를 가지고 있지 못한 단어 而(이)이기도 하다. 이와 같이 감춰진 것은 사람들이 (너무 일상적으로 사용되기 때문에) 그것에 대해서 인식하기에는 너무 드러나 있는 동시에 너무 감춰져 있기 때문이다. 다시 말하면 그것은 모호함과 난해함이라는 접근불가능성에서 기인하는 것이 아니라 오히려 명증성의 끝없는 드러냄에서 기인한다.

(드러냄 그리고 감춤과 관련된 모순적인 양상을 보여주는) 글의 서두에는 위에 언급한 내용을 보여주는 한 문장이 슬그머니 삽입되어 있다.

감춰진 것보다 더 가시적인 것은 없다.

이러한 언급은 단번에 너무 과도한 것이고 아마도 너무 전체적이기 때문에, 그러한 해석은 그 정도로 그친 것이며 그처럼 급진성의 단계에 머물러 있었던 것이리라. 따라서 그러한 언급은 곧장 축소되도록 명령되지 않을 수 없었던 것이다. 그럼에도 불구하고 그러한 언급은 최소한의 역설과 다름없는 것이다. 따라서 필자는 그 언급이 적어도 두 가지 방식으로 이해될 수 있다고 생각한다. 가시적이고 명백하기 때문에 가시적인 것은 더 이상 가시적인 것이 아니다. 사람들은 그것에 관심을 가질 수가 없으며, 그렇기 때문에 그 사실을 지적할 필요가 있다. 그리고 다른 한편으로 끝없이 스스로를 드러내는 것은 그 어떤 드러냄 속에서도 고갈되지 않는다. 따라서 그것은 항상 그 드러냄 각각과 관련하여 뒤로 물러서 있다.[*] 따라서 도의 감춰짐은 그 도가 희귀한 것에서 기인해서가 아니며, 그 도가 예외적인 것이라서, 편차가 있어서가 아니다. 오히려 그와는 반대로 그 도가 지속적으로 작용하고 인접해 있다는 사실에서 기인한다. 접근불가능성에 의해서 숨겨져 있는 것의 옆에는 역으로 숨겨진 것이 존재한다. 즉, 바로 그 무엇에 대해서 사람들은 **끊임없이** 접근해야 하는 것이다.

따라서 이 숨겨짐은 비밀 혹은 신비함의 숨겨짐이 아니다. 오히려 **스스로를 드러내는** 것을 멈추지 않는 것의 숨겨짐이다. 왜냐하면 우리가 잘 알고 있듯이, 그 감춰짐이 감춰져 있는 것은 바로 (스스로 드러내는 것을) **멈추지 않기** 때문이다. 끝없이 그렇게 할 수밖에 없기 때문인 동시에 그렇게 할 수 있는 능력이 있기 때문이다. 공자는 제자들에게 그 사실을 알려주는 것에 대하여 관심을 가지고 있었다. "자네들, 자네들은 내가 무언가를 감추고 있다고 생각하는가? 내 속에는 감춰진 것이 아무것도 없다네! 내가 자네들과 나누지 않고서 행한 것도 전혀 없다네. 그것이 바로 공자, 나란 말일세子曰, 二三者, 以我爲隱乎. 吾無隱乎爾. 吾無行而不與二三子者, 是丘也."[**]

우리가 알고 있듯이, 현자는 범인들과 다른 존재가 되는 것을 자발적으로 원한다고 생각하는 철학자와는 다르다. 철학자는 적어도 전통으로부터 출발하여, 견자와 마술사, 신성한 것의 유산자이자 스스로 특별한 하늘의 선물을 받았다고 생각하는 자이다. 파르메니데스는 자

---

[*] 『중용』, 12 끝 부분.

[**] 「술이」, 23: [그대들은 내가 무엇을 숨긴다고 여기는가? 나는 그대들에게 숨기는 것이 없노라. 행동하고서 그대들에게 보여주지 않은 것이 없는 자가 바로 나이다.](성백효)

신이 쓴 시의 첫 부분에서 자신을 선택된 자로 소개하고 있다. 그리고 철학자는 자신의 독특함을 주저 없이 과시하는 자이다. 사람들은 헤라클레이토스, 엠페도클레스Empedokles 두 사람 중 한 사람에게서는 내성적인 고립을, 다른 사람에게서는 과시적인 면모를 떠올린다. 이와는 달리 현자는 그 무엇도 과도하게 행하지 않으며, 그 무엇도 제쳐두지 않는다. 현자는 그 어떤 특별한 하늘의 능력을 받았다고 여기지도 않으며, 따라서 자기 자신에 대해서 모든 것을 보여준다. 그의 행동은 일상적인 것이다. 하지만 정확히 말해서 그의 행동이 일상적인 것이기 때문에, 그 행동이 항상 조절되어 있기 때문에, 그 조절이 평가절하되도록 만드는 그 무엇도 없다. 다시 말하면 이 조절은 우리를 벗어나 있는 것이고 '가능한 것'과 혼합되어 있다. 사람들은 그것에 관하여 말할 것이 전혀 없다. 이와 동시에 현자가 취하는 각각의 말은, 혹은 그가 행하는 각각의 행동은 그가 실행하고 끝없이 그것을 통과하는 지혜의 통일성을 이해하게끔 해준다. 각각의 말은 모든 것을 말한다. 각각의 행동은 모든 것을 보여준다. 하지만 항상 특정한 방식으로, 특정한 우회를 통해서 이루어진다. 다시 말하면 제자들 또한 사람들이 결코 그들에게 전부 말해주지 않는, 전부 보여주지 않는 인상을 가질 수 있다. 하지만 제자들은 끝까지, 근간까지 이르지는 못할 것이다. 그들에게는 그것이 감춰진 것이기 때문이다.

만일 명증성이 드러냄과 짝을 함께하는 감춰진 차원을 가지고 있다면, 그것은 우리를 넘어서는 것(그리고 사람들이 그것을 아는 데에는 도달하지 못하는 것)인 동시에 끝없이 ('명증성é-vidence'으로서) 눈앞에 드러나기 때문에 그 자체로 스스로 도출시킨 **공통된 토대**를 함축하고 있는 것이다. 숨겨진 근간 혹은 명증성의 근간이 존재한다. 다시 말하자면 끝없이 명백한 것이 되는 것은 하나의 잠재적인 근간을 전제로하고 있으며, 끝없이 가시적인 것이 되는 것은 하나의 숨겨진 근간을전제로 하고 있다. 하지만 주해가들이 강조한 바에 따르면, 현자가갖는 최소한의 태도 혹은 최소한의 의도가 있는데, 이와 마찬가지로자연이 보여주는 최소한의 현상은 그 자체로 명백함으로써 그 속에모든 '도' — 보통 조절의 도라고 할 수 있는 — 를 내포하고 있으며, 그로부터 현실이 무한하게 발생하는 것이다. 또한 '신비함을 찾으러'다니기 위해서, 게다가 숨겨진 것을 찾으러 다니기 위해서, 그의 '지성'에 호소할 필요도 없을 것이다. 왜냐하면 숨겨진 것은 명증성 내부에 있기 때문이다.

내가 '내 눈앞에' 뻔히 보고 있는 것을 아는 것이 내게는 얼마나 어려운 일인가(비트겐슈타인, 1940).

우리에게 가장 중요한 사물들의 양상은 그것의 단순성과 친근성으로인하여 숨겨져 있는 것들이다(비트겐슈타인, 『철학적 탐구』, I).

명증성이란 내재성과 다름없다. 왜냐하면 명증성은 도처에서 그리고 매 순간 드러나기 때문이다. 즉, 명증성은 가장 공통된 것인 동시에 가장 일상적인 것이기 때문이다. 세상에 존재하는 모든 것은 단지과정일 뿐이며 그것 자체로 단지 그 모든 것일 뿐이기 때문에, 사람들은 항상 그 명증성에 의해서 '관통된다'. 내재성은 고유한 장소를 가지고 있지 않다. 내재성은 '한정할 수' 없으며無方, 또한 고립된 것도 아니다. 따라서 내재성은 위치를 정할 수 없으며, 그것의 '미묘함'은 우리를 벗어난다. 그리고 최소한의 과정이 그것을 구현하고 있기는 하지만, 그 누구도 그것을 고갈시킬 수 없다. 세상은 끝없이 그것을 야기하기 때문에, 내재성은 그로부터 현실화되는 것보다도 항상 더 존재하는 것이다. 내재성은 '사람들이 생각할 수 없는' 바닥없는 토대인 것이다. 하지만 이러한 ('하늘'·자연의 그것인) 깊이를 알 수 없음이란 철학의 그것은 아니다. 왜냐하면 적어도 지혜가 생각한 것으로서의 철학은 난해함을 통해서 감춰진 것을 탐색하기 때문이다. 다시 말하면 난해하고 까다로운 감춰진 것, 원칙들 중에서 감춰진 것을 (혹은 본체 혹은 즉자en-soi에 대한 감춰진 것, 요약하자면 '초월적인' 감춰진 것을) 탐색하기 때문이다. 반면에 지혜는 그와 같은 '심오함'을 경계한다. 즉, "숨겨지고 멀리 떨어진 이유들을 심오하게 탐구할 필요가 없다"고 주희는 말한다. 그와 같은 것은 (여전히 조절을 의미하는) 인식에 대한 하나의 '넘침'을 이룰 것이기 때문이다. 지혜가 지겨울 정도로 되풀이하고 있듯이 '멀리서 찾을' 필요가 없는 것이다. 다시 말하면 지혜의 감춰진 것은 (내재성의) 명증성의 감춰진 것이다. 그리고 가장 알기 어려운 것은 혹은 말하기 가장 어려운 것은 가까운 것의 차원, 평범한 것의 차원, 일상적인 것의 차원에 속하는 것이다.

3

그것을 단 한 번 말하는 것으로는 충분하지 않다. 또한 그것을 반복하는 것도, 그것을 설명하는 것도, 그것을 해석하는 것으로도 충분하지 않다. 왜냐하면 사람들이 이해할 수 있었듯, 정확하게 말하면, 여기서 문제가 되는 것은 하나의 '관념'이 아니다. 명증성은 실재로 그런 식으로 그대로 존재하며, 그것은 내재성의 명증성이며, 사람들은 그것을 아는 데 이르지 못한다. 내 '삶'에 대한 명증성은 '대략적으로' 내가 내 삶을 아는 데에 결코 이르지 못한다는 것을 말한다. 달리 말하면 '도'에 대한 이러한 명증성은 모든 과정 속에서 작동되어야 하는 것이 아니며, 끝없이 나를 넘어서는 것이다. 지혜도 내재성의 근간으로 끝없이 되돌아오지 않는가! 그렇다고 해서 그것에 대해서 (담론의 논리 속에서) 더 많은 말을 할 수 있는 것도 아니지만 말이다. 다시 말하면 또 다른 우회를 통해서 그것을 끝없이 재검토하지 않는가. 그리고 끝없는 변화를 통해서 그것에 항상 더욱더 폭넓은 접근을 허용하지 않는가!

이와 같은 내재성의 도는, 조절을 통해서 끝없이 현실을 낳는 그 도는, '변화의 고전'(즉, 『역경』)의 「대해석」이 말하고 있는 바에 따르면, 행위의 차원으로 연장됨으로써 (도덕의 중용인) '선'을 구성하는 바로 그러한 도인 것이다. 그리고 각각의 특정한 개인 속에서 행위로 드러냄으로써 '인간의 본성'을 구성하는 바로 그 도인 것이다. 하지만 일반적으로 사람들은 이와 같은 도의 보편적 차원을 이뤄내는 데 성공하지 못하는 것과 마찬가지로, 사람들은 그 도를 자신들의 개인적인 관점으로부터(그들의 '개별적인 자아'로부터), 따라서 편파적인 방식으로부터 출발하여 해석했던 것이다. 사람들은 도를 하나의 결정된 대상으로 만든다. 다시 말하면 도덕적인 사람은 '그 도에서 도덕을 본다', 지식인은 '그 도에서 지식을 본다' 등처럼 말이다. 대부분의 사람들은 '매일 그것을 사용하고 있으면서도, 결코 그것을 이해하지 못하고 있다'. 다시 말하면 그들은 끊임없이 그것을 이용하고 있다. 하지만 정확히 말하면 그 도는 계속해서 행해져야 하고 일상적인 것이기 때문에, 따라서 그 도는 구분되지 않기 때문에 끝없이 그들을 벗어나는 것이다.

결국 그 도를 두드러지게 하는 것은 지혜의 말로 되돌아오는 수밖에 없다. 가령 말을 역설적인 문체를 통해서 '전복시키는 경우'를 가정해보자. 이는 '도', 즉 타오(tao)에 관한 스승들의 아포리즘―'도가'의 아포리즘―속에 들어 있다. "옳은 말들", "정확한" 말들은 "뒤집어도 마찬가지다"(『노자』, 78). 따라서 "밝은 도는 어두운 것과 마찬가지다". "진보의 도는 후퇴하는 것과 마찬가지다"(41). 혹은 "위대한 성취는 부족함과 마찬가지다"(45).* 다시 말하면 이때 드러난 모순은

---

* 『노자』, 78: 천하에 물보다 부드러운 것이 없으나 굳고 강한 것을 치기에 그것보다 나은 것은 없나니, 그것과 바꿀 수 있는 물건이 없기 때문이다. 약한 것이 강한 것을 이긴다는 것과 부드러운 것이 굳센 것을 이긴다는 것을 천하에 모르는 이가 없으나 실행할 수 있는 사람이 없나니, 이 때문에 성인이 이르시되 온 나라의 굴욕을 맡고 나서야 이를 일러 나라의 군주라고 할 수 있고, 온 나라의 재앙을 맡고 나서야 천하의 왕이라고 할 수 있으니, 바른말은 반대되는 듯하니라. 天下莫柔弱於水, 而攻堅強者莫之能勝, 以其無以易之. 弱之勝強, 柔之勝剛, 天下莫不知, 莫能行. 是以聖人云, 受國之垢, 是謂社稷主. 受國不祥, 是爲天下王. 正言若反

41: 가장 으뜸가는 선비가 도를 들으면 간신히 그것을 행할 수 있고, 보통의 선비가 도를

초월되기를 호소함으로써 도의 완전성을 재발견하도록 이끄는 것이다. 이때 도는 회고적인 시각들에서, 즉 절대적인 시각들에서 자유로워진다. 그러한 시각들에서 도가 응고되는 것을 우리는 알고 있다.

또한 다음과 같은 것도 가정해보자. 즉, 일상적인 말에 도움을 받는 경우가 그것이다. 이는 공자가 『논어』의 틀 속에서 했던 것과 같다. 그렇지만 그처럼 하찮아 보이는 지적을 통해서 그 말이 조절의 도(내재성의 근간에서 기인하는, 즉 '하늘'에서 기인하는, 따라서 인간의 '본성' 속에서 구현되는)*에 잘 나타나 있듯이, 도에 대해서 현자가 특정하게 명명하여 다루고 있지는 않다. 그럼에도 불구하고 현자가 모

들으면 반신반의하며, 질이 낮은 선비가 도를 들으면 크게 웃어버리나니, 웃지 아니하면 도라고 하기에 부족하다. 그러므로 속담에 다음과 같은 것이 있으니 "밝은 도는 도리에 어긋난 듯하고, 진취적인 도는 물러난 듯하며, 평탄한 도는 울퉁불퉁한 듯하며, 가장 으뜸가는 덕은 깊은 골짜기와 같고, 가장 결백한 것은 더럽혀진 듯하며, 넓은 덕은 가득 채우지 못하여 부족한 듯하고, 강건한 덕은 게으른 듯하고, 질박하고 참된 것은 불투명하게 변할 것 같으며, 크게 네모난 것은 모서리가 없는 듯하고, 큰 그릇은 느리게 이루어지고, 큰 소리는 소리가 들리지 아니하고, 대상은 형체가 없다." 도는 숨어 있어서 이름이 없으니, 대저 도는 잘 베풀어주고 또 이루어준다. 上士聞道, 勤而行之, 中士聞道, 若存若亡, 下士聞道, 大笑之. 不笑不足以爲道. 故建言有之, 明道若昧, 進道若退, 夷道若類, 上德若谷, 大白若辱, 廣德若不足, 建德若偸, 質真若渝, 大方無隅, 大器晚成, 大音希聲, 大象無形, 道隱無名. 夫唯道, 善貸且成

45: 가장 완전하게 이루어진 것은 모자란 듯하나 그 작용은 다하지 아니하며, 가장 충만한 것은 빈 듯하지만 그 작용이 다 없어지지 아니하고, 가장 곧은 것은 굽히는 듯하고, 가장 솜씨가 좋은 것은 졸렬한 듯하며, 가장 많이 남는 것은 적자 난 듯하니라. 질주하여 추위를 이기고 고요히 앉아서 더위를 이기거니와, 청정이 천하에서 가장 바른 표준이니라. 大成若缺, 其用不弊. 大盈若沖, 其用不窮. 大直若屈, 大巧若拙, 大辯若訥. 躁勝寒靜勝熱. 清靜 爲天下正.(이강수)

*『논어』, 「공야장」, 12: 자공이 말하였다. "선생님의 문장文章은 들을 수 있으나, 선생님께서 성性과 천도天道를 말씀하시는 것은 들을 수 없다." 子貢曰 夫子之文章 可得而聞也 夫子之 言性與天道 不可得而聞也(성백효)

든 말들에 대해서 말한 모든 것들은, 사람들이 그의 행위로부터 알게 된 모든 것들과 마찬가지로, 주해가들이 덧붙이게 될 것들에 따르면 그 도를 가리키고 있다. 그리고 그 말들의 가장 극단적인 진부함 속에서 매일매일 하나씩 드러나기 때문에, 그들은 도의 숨겨진 근간을 이해하게 되는 것이다. 그 둘을 연결함으로써 우리는 나중에는 다음과 같이 말할 수도 있을 것이다. 즉, 『노자』에 들어 있는 역설들은 '도'를 명시적으로 취급하면서도 그 자체로는 단지 그러한 지혜에 접근하는 길로 사용될 뿐이다. 이는 공자의 『논어』가 단지 일상적인 삶만을 다루면서도 암묵적으로 (하지만 그만큼 더 직접적으로) 지혜에 이르는 길로 인도했던 것과 마찬가지다. 그리고 종종 갈팡질팡하는 양상 아래, 그리고 그토록 서양을 매혹시켰던 양상 아래, 선의 스승들이 보여준 말들은 그 자체로는 "나무를 베는 것 그리고 물을 담는 것" 이외의 다른 그 어떤 것 — 하지만 그 어떤 것이란 가장 어려운 것으로 남아 있다. 다시 말하면 **일상적인 것의 내부 자체**에서 내재성의 길을 인식하도록 하는 것이다 — 도 목표로 삼지 않는다. 나무를 베고 물을 담는다는 것은 가장 '지척에서' 벌어지고, 가장 단순하고, 가장 일상적인 양태인 것이다.

4

게다가 그 '말'로는 충분하지 않다. 가장 지척에 있는 위상에 대해, 그런 것에 대해서는 더 이상 아무것도 말할 것이 없는 것과 마찬가지다. 하지만 단지 이를 포착하거나 용인되도록 하기 위해서 중국에서는 '말하지 않는' 말에 대한 탐색이 지속될 것이다. 그러한 말이란 환기시키기는 하지만 의미하지는 않는 말을 뜻한다. 즉, 볼거리를 주지만 재현하지는 않는 말이다. 특히 회화적이라고 할 수 있는 중국의 '미학적인' 실천은 끝없이 우리에게서 벗어나는 이와 같은 도의 명증성에 대해서 민감하도록 만들어주는 것 이외에는 그 어떤 것도 겨냥하지 않는다. 내재성의 도인 동시에 도의 내재성인 것이다. 세계의 한 양상을, 특별한 한 풍경을 재현하는 대신에 중국의 회화적인 미학적 실천이 대나무를 혹은 바윗덩어리를 그려낸다고 할 때도, 그것이 그려내는 것이 무엇이든 그러한 실천은 결코 하나의 대상을 표현하는 것이 아니다. 오히려 그 실천은 그 과정의 지속적인 내재성을 현실화시키는 것이다.

빔과 가득 참의 관계를 통해서 중국의 회화적인 미학적 실천은 드러난 것과 감춰진 것의 맞댐을 그리는 것이다. 다시 말하면 '빔'은 하늘과 만나는 수평선에 의해서 고립되지 않는다. 오히려 그 빔은 모든 풍경을 가로지르는 것이기 때문에 최소한의 선線 속에서도 작용되는 것이며, 그 선이 끝없이 '충만하게(완전하게)' 스스로 '드러나도록' 해주는 것이며, 그 선의 현존을 더욱 충만하게 '펼쳐주는' 것이다. 즉, 명증성을 두드러지도록 만드는 것이다. 길게 끌리는 구름이나 물이 전체l'ensemble를 휘감는다. 따라서 밀려드는 물결의 모습을 그리는 것은 종이에 아무것도 그리지 않고 내버려두거나 얇은 화선지가 축축해지도록 아주 조금만 붓질하면 되는 것이다. 화폭 속에 여기저기 펼쳐져 있는 흰 부분은 운행이 갖는 내재성의 근간을 그려낸 것이다.

마찬가지로 사행시로 된 다음과 같은 짧은 문구는 아주 좋은 예로 사용될 수 있다. 중국의 사행시는 일본의 (보통 하이쿠로 알려져 있는) 하이카이와 마찬가지로 유사성이 결여된 명증성(내재성)을 가장 간략하게 말해준다. 그것도 숨겨진 근간을 이해시키기 위한 방식으로 말이다. 다음에 나오는 스무 단어는 하나의 시를 이루고 있다.

> 사람들은 쉬고 있고 (여러) 계수나무들 (여러) 꽃들이 떨어진다人閑桂花落
> 고요한 밤, 봄(에) 산은 빈다夜靜春山空
> 달이 나온다, (여러) 산들 (여러) 새들을 불안하게 만들면서月出驚山鳥
> 순간이 외친다, 중앙(의) 작은 골짜기(의) 봄(에게)時鳴春澗中
> —왕유王維, 새 우는 물가鳥鳴澗[*]

명증성에 대한 늘어놓기인 것이다. 즉, 가장 단순한 풍경이자 가장 공통된 풍경을 보여준다. 어떤 한 밤은 완전히 유사한 또 다른 여러 밤들과 같다. 또한 이 시에 등장하는 스무 단어들 속에는 반복되고 있는 단어도 있다. 즉, '봄春', '산山'이 그것이다. 이 시에서는 은둔도 있다. 즉, 겨우 묘사되다가 말았을 정도인 전체 풍경은 지워짐 속에 잠겨 있는 것이다. 사람들의 휴식, 꽃잎들의 떨어짐, 밤의 적막, 텅 빈 산이 그것이다. 그리고 뒤따르는 사건(달이 나타남, 새들의 불안)도 그 자체로는 개별적인 것이어서 끝없이 모든 것을 경험하도록 하는

---

* [인적 드문 계수나무 꽃 지고/ 밤이 조용하니 봄산은 텅 비네./ 달이 나와 산새는 놀라고/ 때때로 봄 물가에서 우네.]—역자주

내재성을 강조하는 데 사용되고 있다. 한 '순간' 또 다른 순간 들리는 '외침'이 주변을 둘러싼 침묵을 이해하도록 만들어준다.

그림이 그려진 화폭의 충만함이 빔과 하나가 되는 것에서 보았던 것과 마찬가지 상황이라고 할 수 있다. 여기서 단어들의 '충만함'은 시에서 드러나는 '흰 여백'과 하나가 된다고 시학자들poéticiens은 말하고 있다. 함께 구성된 몇몇 단어들은, 거품을 그린 선과 같이 내재성의 토대를 인식하도록 해준다. 그 단어들은 내재성의 근간을 지적하는 것이다.

이러한 유형의 사행시가 단순히 더 짧은, 그래서 더 경제적인 하나의 장르에 속하는 것은 아니다. 즉, 유럽에서는 알고 있지 못했던 장르에 속하는 그런 유형이 아니라 오히려 사행시가 독자적인 하나의 기능을 담당했다는 것을 말한다. 따라서 중국에서의 그러한 '미학'은, 여러 점에서 볼 때 서양에서 존재론이 차지한 자리를 점하고 있다. 왜냐하면 그 시는 직접 표현하는 것이 없기 때문에 또한 묘사하는 것도 없다. 풍경을 묘사하는 것인가, 마음의 상태를 묘사하는 것인가? 그 시는 단지 '풍경'에 대해서 말했다. 하지만 '마음의 상태'도 도처에 있으며 (그만큼 더) 존재하고 있다. 이 시는 풍경과 마음 상태의 결정될 수 없는 간극을 남겨둔다. 그 시는 특별한 대상이 없이 존재한다. 하지만 그 시는 모든 가능한 '대상'의 상류에(서) (있는 것을) 포착한다.

VI

비대상으로서의 지혜

1

헤겔 이후로 우리가 알고 있듯, 혹은 어쨌든 반복하는 것이 되겠지만, 철학은 그리스에서 탄생했다. 비록 사유가 좀 더 일찍 다른 곳, 특히 중국에서 나타났다고 하더라도 말이다. 왜냐하면 자유의 원칙을 태동시킴으로써 그리스인은 객체인 대상을 그것이 주체와 맺는 관계 속에서 포착할 수 있게 한 최초의 사람들이었기 때문이다. 다시 말하면 '동양'에서 그랬던 것처럼 객체가 '보편적 실체' 속에 혼합되도록 하는 대신에, 그리고 그러한 실체 속에서 객체의 인식이 만개하도록 내버려두는 대신에, 그리스에서의 개인은 객체로부터 벗어나 자기 자신에만 근거하며 주체 속에서 정립됨으로써 그 실체를 객체로서 결정화시키려고 시도했다. 이로부터 개념이 탄생했다.

중국의 사상은 단지 공허한 보편성만을 낳을 뿐인 가장 '모호한', 가장 '추상적인' 일반성과 이와는 다른 편에 위치한 가장 까다롭고, 가장 '진부한', 따라서 역시 헛된 것인 구체성 사이에서 주저했다고 할 수도 있다. 보편성과 구체성 사이에서 작업을 진행하지 않음으로써 중국의 사상은 객체를 알지 못했다는 것이며, 따라서 중국의 사상은 철학을 만나지 못했다는 것이다.

객체가 주체와 맺는 관계 속에서 점차적으로 '한정'되고 '성찰'되어가게 된다는 사실로부터 역사의 가능성, 즉 철학의 **다른 이름**alias인 '진리'의 가능성이 도출된다. 하지만 이러한 사실은 철학 **내부 자체로부터** 나온 것에 머무른다. 외부로부터, 즉 이러한 역사에서 하나의 외부를 재발견하기 위한 노력을 경주함으로써 사람들은 다음과 같은 것을 자문하기에 이르렀다. 즉, 이렇게 함으로써 철학이 처음부터 그 무엇도 잃은 것이 없는 것은 아닌지의 여부가 그 질문이다. 다른 용어로 표현하면, 사유에 의해서 연루된 이러한 결정 작용의 시도에는 상응하는 대가가 있지 않았는지를 자문하게 되었으며, 또한 철학은 그 사실을 깨닫지 못한 채 그러한 시도의 짐을 짊어졌는지를 자문하게 된 것이다. 또는 철학은 **이제 더 이상 사유할 수 없었던** 것인지, 그리고 '서양'이 이후에, 감히 말한다면 (특히 종교의 신비를 통해서, 혹은 현대에 들어서는 하나의 또 다른 사유로 간주된 시를 통해서) 끝없이 보충하려는 것을 그치지 않았는지를 자문하게 된 것이다.

하이데거는 형이상학의 '뿌리'로 되돌아가려고 시도하면서, 형이상학을 그 토대 속에서 탐색함으로써, 그리고 형이상학을 넘어서기 위해서 분배와 후퇴에 대한 좀 더 근원적인 '운각으로 나누기'에 위치해 있으려고 주의를 기울이면서 다음과 같은 질문을 다시 열어놓았다. "존재에 대한 진리의 도래 혹은 후퇴 속에서 유희되고 있는 것은 또 다른 것이다. 그것은 철학의 구성이 결코 아니며, 단순히 철학 자체도 아니다. 오히려 그것_{cela}의 인접과 멀리함이 유희되고 있는 것이다. 이로부터 재현을 통해 존재자_{étant} 그 자체에 대한 사유로서의 철학은 철학의 본질과 필연성을 획득한다."* '진리'가, '존재'가, 따라서 또한 철학의 이편에 '그것'이 존재한다. 하지만 우리가 그것을 말할 수 있는가? '그것'으로부터 재현을 통한 사유로서의 철학은 영원히 떨어져 있다고 느끼며, 따라서 철학은 '그것에' 대한 향수를 간직하게 된 것이다.

하지만 이제는 '진리'가, '존재'가, 철학이 분명히 존재하며, 그것들은 영원히 필요불가결한 것으로 보이게 된 것이다. 즉, 사람들이 그것들을 발견한 이후로 그렇게 되었다. 다시 말하면 개념이 갖는 편리함으로 인하여 개념은 도처에서 사용되었다. 심지어 중국과 일본에까지 개념이 도입된 것이다. 중국과 일본이 개념을 만났던 것은 서양에 '문호를 개방'하게 된 19세기 말이었다. 그리고 유럽의 전통 내부에서도 현상학 역시 그러한 일이 발생하지 않을 수 없었다. 다시 말하면 메를로 퐁티_{Maurice Merleau-Ponty}는 「동양과 철학_{L'Orient et la philopophie}」에서 다음과 같이 결론을 내리고 있다. "서양적인 사유 속에는 다른 것으로 대체할 수 없는 무엇인가가 있는데, 그것은 바로 **인식하려는 노력이며 개념의 엄격함**이다." 그렇기 때문에 "(넓은 의미에서의) 서양은 준거 시스템으로 남는다. 다시 말하면 지각에 대한 이론적이고 실천적인 수단들을 발견한 것이 바로 서양이며, 진리의 길을 열었던 것

---

* 하이데거, 『형이상학이란 무엇인가?_{Qu'est-ce que la métaphysique?}』, 이기상 옮김, 서광사, 1995 참조

도 서양이다". 이렇게 해서 메를로 퐁티는 마치 하나가 다른 하나를 단순히 되풀이해서 말하는 것처럼 '자각prise de conscience'과 '진리의 길 chemin de la vérité'을 슬그머니 동일시한다.

이러한 동일시가 그 자체로는 어떠한 문제도 야기하지 않는다고 생각하는 것, 그 둘이 나란히 갈 수 있다고 생각하는 것, 그것은 적어도 전통적으로 철학이 암시했던 것이다. 그런데 바로 그러한 은연중에 암시된 것으로 되돌아올 필요가 있을 것이다. 왜냐하면 지혜가 철학과 대면해서, 혹은 중국이 '서양'(게다가 '넓은 의미에서의' 서양이란 어떤 것인가? 이처럼 넓은 의미에서의 서양이란 민족중심주의가 덜한 것일까?)에게 발견하게 만들어준 것은 바로 자각이 필연적으로 하나의 '객체'에 대한 결정 작용으로 이행하지 않는다는 점이며, 따라서 그 자각의 목적 혹은 준거는 진리가 아니라는 점 때문이다.

또한 지혜의 측면에서도 (인식의 지위에 대한 일치된 의견이 없기 때문에) 활동이라고 부를 수 있는 자각이 물론 존재하기 때문이다. 혹은 적어도 그 개념은 처음에는 간단한 공통점을 만들어줄 것이다. 공자가 했던 말이나 당나라의 오언절구들이 그러한 사실을 잘 보여주고 있다. 다시 말하면 중국의 사유가 헤겔이 비난을 가했던 모호한 종교심과 '동양의 숭고함' 속에 빠져 있었던 것은 아니다. 그렇다면 이때 지혜는 무엇에 대하여 자각하는 것인가? 좀 더 정확히 말하면 이처럼 그 '무엇'이라고 말하는 것은 이미 너무 많은 말을 한 것이기도 하다. 왜냐하면 만일 자각이 존재한다면 그 자각은 실체에 속하는 것이 아니며 존재론적이지도 않기 때문이다. 자각이 자체를 하나의 관념으로 소개하지 못하는 것처럼, 자각은 더 이상 하나의 '객체'를 이루지도 못하기 때문이다.

2

거리두기의 가능성을 잃어버리지 않기 위해서 인내심을 가지고 피륙처럼 짠 단어들로부터 다시 출발해보자. 우선 더 공통적이고 더 비밀스러운 단어들로부터 출발해보는 것이 좋을 듯하다. 이 단어들은 그 자체로 언어를 구성하는 데 이용된다. 단번에 개념에 관심을 집중하는 것은 피하기로 하자. 왜냐하면 개념 속에는 사유가 유희될 가능성이 함축되어 있기 때문이다.

중국어에서 '고유한 의미가 없는 단어' 之(지)는 지시사가 되지 않을 수도, 반복의 뜻을 가진 대명사('그것')가 되지 않을 수도 있다. 오히려 단순히 그 단어에 선행하는 용어를 동사로 만들어주는 데 이용될 수 있다. 다시 말하면 그 단어에 의해서 동사의 목적어는 미결정의 상태로 남겨진다. 좀 더 정확히 말해서, 객체(목적어)라는 개념에 사로잡혀 있지 않기 위해서 우리는 그 동사가 이때 미결정상태로 열린다(향한다)고 말하게 될 것이다. 길, 즉 '도'를 단호하게 다루는 사상가들, 즉 도가의 아포리즘 속에서 우리는 항상 다음과 같은 사실을 가정할 수 있다. 즉, 그러한 불확정적인 일 또한 좀 더 멀리서 보자면 끊임없이 문제시되고 있는 것, 정확히 말해 '도', 즉 '길'을 가리킨다는 것을 가정할 수 있는 것이다.

하지만 공자가 말한 맥락에서도 동일하다고는 할 수 없다. 공자의 말은 끊임없이 변화하며 날마다 하나씩 하나씩 풀려나오듯 제시되는 것이기 때문에, 그 무엇에도 관심이 집중되지 않는 것이다. 공자의 총애를 받는 한 제자가 어느 날 한숨을 내쉬며 다음과 같이 한탄한 적이 있다.

내가 눈을 들어 그것을 바라보자, 그것은 더욱 높아졌다. 내가 그것을 파고들자, 그것은 더욱 단단해졌다. 내가 그것이 앞에 있다고 생각하자, 갑자기 그것은 뒤에 있었다仰之彌高, 鑽之彌堅, 瞻之在前, 忽焉在後(『논어』, 「자한」).*

'그것Le'·'그것cela', 즉 '그것Es'은 무엇인가? 비록 문자 수수께끼와 같은 것일지라도, 위의 글에서는 수수께끼가 없다. 왜냐하면 그 표현이 가리키는 그 무엇을 밝혀보아야 할 필요가 없기 때문이다. 그것을 말로 표현할 수 없어서가 아니라, 정확히 말하면 이 미결정상태를 요구하는 동사들이 가장 일상적이고 가장 구체적인 행위를 나타내는 동사들이기 때문이다. 그런데 이러한 미결정상태는 끝이 없는 것이기

---

* [우러러볼수록 더욱 높고, 뚫을수록 더욱 견고하며, 바라봄에 앞에 있더니 홀연히 뒤에 있도다.] (성백효)

『논어』, 「자한」, 10: 안연이 크게 탄식하며 말하였다. "우러러볼수록 더욱 높고, 뚫을수록 더욱 견고하며, 바라봄에 앞에 있더니 홀연히 뒤에 있도다. 선생님께서는 차근차근히 사람을 잘 이끄시어 문文으로써 나의 지식을 넓혀주시고 예禮로써 나의 행동을 요약하게 해주셨다. (공부를) 그만두고자 해도 그만둘 수 없어 이미 나의 재주를 다하니, (선생님의 도가) 내 앞에 우뚝 서 있는 듯하다. 그리하여 그를 따르고자 하나 어디로부터 시작해야 할지 모르겠다." 顔淵喟然歎曰, 仰之彌高, 鑽之彌堅, 瞻之在前, 忽焉在後. 夫子循循然善誘人, 博我以文, 約我以禮. 欲罷不能, 旣竭吾才, 如有所立卓爾, 雖欲從之, 末由也已(성백효)

에 그 제자는 다음과 같이 결론을 내린다.

포기하고 싶습니다. 하지만 그럴 수가 없습니다. 게다가 제가 그 원천들의 끝에 간다 한들, 그것은 마치 내 앞에 세워진 그것과 같을 것이니까요. 때문에 저는 그것을 따라가려고 원해보았자 소용이 없습니다. 저는 어디로 가는지를 모르니까요欲罷不能, 既竭吾才, 如有所立卓爾. 雖欲從之, 末由也已(『논어』, 「자한」).*

스승의 가르침이 펼쳐지는 방식을 이처럼 가장 명료하게 판단한 이 말 속에서 제자는 두 가지 것에 근거하고 있는데, 그 두 가지 것이 보여주는 모순이 그의 혼란스러움을 야기하는 데 적절히 표현되고 있다. 한편으로 그는 '그것을le'·'그것을cela' 포착할 수 없다. 왜냐하면 그에게는 그것이 감춰져 있기 때문이다. 그 이유는 그가 끊임없이 심화시켜야 하고 통찰해야 하기 때문이고("더 높은 곳을" 응시하면서, "더 단단하게" 통찰하면서), 동시에 그것이 '자리'도 적절한 '일관성'도 가지고 있지 못하기에 '재현될 수 없을 정도로 모호하게' 남아있기 때문이다("내가 그것이 앞에 있다고 생각하자, 갑자기 그것은 뒤에 있었다"라고 언급된 것처럼). 이해의 어려움은 그 이해가 끝이 없다는 것과, 그것이 '포착할 수 없는' 것으로 남아 있다는 것에서 동시에 기인한다. 즉, 주희에 따르면 "그것이 꼭 조여지자마자 이해는 과도

---

* [그만두고자 해도 그만둘 수 없습니다. 이미 나의 재주를 다하였는데, 선생님의 도는 내 앞에 우뚝 서 있는 듯합니다. 그리하여 그를 따르고자 하나 어디로부터 시작해야 할지 모르겠습니다.](성백효)

한 것이 되어버린다. 그리고 그것이 느슨해지자마자 이해는 더 이상 도달할 수 없는 것이 되어버린다".

다른 한편 이 제자는 자신이 이해에 도달하지 못했다는 것, 그리고 그렇게 되자 그 사실이 자신에게는 접근 불가능한 것으로 남았고, 그것이 자신에게는 마치 하나의 명증성처럼 제공된다는 것을 잘 알게 되었다. 어떻게 그것을 '따라가야' 하는지를 알지 못하기 때문에, 그에게는 그것이 하나의 명증성으로 제공되는 것이다. 즉, 그가 앞부분에서 말한 것처럼 자신의 눈앞에서 그 모습을 드러내고, 뒷부분에서 말한 것처럼 '자신 앞에서 우뚝 서 있는' 것이다. 나아가 주해가들은 다음과 같은 점에 대해 주의를 기울이고 있다. 즉, 그것이 이처럼 '자신 앞에' 있다는 것은 바로 그것이 '또한 매일매일 벌어지는 행위들과 상황들 속에 있다'는 것을 의미한다는 것이다. 그리고 그 결과 '그것은 신비로운 것과 말로 표현할 수 없는 것과 다름없다'. 달리 말하면 이러한 포착 불가능함은 가장 단순한 것과 가장 일상적인 것, 최소한의 몸짓이나 최소한의 행위 ― '마시고' '먹고' 혹은 '잠에서 깨는' ― '밖에 있는' 것이 아니다.

따라서 헤겔이 중국의 사유에 대해서 말했던 것처럼, 한편으로 진부한 것과 구체적인 것이 있는 것이 아니며, 다른 한편으로 모호함 혹은 미결정상태, '무한한 확장', '동양의 숭고함' ― 공허한 추상화와 다름없다 ― 이 있는 것도 아니다. 하지만 도에 대한 자각은 완벽한 곳이 아니라(왜냐하면 끝이 없는 것이기 때문에), 바로 가장 구체적이고 가장 진부한 것의 내부 자체 속에서이다. 흔히 말하듯 개념의 중재가 끼어드는 것은 아니지만, 점진적인 '깨달음'에 의한 것이기는 하다.

영어의 **깨달아야 한다**to realize라는 의미는 프랑스어에서는 의문의 여지가 있다. 지드Andre Gide가 말했듯이 "단어는 살아남을 것이며, 하나의 생각을 표현할 것이며, 그것도 아주 잘 표현할 것이다. 그 생각이란 사람들이 그 생각 자체를 창조해낸 말을 필요로 하지 않을 수 없는 것처럼 보인다"는 것을 말한다. 하지만 말이라는 수단을 통해서 뭉쳐진 이 단어로부터, 그리고 사람들이 개념과 대체하여 사용하는 그 단어로부터 하나의 개념을 만들어낼 수 있을 것인가? 게다가 그 개념은 이성에 대립되는 '직관'의 창고와 유사한 것이 아니지 않은가.

혼히 말하듯 철학은 이해한다. 철학은 진리라는 하나의 목표를 가지고 있다. 반면에 지혜는 (명증성의 '그것le'·'그것cela'을) 깨닫는다. 이러한 의미에서 우리는 "누군가가 죽었다"라는 말을 깨닫는다고 말하지만, 이는 더 정확하게 말해 깨닫는 데 도달하지 못한다고 말하는 것과 같다. 그것에는 펼쳐짐이 필요하다. 중국의 사유는 분명히 과정의 사유인 것이다. 또한 일상적인 것과 구체적인 것의 경험도 필요하다. 마치 공자의 대화들에서 충고하는 데 사용되는 것처럼 말이다. 다시 말하면 일상적인 것 혹은 구체적인 것은 (인식의) 대상으로 제공되지 않는다. 오히려 (깨달음의) 기회로 제공되는 것이다. '도'에 대한 선사禪師의 대답은 이렇다. '뜰 앞의 잣나무庭前栢樹子'처럼 모든 것은 깨닫기 위하여 이용될 수 있다. 그렇기 때문에 눈에 띄는 첫 번째 것도 마찬가지다. 그것이 바로 '뜰 앞의 잣나무'와 같은 것이다. (개념에 의한) 인식은 목적으로 제시될 수 있다. 하지만 깨달음은 그렇지 않다. 깨달음이란 수단에 의존하는 것이 아니라 조건에 달려 있기 때문이다. 사람들은 단지 깨달음을 용이하게 도움을 줄 수 있을 뿐이다.

식물의 성장도 마찬가지다. 맹자가 말했듯이 돋아나는 싹을 잡아당기는 것은 무익한 것이다. 오히려 싹이 스스로 자라도록 내버려두면서, 종종 그 밑부분의 땅을 '부드럽게 김매주는' 수고를 들여야 한다. 다른 식으로 말하면, 인식은 객체를 대상으로 직접적으로 작용하는 것이기에 (사람들이 분명하게 설명할 수 있는) 방법과 관련된 반면에, 깨달음은 간접적으로 항상 우회(깨달음을 용이하게 해주는 충고라는 우회)를 통해서 실행되기 때문에 잠복과 함축에 관련된 것으로서, 그것에 대해서 사람들은 결코 완벽하고 명확하게 설명할 수 없으며 "기회가 닿으면" 돌출되는 결과에 의해서 드러난다. "보라", "갑자기", 나는 "깨달았다". 적어도, 나는 시작은 했던 것이다.

> 싹이 땅에서 나오도록 하기 위해서 그 싹을 잡아당길 수는 없다. 네가 할 수 있는 모든 것은 그 싹에 온기와 습기와 빛을 제공하는 것이다. 그렇게 되면 그 싹이 성장하리라는 것은 틀림없는 일이다(비트겐슈타인, 1942).

따라서 '깨닫다'는 단순히 '이해하다'(이는 또한 인식과 관계가 있다)보다 더 분명한 것이다. 다시 말하면 깨닫는다는 것, 그것은 우리가 보지 못하는 것에 대해서 혹은 알지 못하는 것에 대해서가 아니라 우리가 보고 있는 것, 우리가 알고 있는 것, 즉 우리가 상당히 잘 알고 있는 것에 대해, 우리 눈앞에 있는 것에 대해 자각하는 것을 말한다. 다른 식으로 말하면 깨닫는다는 것, 그것은 명증성에 대한 자각을 말한다. 혹은 그 단어를 가장 엄밀한 의미로 이해한다면, 깨닫는다는 것은 현실의 실제적인 특성을 자각하는 것을 말한다. 예를 들면 시간이 흐르는 것, 늙어가는 것, 혹은 단순히 '살아 있다는' 것이 그것이다. 왜냐하면 누구도 자신이 죽도록 예고되어 있다는 것을 정말로, 필자가 말하고 싶은 것은 **완벽하게**가 나을 듯한데, 깨닫지 못하기 때문이다. 그렇지만 누구나 그 사실을 알고는 있다.

우리는 이러한 말에서 위와 같은 사실에 대한 하나의 예시를 발견한다. 우리는 앞에서 스승이 도를 보여주기 위해서 어떻게 처신하는지를 보았다. 즉, "선생님께서는 차근차근히 사람을 잘 이끄시어 문文으로써 나의 지식을 넓혀주시고 예禮로써 나의 행동을 요약하게 해주셨다夫子循循然善誘人, 博我以文, 約我以禮". '이와 같은 지도 방식'은 식물의 싹틈과 마찬가지로 전개가 필요하다. '문'과 '예'는 스승이 정신의 성장을 용이하게 만들어주기 위해 일상적으로 다루는 것이다. 왜냐하면 우리가 "도를 말하는 것을 이해하지 못하기" 때문이다. 하지만 스승이 일상적으로 다루고 있는 글과 전례를 통해서, 글과 전례가 확장과 대립 사이에서 야기하는 긴장을 통해서, 스승이 제자에게 깨닫도록 일깨워주는 것은 바로 더 본질적인 하나의 욕구, 즉 '도' ─ 어쨌든 우리가 끊임없이 눈앞에 보고 있는 '도' ─ 에 대한 욕구이다. 그리고 이 깨달음은 목적을 가지고 있는 것이 아니다. 이는 그 말이 결론을 내리고 있는 바와 같다. 여기서, 그리고 그러한 이유로 그 말은 예시적인 것이며, 제자는 단지 자신이 깨달아야 할 것이 어렵다는 것을 깨닫는 것이다.

정통성을 추구하는 주희와 같은 인물의 입장에서 보면, 신유학파적인 전통은 포착할 수 없음에 하나의 명칭을 부여할 수 있을 것이다.

그것은 가장 일상적인 동시에 가장 구체적인 명칭이며, 우리가 끝없이 '깨달아야' 하는 명칭이다. 그 명칭은 우리가 이미 알고 있는 것으로 바로 (조절의) '중용'이다. 현자의 도란 '완벽한 순응의 논리와 다름없는 것'과 마찬가지로, '만일 우리가 그것에 주의를 기울이지 않는다면 그것을 잃을 것이다'. '하지만 사람들이 그것에 주의를 기울이자마자 사람들은 곧 그것을 넘어버린다'. 왜냐하면 현자에게 중용이란 글$_x$에 의한 '확장'과 노력, 의도 혹은 주의의 대상이 아닌 전례들에 의한 '자제' 사이에서 그려지는 것이기 때문이다. 따라서 그 제자는 당황한 채로 머물러 있었던 것이며, 어디로 그것을 따라 가야 하는지를 알지 못했던 것이다. 이러한 해석은 거짓된 것이 아니다. 하지만 우리는 어쨌든 약화되어 있는 개념이 그 말을 잃어버리도록 만들 위험이 있다는 사실은 알 수 있다. 오히려 드러냄과 감춤의 끝이 하나로 맞붙여진다고 말하는 데 성공함으로써 '그것$_{le}$'·'그것$_{cela}$'을 미결정상태로 남겨둘 수 있을 것이다. 그것 자체$_{cela\ même}$는 가장 일상적인 경험에서도 객체화할 수 없는 채로 남아 있으며, 그 명증성을 깨달아야 한다. 다시 말하면 명증성이란 필자가 **내재성의 토대**라고 부르기 시작했던 바로 그것이다. 따라서 독자 여러분도 이해하게 되겠지만, 여기서 필자 자신이 끊임없이 포착하고자 원하는 것이 바로 명증성이다. 그것도 연속적인 모든 우회를 통한 포착 말이다. 왜냐하면 명증성은 담론의 대상이 될 수 없을 것이기 때문이다. 즉, 철학에 의한 재점유의 작업을 통해서는 가능하지 않다.

3

차이를 만들어낼 수 있는 유일한 것은 바로 내재성의 근간을 깨닫는 능력이며, 따라서 그러한 능력에서 지혜가 기인한다. '그것$_{le}$'·'그것$_{cela}$', 즉 之(지)가 갖고 있는 미결정성의 기능을 간직하면서 스승은 다음과 같이 말한다. 이는 그 자체로 어떤 의도를 갖고 있다. "백성이 그것을 따르도록 할 수는 있으나, 백성이 그것을 깨닫도록 할 수는 없다子曰, 民可使由之, 不可使知之."* 맹자는 이 말을 더욱 발전시켜서 다음과 같이 말한다.

그것을 실행하지만 밝히지는 못하며, 그것을 실천하지만 살피지는 못하며, 평생 동안 그것을 따르지만 그것의 도를 깨닫지는 못한다. 그러한 것은 만인에게 공통된 것이다孟子曰, 行之而不著焉, 習矣而不察焉, 終身由之而不知其道者, 衆也(『맹자』, 「진심」 上, 5).**

우리는 '그것의$_{sa}$' 도를 이해하지 못하기 때문에 '그것$_{le}$'·'그것$_{cela}$'은 도道 자체는 아니다. 하지만 '그것$_{ce}$'에서 도가 나오는 것이기에, 그것은 도에 앞서 있다. 다시 말하면 모든 사람은 그것에 의존하며 그것에 습관화되어 있어서 그것을 명증한 것, 심지어 가장 일반적인 명증성으로 경험한다. 하지만 명증성은 사람들을 벗어나 있다. 좀 더

---

* 「태백」, 9.

** [맹자께서 말씀하였다. "행하면서도 밝게 알지 못하며, 익히면서도 살피지 못한다. 그러므로 종신토록 행하면서도 그 도道를 모르는 자가 많은 것이다."](주자 해석에 따른 번역. 성백효)

정확하게 말하면 사람들이 그것을 하나의 명증성으로 여기며 살아가기 때문에 그것cela은 끊임없이 그들로부터 벗어난다. 왜냐하면 사람들은 자신이 알지 못한다는 바로 그것을 모르고 있는 반면에, 사람들이 실행하지 못하는 것은 능력을 벗어나기 때문이다.

헤라클레이토스는 다음과 같은 점에서 '수많은' 다른 사람들과 구분된다. 즉, 사람들이 알고 있는 것은 '그의 능력을 벗어나 있는 것'이며, 이는 "사람들이 잠을 자면서 망각하고 있는 것이 그들의 이해를 벗어나 있는 것"*과 마찬가지다. 하지만 다른 사람들에게 그들의 이해를 벗어난 것을 발견하도록 하기 위해서 그것을 매일 일상적으로 행하고 그것으로부터 끊임없이 이익을 취하고 있으며, 전적으로 무의식적으로 남아 있다는 것을 발견하도록 해주기 위해서 헤라클레이토스는 담론의 미덕, 즉 로고스를 믿는다. 다시 말해 자기 담론의 미덕을 생각한다. 그 담론이 '항상 존재하며' 항상 진실하다고 믿는 것이다. 따라서 그것을 '말로 표현'하며, '각 사물을 그 본성에 따라서 구분'하며, '그 사물이 어떻게 존재하는지를 설명'한다. 이 철학자의 담론은 조목조목 방법론적으로 가르침을 주고 있다.

하지만 내재성의 근간인 '그것'을 (하나의 대상으로서) '말로 표현하

---

* 헤라클레이토스, 「단장」, '개론'의 서두 부분. 헤라클레이토스의 출생 시기는 불확실하지만, 디오게네스 라에르티오스Diogenes Laertios의 『철학자 전기』에 따르면 기원전 504년경에 40대에 접어들었다고 한다. 헤라클레이토스는 이해하기 어려운 글을 자주 씀으로써 이미 고대에 '어두운 철학자'로 이름이 난 것으로 알려져 있으며, "같은 강물에 두 번 들어갈 수 없다"는 말로 유명하다. 그 어떤 것도 안정되거나 머물러 있지 않다고 생각했으며, '생성·변화'를 중시한 철학자로 볼 수 있어서, 이 때문에 중국 철학과의 연관성이 새롭게 주목받고 있다. 디오게네스 라에르티오스, 전양범 옮김, 『그리스철학자열전』, 동서문화사, 2008 참조―역자주

는 것'은 불가능하다. 혹은 그것을 ('항상' 존재하는) 하나의 진리로 삼는 것은 불가능하다. 우리는 단지 매일매일 하나의 우회적인 방법을 통해서, 아니면 다른 우회적인 방법을 통해서 그것을 깨닫도록 도움을 줄 수 있을 뿐이다. 왜냐하면 결국 진정한 깨달음이란 그 깨달음 자체에서 얻어지는 것이기 때문이다. 그것도 부단한 관심을 기울인 끝에야 이루어지는 것이다. 그렇다고 사람들이 그것에만 몰두한다고 해서 이루어지는 것도 아니다.

필자가 생각하기에, 사람들은 단지 맹자의 다음과 같은 문장에서 그것에 대한 최상의 예증을 발견할 수 있을 것으로 보인다. 선의 스승들은 그것에 대해 더 많은 것을 말해주지는 못할 것으로 보인다. 게다가 맹자는 객관화의 대상이 될 수 없는 '그것le'·'그것cela', 즉 之의 양식 위에 항상 자리하고 있다.* 맹자는 다음과 같이 서술하고 있다.

군자는 도 덕분에 그것에 깊숙이 도달한다. 군자는 자득自得에 의해서 그것을 얻고자 욕망한다. 자득에 의해 그것을 획득함으로써 군자는 평화의 항구성 속에 있는 것처럼 그것에 거주한다. 평화의 항구성 속에서처럼 그것에 거주함으로써 군자는 그것을 심오한 근거로 삼는다. 그것을 심오한 근거로 삼음으로써 군자가 그것으로부터 포착했을 때 어느 편에서나 그것의 근원을 만나게 된다. 다시 말하면 그렇기 때문에 군자는 자득을 매우 욕망하는 것이다孟子曰, 君子深造之以道, 欲其自得之也,

* 『맹자』, 「이루離婁」 下, 14.

自得之則居之安, 居之安則資之深, 資之深則取之左右逢其原. 故君子欲其自得之也.[*]

    지혜가 도달할 수 있게 해주는 '그것le' '그것cela'에 대해서는 그 어떤 특정한 내용이 주어지지 않는다. 따라서 이러한 방식을 통해 사람들은 그것을 '획득하고', 그것에 '거주하며', 그 속에서 '휴식을 취한다'. 이때부터 그것은 묘사된 대로 하나의 '근원'처럼 — 사람들이 '획득한' 것이 무엇이든 간에, 그리고 사람들이 어느 방향으로 향하든 간에 — 드러난다. 우리 스스로가, 최소한의 실천 속에서 그것을 검증할 수는 없을까? 예를 들어 우리가 악기를 연주하고자 할 때 노력과 투자 덕분에 '그것cela'이 도래하기 시작하는 바로 그 순간부터, 우리가 말을 하는 것과 마찬가지로 (이렇게 해서 내재성을 말함으로써) 그 능력은 곧이어 그 자체의 모습을 드러내는 성향을 갖게 된다. 그렇다고 해서 우리가 그것에 대해서 걱정해야 하는 것도 아니며, 심지어 그것에 대해서 생각해야 하는 것도 아니다. 노력할 필요도 주의를 기울일 필요도 없다. 다시 말하면 하나의 '근간資'처럼 항상 솟아날 준비가 되어 있는 것이다.

    그런데 지혜의 '깨달음'에서도 동일하다. 다시 말하면 자득自得에 의해서 유래하는 것이며, 오랜 시간이 걸리는 성장에서 도출되는 것이다. 왜냐하면 '만일 우리가 정리를 하고 요리를 한다고 가정해보

---

    * [맹자께서 말씀하였다. "군자君子가 깊이 나아가기를 도道로써 하는 것은 자득自得하고자 해서이다. 자득하면 거처함에 편안하고, 거처함에 편안하면 이용함이 깊고, 이용함이 깊으면 좌우에서 취하여 씀에 그 근원을 만나게 된다. 그러므로 군자는 자득하고자 하는 것이다."](성백효)

면’ 그것에는 자득이 있을 수 없을 것이라고 주해가 정이는 우리에게 예고하고 있다. "그리고 (의식의) 가라앉음과 (성찰의) 축적이 동시에 있을 때에만, 반면 사람들이 편안하게 있고 그 무엇도 욕망하지 않을 그때에야 그것에서 (깨달음의) 획득이 있을 것이다. 하지만 만일 서두른 나머지 그것을 획득하기 위하여 힘을 쓴다면, 사람들은 단지 개별적인 자아만을 갖게 되는 것이다." 개인적인 자아는 그 자체로 제약되어 있기 때문에 "그것은 결코 충분한 것이 되지 못할 것이다". 달리 말하면, 내재성의 그것_{cela}을 깨닫기 위해서는 내재성이 유희되도록 내버려둘 필요가 있다.

효율성에 대한 중국식 개념에 따르면, 깨달음은 계획에 따라서, 모델에 따라서, 직접적으로 목적으로 제시될 수 없는 것이다. 오히려 그것은 파급효과와 같은 것으로서 간접적으로 진행된다. 다시 말하면 우리가 행했던 모든 노력과 역방향이며, 매번 계획되는 것도 아니며 계산되지도 않는 것이다. 혹은 우리가 앞서 행한 모든 집중들로부터 우리에게 (혜택이라는 이름으로) 되돌아오는 것과 마찬가지다. 그렇기 때문에 깨달음은 ‘근간’ 속에서 구성되는 것이고, 끝없이 스스로에 의해서 발전하는 것이며, 모든 경우 속에서 솟구치는 것이다. 따라서 예전에는 포착할 수 없는 것으로 보였던 것이, 사람들이 생각하지 못하는 가운데 스스로 ‘포착되는’ 것이다.

이로부터 ‘무한한 적용’이 가능할 수 있다고 영국인 주해가 레게는 그의 책에서 매우 정확하게 분석하고 있다. 왜냐하면 그것은 "수를 헤아릴 수 없을 정도로 많은 현상 속에서" 발견되는 것이며, "정확히 말하면 지하수가 손쉽게 발견되는 것과 마찬가지여서, 단지 여기저기 땅을 파기만 하면 되는 것이다". 이러한 이미지는 정확하다. 하지만 그 이미지는 우리가 사용하는 것과 같은 범주들을 파기하기 때문에, 레게는 그 말이 '불분명하다'고 생각한다. 따라서 그 이미지의 묘사는 역으로 그것을 이해하기 위하여 작동되어야 하는 파괴를 분명하게 보여준다. 다시 말하면 '인간의 고유한 자아' 혹은 '인간의 외부에 있는 사물들'에 대한 문제인가라고 자문하는 것이다.

그런데 내재성의 근간의 '그것$_{cela}$'은 그러한 질문을 적절성이 없는 것으로 만들어버리고, (**인간 자기 자신**man's own self으로서의) 자기와 자기 외부의 간극은 적절하지 않은 질문이 된다. 왜냐하면 중국인 해석자가 넌지시 알려주었던 것처럼, 만일 우리가 독립된 (단지 자신의 고유한 주도적 행동에만 속하는) 행위 주체로 인정된 '개인적 자아'로 축소되고, 개인적 자아만이 가지고 있는 유일한 능력의 제한 속에 축소된다면(그렇지 않다면 결과로서 **간접적으로** '나에게 되돌아오는' 것을 어떻게 이해할 수 있겠는가), 내재성을 가질 수 없기 때문이다. 다시 말하면 그 가능성을 이해하기 위해서는 주체의 범주를 버리고 과정의 범주를 취해야 할 것이다.

다음과 같은 경우도 마찬가지다. '그것$_{cela}$'이 대상(인식의 대상과 마찬가지로 직관의 대상도 아니다) 속에서가 아니라 근간 속에서 구성되기 때문에, 사람들은 그것 속에 '거주'할 수 있고 그 속에서 '휴식'할 수 있다. 그리고 사람들은 마르지 않는 샘을 만나듯 매 순간 그것을 만날 수 있다. 이 점을 레게는 이해하지 못한 것이다. 즉, "사람들은 중국인 주해가들의 수많은 글을 읽을 수 있다. 그리고 맹자가 그 문장에서 가르치고 있는 것에 대해 맹자의 사유 속에서 그 어떤 명확한 생각도 항상 얻지 못할 수 있다".

  실제로 중국의 지혜가 깨닫도록 도움을 주고 있는 내재성의 근간의 '그것cela'은 객체 속에서 구성되지 않는 '관념' — **하나의 분명한 이데아** — 의 질서 이상의 것이 아니다. 따라서 아마도 다음과 같이 생각한 헤겔이 옳았을 것이다. 즉, 그리스인은 객체를 해방의 경험으로부터 출발하여 객체가 주체와 맺는 관계 속에서 이해했으며, 따라서 그리스인들은 자유를 발견했다. 이와는 반대로, 더 이상 '존재자l'Être' (혹은 '신Dieu')에 대한 수사로서가 아니라 '도'에 대한 수사로서 '대大객체le Grand Objet', 즉 중국의 사유가 생각한 경험은 '자득'의 수사이다. 다른 식으로 말하면 (라틴어 어원인 sponte sua, 즉 '내면으로부터 우러나오는'이라는 의미에서의) **자발성의 수사**이지 **자유의 수사는 아닌** 것이다. 혹은 만일 자유가 자발성으로 인식될 수 있다고 한다면, 그것은 의지의 자발성으로서 인식된 것이지 내재성의 자발성으로서 인식되는 것이 아니다. 다시 말하면 사람들은 이러한 내재성의 자발성을 모든 과정 속에서 분명하게 작용하고 있는 것으로 볼 수 있으며, 내재성의 자발성은 지혜가 접근하도록 해주는 '깨달음'의 능력 속에서처럼 그 과정들의 근간을 구성하는 것이다. 서양에서 철학이 그랬던 것처럼 중국에서는 지혜가 경험에 대한 또 다른 차원을 명확하게 해주었다고 해도 과언이 아니다. 지혜는 유년기에 머물러 있는 사유가 아니라 오히려 또 다른 가지성을 도출했던 것이다.

VII
지혜는 철학의 유년기에 머물러 있지 않다

1

'헤겔을 벗어나는 것'이 그렇게 쉬운 일은 아니다. 특히 다음과 같은 상황에서는 말이다. 즉, 헤겔은 자신이 중국인의 철학에 의해서 첫발을 내딛는다고 말하면서도, 그것이 "이후에 더 이상 그들의 철학에 관해 말하지 않기 위해서"*라고 언급했다. 왜냐하면 비록 중국인에게서 여러 철학적 요소들philosophèmes은 분명히 발견한다고 하더라도 아직 철학 자체를 발견할 수 없기 때문이라는 것이다.

메를로 퐁티는 모든 사유가 이제부터는 '체험된 세계'로 간주된 하나의 역사적 집단의 일부를 이룬다는 후설Edmund Husserl적인 관념에 의존해 다양한 문명 속에서 발전된 사유들이 그만큼 더 '인류학적인 표본들'로서 취해져야 한다고 역설하고 있다. 왜냐하면 그 사유들이 모두 '체험된 세계'의 변이들이기 때문이다. 따라서 그 어떤 사유에 대

---

* 미셸 윌렝Michel Hulin, 『헤겔과 동양Hegel et l'orient』, J. Vrin, 1979.—역자주

해 예외적인 입장 혹은 단순히 특별한 권리를 이용하지 않고서도, 메를로 퐁티는 여전히 개념에 의해 접근하지 못했던 하나의 사유를 동양에서 더 찾아보고자 원하는 것이다.[*] 왜냐하면 동양이 서양에 진리와 개념에 관한 서양의 관념까지도 재발견하는 기회를 준다고 믿기 때문이다. 그리고 "이런 우회적인 수단을 통해서 서양의 철학적 혹은 경제적 도구를 가지고 있지 않은 문명들은 어떤 교훈적인 가치를 회복하는 것이다". 어쨌거나 '그 도구'가 단 한 측면에만 속한다는 것, 그리고 그 교훈이 이 경우에서 하나의 결핍으로부터 발생할 것이라는 것은 변함이 없다. "그토록 멀리 떨어져 있는 인류의 이러한 여러 변화들"을 통하여, 우리는 "우리의 이론적 제도들이 어디에서 탄생했는지"를 사유하는 가능성을 다시 발견한다. '어디에서'라는 표현은, 다시 말하면 우리의 이론적 제도들이 거둔 오래된 성공 때문에 우리가 망각했던 어떤 '실존의 장場'에서의 인지를 의미하는 것이다.[**]

각 문화가 다른 문화와 맺는 '간접적 관계'에 세심한 주의를 기울였지만, 메를로 퐁티가 철학의 패권주의적인 편견에서 빠져나왔던 것은 아니다. 그도 서양인이었기 때문이다. 비록 다음과 같은 문장이 무지보다 순진함에서 기인한 것이었다고 할지라도(그리고 그 무지에 대한 책임은 사유하는 것을 피하려고 전문성에 틀어박혀 있던 중국학에 있다),

---

[*] Maurice Merleau-Ponty, "L'Orient et philosophie," Philosophes célèbres, Mazenod, 1956 참조—역자주

[**] 따라서 그 실존의 장이란 우리의 이론적 제도들이 갖고 있는 현재적인 '위기'—후설에 따르면 '서구적 앎'의 위기—가 우리로 하여금 재검토하도록 이끌게 될 것을 말한다. 자세한 내용은 후설, 이종훈 옮김, 『유럽학문의 위기와 선험적 현상학』, 한길사, 1997 참조—역자주

무언가 명백한 것도 가지고 있을 수 있다. 즉, "동양의 유치함은 우리에게 가르쳐주는 무엇인가를 가지고 있다. 이것은 어른으로서의 우리의 관념이 갖는 편협함에 불과할 것이다"라는 문장이 그것이다. 하지만 이렇게 조심성 있게 인용부호를 사용한다고 해도 그 무엇도 변화되는 것은 아니다. 만일 서양이 자신의 사유 속에서 협소함을 발견한다고 하더라도, 그 서양은 여전히 서양의 철학적 전통을 통해서 인간적 사유의 축을 세웠던 것이 바로 서양이라고 생각하기 때문이다.

따라서 헤겔'을 벗어나기' 위해서는 그리고 특히 헤겔이 단번에 우리들을 그 속에 위치시켰던 이성중심주의와 다름없는 자민족중심주의로부터 벗어나기 위해서는, 우리가 이미 충분히 알고 있듯이, 그것을 '전복시키는 것' 이외에는 다른 방법이 없을 것이다. 왜냐하면 후설 혹은 메를로 퐁티처럼 단순히 그것을 넘어선다고 주장하지만 사람들은 역사적 발전이라는 관념 속에 잡혀 있어서(따라서 갇혀 있다), 그러한 관념과 대면해서 아테네에서 베를린에 이르는 그 서양은 자동적으로 그 틀을 사용하기 때문이다. 그리고 또 다른 사유들은 그것을 이해하지 못할 것이다. 왜냐하면 다른 사유들은 그들 고유의 틀에 의해 탄생했기 때문이다. 철학으로부터 그리고 주체와 객체라는 개념에 의해 좀 더 철학 영역의 고유한 본질을 발견하기 위해서 용어 대 용어로 실행된 바로 그러한 전복을 들뢰즈Gilles Deleuze는 『철학이란 무엇인가?Qu'est-ce que la philosophie?』에서 만들어내고자 시도한 바 있다.[*] 즉,

* Gilles Deleuze et F. Guattari, Qu'est-ce que la philoosphie?, Minuit, 1991(『철학이란 무엇인가?』, 이정임·윤정임 옮김, 현대미학사, 1995) 참조―역자주

사람들은 필연 대신에 우연성의 환원 불가능한 권리들에 새롭게 가치를 부여하게 될 것이다. 또한 사람들은 기원 대신에 니체(니체는 분명 우리의 그리스로의 또 다른 통로이다) 이후로부터 환경_{atmosphère}과 '상황_{milieu}'의 중요성을 강조하게 될 것이다. 게다가 대립을 두드러지게 하기 위해서 우리는 '자연' 대신에 '은혜'를 요구하게 될 것이다. 간단히 말하면 사료편찬에서는 (그것과 더불어 철학이 혼합되어 있는) '지리학' 이외에는 다른 대안이 없다. 이로부터 '지리철학_{géophilosophie}'이라는 새로운 기도가 발생한다.

다른 사유들을 그것들의 고유한 틀을 통해서 사유하기 위해서, 그렇게 함으로써 헤테로토피아_{Heterotopia}에 그 기회를 되돌려주기 위해서, 우리는 그것에 대한 역사가 아니라 지도를 만들게 된다. 하지만 여기서 말하는 지도는 그런 식으로 그려졌기 때문에 역사에서 그 무엇도 변화시키지 못한다. 그 역사는 사람들이 헤겔 이후 반복하고 있는 것이다. 전복이 아주 잘 이루어지면 그 전복은 결국 똑같은 말이 되는 것이다. 즉, 철학은 그리스에서 태동했다. 좀 더 잘 표현하면 철학은 "그리스적인 어떤 것"이다.[*] 왜냐하면 유일하게 그리스만이 형상들_{figures}에 의해서가 아니라 개념들_{concepts}을 통해 사유했기 때문이며, 그리스만이 사유의 내재성의 측면을 인식했기 때문이다. 다른 곳(중국)에서 사람들이 만나는 것은 "정확하게 철학적인 것이 아니라" "전_前 철학적인 것"이다. 그런데 전 철학적이라는 말은 그 사유가 아직 철학에 접근하지 못했다는 것을 암시하고 있다. 즉, 그 사유가 이

---

[*] *Qu'est-ce que la philoosphie?*, 89.

쪽에 머물러 있다는 것을, 그 사유가 유년기에 머물러 있다는 것을 암시하고 있다. 물론 그렇기는 하지만, 메를로 퐁티가 말했던 것처럼 사람들은 어린아이들에게서 배울 것이 많이 있다(인본주의적인 보편주의는 제외하고).

끝없이 제기되고 있는 다음과 같은 질문, 즉 다른 곳에 철학이 있었을까라는 질문에 대해 서양은, 예를 들면 노르망디 지방에서 말하듯, '그렇다. 하지만oui, mais'이라는 우회적인 방식을 통해 계속해서 대답하고 있다. 그렇다라고 대답하는 이유는 사람들이 다른 곳에서도 역시 사유할 수 있을 것이라는 사실을 의심하지 않기 때문이다. 그리고 지나간 자민족중심주의에 더욱 비판적이 됨으로써 유럽은 점점 더 이러한 가능성에 **철학적 관점으로서가 아니라** 단순히 이데올로기적으로 의존하게 된다. 하지만이라고 대답하는 이유는 유럽이 유럽 자체에 대한 하나의 '기적 같은' 방향전환을 실행해야 했던 유일한 역사적 형성물이기 때문이다. 진리에 대한 유럽의 관념 덕분에, 이로부터 유럽은 유럽의 인류학적 특성을 드러내는 데 성공했었다. 이러한 점은 후설과 메를로 퐁티를 참고할 것을 권한다. 들뢰즈에 따르면 그리스에서만 '상황'(그러나 이주민의 그것)과 사유의 내재성 차원 사이의 만남이 실행되었기 때문이다.

그런데 유럽은 (그리고 철학은) 이러한 모호함에서 빠져나갈 수 없을 것이다. 그만큼 유럽은 철학이 아닌 다른 사유의 가능성을, 즉 (진리에 따르는) 개념들에 의해서 사유하지 않으면서 그렇다고 해서 철학의 전통적인 타자(신비로운 것에 속하며, 신앙을 전제로 하는, 종교의 타자)이지도 않을 그러한 사유의 가능성을 생각할 수 없을 것이기 때문이다. 다른 식으로 말하면, 그만큼 유럽이 철학에 대한 대체로서의 지혜라는 개념을 형성하지 못했기 때문이라고 할 수 있다. 왜냐하면 동양의 지혜에 관하여 유럽은 점점 더 빈번하게 환상을 품고 있기 때문이다. 도에 대해서 말이다. 그리고 심지어 유럽은 종종 그것으로 전향하기도 했다. 여러 종파들이 그렇게 했다. 하지만 아직 동양의 지혜를 사유한 것은 아니다. 유럽은 유럽적 방식으로 그것을 사유하지 않는다. 유럽은 그것을 이해하지 못한다. 사람들은 항상 지혜의 철학을 (종교철학이 존재하는 것과 같은 이유로) 기다리고 있다.

들뢰즈에게도 모호함이 있다는 것, 『철학이란 무엇인가?』라는 매우 훌륭한 그의 저서 도처에서도 그 모호함이 보이고 있다는 것이 그 증거이다. 왜냐하면 어떤 때는 **전 철학적인 것**에 대한 그의 범주가 그 저서 속에서는 이론적 난국 타개를 통해 비철학적인 것으로 이해되고 있기 때문이다. 즉, 사람들이 아마도 철학 자체보다 '더 철학의 중심에' 위치해 있다고 의혹을 품고 있는 비철학적인 것으로 말이다.[*] 그리고 또 어떤 때는 전 철학적인 것에 대한 그의 범주가 진부한 방식으로 철학의 가능성에 접근할 수 없었던 것, 따라서 전d'avant 철학으로 남아 있던 것에 의해서 이끌리고 있기 때문이다.[**] 따라서 그 모호성은 지혜가 문제시될 때 명백해진다. 내재성의 측면을 '카오스 위에 설치된 하나의 채처럼' 만들어냄으로써 철학자들은 이러한 의미에서 '종교의 중요한 인물들', 즉 '사제들'인 '현인들에' 대립하게 되는

---

[*] *Qu'est-ce que la philosophie?*, 43.

[**] *Ibid.*, 89.

것이다. '지혜 혹은 종교'는 '중요하지 않다'라고 들뢰즈는 다른 곳에서 말했다.* 그런데 그것은 중요하다. 정확히 그렇다. 따라서 슬쩍 삽입된 '혹은'이라는 표현은 지혜가 철학을 개선하는 것처럼 사람들이 과도하게 생각하는 동화assimilation를 받아들이게 할 수는 없다. 왜냐하면 철학만이 세력가들에 대한 존중 속에 머물러 있는 근본적인 사유에서 빠져나올 수 있었을 것이기 때문이며, 철학만이 '순수한' 내재성을 사유하는 것에 성공을 거둘 수 있을 것이기 때문이다.

그런데 그 사실을 좀 더 가까이에서 관찰해보면, 사람들은 중국에서 (아주 일찍부터) 종교와 분리됨으로써, 그렇다고 유럽의 이성이 그랬던 것처럼 종교와 갈등 관계에 빠지지도 않는 지혜 그 자체의 모습대로 구성되는, 그리고 철학의 타자로서의 신학을 경험하지도 않은 지혜에 대한 사유를 발견할 것이다. 내재성에 대한 사유가 내재성을 (들뢰즈가 정의한 것처럼, 그것의 '채'의 기능을 따르는) '계획plan'으로 사유했던 것이 아니라 근간(필자가 내재성의 근간이라고 부른 것)으로 사유했던 것과 같다. 왜냐하면 내재성의 사유는 카오스(이로부터 곧이어 철학에 의해서 의심과 문제제기에 가해진 주의가 기원한다)를 사유할 필요가 없었기 때문이다. 게다가 중국에 대해 좀 더 가까이에서 관찰해보면, 좀 더 정확히 말해 다른 측면에서, 다시 말하면 중국이라는 우회로부터 출발해서 관찰해보면, 종교와 유사한 것으로 드러날, 따라서 종교와 (필자가 다시 언급할, 계시를 **통해**) 의심스러운 관계를 맺을 수도 있는 것은 지혜가 아니라 오히려 철학일 것이라는 점이 드러난다.

---

* *Ibid.*, 86.

2

중국의 사유는 철학의 유년기에 머물러 있지 않다. 우리는 중국의 사유 역시 철학의 가능성을 알고 있었다는 것을 보여줌으로써 단순히 긍정적으로 그 사실을 증명할 것이다.

다음과 같은 사유의 흐름이 그것을 증거하고 있다. 즉, 기원전 4~3세기에 특히 여러 학파들 간의 대립을 통해서, 좀 더 정확히 말해서 유가 혹은 도가의 현자들과 같은 여러 '파벌famille' 간의 대립을 통해서 강력하게 확증된 사유의 흐름 말이다. 그리고 (묵자의 전통에 계승하는 사람들을 의미하는) 묵가라는 명칭으로, 좀 더 정확하게 **후기 묵가**라는 명칭으로 부르는 것이 적당해 보이는 사유의 흐름 말이다.* 따라서 조금 가까이에서 관찰할 만한 가치가 여기에 있다. 왜냐하면 멀리서 그리고 가까이에서, 좀 더 멀리서 그리고 좀 더 가까이에서 번갈아가며 관찰할 줄 알아야 하기 때문이다. 그렇지 않으면 우리는 중국의 사유에 관해 한없는 공론에 머무르게 될 것이다.

정확히 말해서 묵가는 '객체(대상)'를 알고 있었다. 그렇다고 해서 주체와의 구별distinction에 의해서는 아니다. 그러한 구분은 다음처럼 명확히 진술되어 있다.** 명실名實, 즉 '객체'와 그것을 지칭하는 데 사용된 '이름'이 맺는 관계에 의해서라고 말이다. 사물에 대한 미확정indétermination 속에서(**사물**物의 차원에서), 인식은 대상에 대한 이름 붙

---

* 그레이엄A. C. Graham의 『후기 묵가Later Mohists』는 묵가의 사유를 재구성한 아주 훌륭한 저서로, 우리가 많은 도움을 받았다.

** 『후기 묵가墨家』下, 76.

이기에 의해서 진행된다. 다시 말하면 우리가 무엇인가로 '가리키는' 것은 그렇게 해서 특별하게 가리켜진 것에 이름 붙이는 것으로 진행된다.[*] 따라서 이러한 인식은 객체가 비교된 무엇에 대해 표준standard에 따라 행해진다.[**] 혹은 표준과의 동의가 완전하게 '엄정한' 것일 수 없을 때(왜냐하면 모든 지점에 영향을 미치지 못하기 때문에)는, '기준이 그러하게 있는 무엇 속에 있는 것'인 하나의 '기준'에 따라서, 그리고 그 적용이 '채택된' 그 무엇에 의해서 진행된다.[***] 다시 말해, 한 번 '기준이 확정되면' 사람들은 '그 길들을 나눌' 수 있다. 이는 마치 기준 덕분에 '종種이 확정되면', 다른 것들은 (비슷한 그 모든 것에 대해 그러하게 있는 것을 통과해서)[****] '전진할' 수 있는 것과도 같다.

그로부터 서양이 발전시켰던 진리 개념과 비교될 만한 '합당함當'에 의한 진리l'adaequatio rei et intellectus[*****] 개념이 유래한다. 즉, 학교에서 볼 수 있는 예증들에 따르면, 대상의 '저것'은 '황소' 혹은 '말馬'에 '적합한' 것이다. 따라서 만일 하나가 저것을 황소라고 부르면 다른 것은 황소가 아닌 것이고 그것들 모두가 동일하게 옳은 것일 수 없으며, 필연적으로 하나가 '적합한' 것이면 다른 하나는 그렇지 않게 된

---

[*] 『후기 묵가』 上, 80.

[**] 이러한 틀에 박힌 규범은 '그러하게 존재하기 위해서 그것이 유사한 무엇인 것'이다. 즉, 원이란, 컴퍼스 혹은 주어진 하나의 원과 마찬가지로 원에 대한 '관념'이기도 하다.

[***] 『후기 묵가』 上, 98.

[****] 『후기 묵가』 下, 1~2.

[*****] 가다머Hans-Georg Gadamer가 '지평들의 혼합la fusion des horizons'이라는 의미로 표현한 "l'adaequatio rei et intellectus"는 "사물a chose(라틴어 res)과 이해하다comprendre(라틴어 intellectus)의 일치"로서 '진리에 대한 고전적인 정의'이다.―역자주

다.* 따라서 다음과 같이 주장할 수도 있다. 하나가 '필연적으로' 다른 것보다 우월하지 않을 수 있다고 주장하는 것은 '부적합하다'.

이것이 바로 묵가로 하여금 논리적인 진리를 정의하도록 이끌고 있다. 즉, '가능하다可'는 유일하게 발화체l'énoncé의 관점에서만 받아들일 수 있는 것이 된다. 따라서 더 이상 실존적인 '좋다ça va'가 아닌 것이다. '좋다'를 통해 유가의 현자는 모든 약호화 이전에, 이상적인 것과 효과적인 것이 끝없이 서로 조종될 수 있는 도를 지칭했다. 이를 통해 '도'는 항상 실현가능하다. 즉, 이 가능한 것은 주장의 정당성에서 기인한다. 명제의 '내적 일관성理'이라는 유일한 원칙에 따라서 그리고 특히 그 명제를 지지하는 많은 사람들과는 독립적으로 이루어진다.** 가능한 것의 반대 항은 '모순적인 것誖'이다. 따라서 도가가 강조하듯이, 사람들이 반박할 수 있다는 것을 거짓이라고 반박하는 것은 모순이다. 왜냐하면 이때 모순적인 것을 행하는 것이기 때문이다. 도가의 스승처럼 공부가 유용성이 없다고 주장하는 것도 마찬가지다. 왜냐하면 공부가 유용성이 없다는 것을 가르침으로써 자기 자신은 이미 가르침을 행하고 있기 때문에, 공부에 선고한 불신과 반대되는 것으로 향하게 된다.

따라서 묵가는 특히 정의에 대한 명시***와 토론에서의 엄격함****을 강조한다. 말이 갖는 암시적 가치를 이용하려는 중국 사상의 전통적

* 『후기 묵가』 上, 50, 74.

** 『후기 묵가』 下, 78.

*** 『후기 묵가』 上, 1~87.

**** 『후기 묵가』 下, 32~82.

인 성향과는 반대로, 말을 날카롭게 하는 데 만족하며 생각할 거리를 주는 묵가는 모든 개념(공자에게서 볼 수 있는 '인仁'의 개념처럼)을 정의하는 데 매우 관심을 두고 있었다. 즉, 개념들이 인식 혹은 도덕의 영역에 속한다는 것(그들에게 두 영역은 잘 구분되어 존재한다), 그것이 '인정' 혹은 기하학(등식, 중심, 점 등)의 미덕과 관련된다는 것에 상당히 관심을 두었다. 마찬가지로 여러 용어의 다양한 사용을 매우 엄격하게 구분하는 데에도 지대한 관심을 두었다.[*] 예를 들어 '토론辯'은 가장 엄밀한 방식으로 이해되었다. 즉, 전방에서 '대치하고 있는' 두 입장의 대립이 필연적으로 그 입장들 중 하나의 '승리'로 이끄는 것과 마찬가지다. 이때 두 가지 명제는 배타적으로 존재하고 있다.[**] 한쪽이 "이것은 이것이다"라고 말하고 다른 쪽은 "이것은 이것이 아니다"라고 말할 때 논쟁이 존재한다. 따라서 앞의 예로 되돌아가서, 만일 한쪽이 "이것은 황소다"라고 말한다면, 다른 쪽은 "이것은 황소가 아니다"라고 말하는 것이다. 만일 다른 쪽이 "이것은 말이다"라고 말한다면, 정확히 말해 이때에는 더 이상 논쟁이 존재하지 않는다. 엄격한 의미에서 '논쟁'에서는 둘 중 하나가 필연적으로 옳은 것이고 따라서 '적합한' 것이다. 그것도 둘 중 하나만 그러한 것이다. 이 점에서는 모호함이 남아 있을 수 없다.

* 『후기 묵가』 上, 76~87.

** 『후기 묵가』 上, 74; 『후기 묵가』 下, 35.

3

이제 묵가와 더불어 중국의 사유가 자신의 낯섦에서 빠져나오자마자, 중국의 사유가 더 친숙해지자마자, 그 사유는 놀랍게도 **그리스의 사유와 유사해진다**. 좀 더 정확히 말해 사람들이 그 양측에서 동시에 돌출하는 것을 보게 될, 사람들이 '합리성'의 형상이라고 말하게 될 것과 같은 형상이 문제되지는 않을 것인가? 그리스에서와 마찬가지로 그리고 같은 시기에, 묵가는 인과론에 우선권을 부여하고 있었다. 연고故(연유, 이유)·원인(아이티아aitia)은 그들의 첫 번째 규준이며, 이는 '작은' 원인과 '큰' 원인을 구분하는 것이고, 필요하지만 충분하지 않은 혹은 필요하면서도 충분한 원인을 구분하는 것이다.* 마찬가지로 묵가는 부분과 전체라는 용어 속에서 사유하고,** 시간과 공간, 한계와 무한을 추상적으로 정의하며,*** '의심'에 대한 가능성에 관해 질문을 던지며,**** 등위와 술어 기능의 양태들을 세심하게 구분한다. 그리고 그들의 성찰을 광학적, 기술적 그리고 기하학적 학문의 영역으로 확장시킨다.***** 그리스에서와 마찬가지로, 묵가는 논리만이 그러한 문제들을 결정적으로 해결할 수 있다고 생각했으며, 필연성이라는 개념을 이해했다. 개념이 더 이상 대상에 대한 이름 붙이기에 속하지 않

---

* 『후기 묵가』上, 1.

** 『후기 묵가』上, 2.

*** 『후기 묵가』上, 40, 42.

**** 『후기 묵가』下, 10.

***** 『후기 묵가』上, 52~69.

게 되자마자 대상은 항상 일시적인 것이 될 위험에 처했다. 또한 개념이 순전히 내적인 방식 − '형'과 '동생' 사이에서처럼 하나는 다른 하나 없이 나아갈 수 없다 − 으로 정당화되자마자, 그것은 '끝나지 않기 때문에' 비시간적인 것으로 여겨질 수 있다.* 그리고 그리스적인 합리성에서처럼 이러한 논리적 필연성은 실재성réalité에 의해서 반박될 수 없다. 즉, "만일 이 사람이 말하는 것이 논리적으로 인정될 수 없다면, 그것이 객관적으로 적합한 것이라고 간주하는 것은 필연적으로 잘못 검토된 것이다".**

그렇게 되면 우리는 중국적 사유의 또 다른 여러 흐름들과는 달리 묵가가 유럽에서의 철학처럼 하나의 인식 이론을 이해했었다는 사실에 놀라지 않을 수 있을 것이다. 인식은 그 자체로 단순한 지각과는 구분되는 고유한 능력***을 가리킨다. 왜냐하면 일단 우리가 '사물을 넘어섰을' 경우에 그 사물을 계속 기술記述할 수 있기 때문이다.**** 이와 동시에 그리스에서처럼 이러한 인식의 능력은 지각에서 유추하여 시선과 '명료성'의 우월성으로 이해된다. 이를 통해 묵가는 선험적으로 하나의 인식이 갖는 가능성을 사유하기에 이른다. 그 인식은 정의définition에 의해서 포함되어 있으며 관찰의 도움을 받지 않는다.***** 왜냐하면 우리가 '정보' 혹은 '개인적 경험'을 통해 배운 것

---

* 『후기 묵가』 上, 51.

** 『후기 묵가』 下, 71.

*** 『후기 묵가』 上, 3.

**** 『후기 묵가』 上, 5.

***** 『후기 묵가』 上, 93의 원에 대한 예.

의 옆에는, 우리가 '설명'('우리가 무엇인가에 의해서 명료하게 만드는' 것으로 정의되는 '說')을 통해서 알았던 것이 존재하기 때문이다. 즉, 설명을 통해 우리는 '원인'을 드러낸다. 양자택일은 이성에 의해 설명하는 능력에 속하거나 그렇지 않거나 한 것이다(유설有說·무설無說, '설명logon didonai' 참조). 묵가가 '관념意'이라는 개념까지 이론적 결정statut théorique의 대상으로 삼는 것은 아니다. 왜냐하면 우리가 선험적으로 알고 있는 것은 정확히 말해서 정신적 재현으로서의 관념이 포함하고 있는 것이자, 그 정의의 한계 속에서 변화에 복종될 수 없는 것이기 때문이다.[*] 다시 말해 나는 돌이 무겁다는 것을 선험적으로 알고 있지만, 그 돌이 흰색이라는 것을 선험적으로 알고 있지는 않다. 혹은 원기둥이 둥글다는 것은 선험적으로 알고 있지만, 그것이 어떤 나무로 되어 있는지를 선험적으로 알고 있지는 않다. 왜냐하면 정의 속에서 이해된 그것들은 우리가 그것들에 대해 가지고 있는 '관념'에 의해서 구축되어 있기 때문이다.

인과론, 논증 그리고 (비시간적인) 논리적 필연성nécessité에 대해서는? 이처럼 간결한 탐색을 통해 필자에게 의미심장하게 보였던 것은 바로 이러한 동일한 **논리적 구성요소들**이 중국과 그리스 양쪽 모두에서 서로 연관되어 있으며 체계를 이루고 있다는 점이었다. 이러한 공통점으로부터 우리는 다음과 같은 사실을 받아들일 것이다. 즉, 중국의 사유는 그리스가 철학에서 발전시킨 것을 모르지 않았다.

이러한 사실은 좀 더 자세하게 검토될 필요가 있다. 왜냐하면 특히

---

[*] 『후기 묵가』下, 57~58.

우리는 유럽에서 아리스토텔레스의 철학에 의해 규범화되고 공고해진 것의 특징을 묵가 속에서도 발견하기 때문이다. 그리고 그 특징은 우리가 상당히 동화되어 있던 것이며, 이후로 우리가 더 이상 알지 못하고 있는 특징이다. 혹은 오늘날에 와서 이른바 명증성의 세기에서 빠져나옴으로써 우리가 다시 보기 시작한 것인가? 우리가 이미 묵가에게서 부차적인 면모를 통해 살펴보았던 모순의 원칙, 즉 배제된 제삼자의 원칙도 마찬가지다. 모순의 원칙은 그 자체로 중국이 생각하지 못했던 공리적 특징의 옷을 입고 있다. 가령 이것은 황소라고 말하거나 이것은 황소가 아니라고 말할 경우, 그 둘은 동시에 합당한 것일 수 없으며 따라서 "필연적으로 하나는 합당한 것이고 다른 하나는 그렇지 않다". 이것에는 다른 가능성이 존재하지 않는다. 묘사의 과정들 속에서 부여된 작동의 기능에서 고려된 '유類'에 대한 관심에서도 마찬가지로 그러하다. 왜냐하면 유類만이 최고로 '확장된' 용어(물物, '존재자étant')와 인칭 명사nom personnel 사이에 놓일 수 있기 때문이다. 즉 유의 공통성이 있기 때문에 '비슷한 것'*이 있을 때에는 정의하는 데 주의를 기울여야 한다. 마찬가지로 '만일 사람들이 자의적으로 선택한다면' '그 차이를 알 수 없다'.** 황소와 말은 다른 유에 속하는 것이다. 그러나 황소가 말이 아니라는 것을 증명하기 위해서 '황소가 이빨을 가지고 있고 말이 꼬리를 가지고 있다는 사실'을 이용하는 것은 '용인될' 수 없다. 왜냐하면 그것들 모두 이빨과 꼬리

---

* 『후기 묵가』 上, 86.

** 『후기 묵가』 下, 66.

제1부 '(고정된) 관념이 없음'에 대하여

를 가지고 있기 때문이다. 그리고 만일 사람들이 황소는 뿔을 가지고 있지만 말은 그렇지 않다는 사실을 가리킨다면, 이때 그 유들 사이에는 물론 차이가 있지만, 그 차이에 의해서 '그 유들이 (본질적으로) 차이가 있는 것은 아니다'. 이러한 무거운 논의 전개하에서 사람들은 그 논리적 관심이 어디까지 나아가는지를 인식한다. 즉, 묵가는 아리스토텔레스처럼 세상에 대한 기술을 종차種差 위에 세웠다.

4

이러한 조사는 우리에게 아무것도 밝혀주는 것이 없기 때문에 우리는 그 조사에서 항상 이미 그리스인으로부터 알고 있는 것만을 다시 발견하며, 그들에게서 더욱더 분명하게 존재하는 것만을 발견하기 때문에 이러한 조사 작업이 지루할 수밖에 없음에도 불구하고 이러한 탐색에는 무엇인가가 행해지고 있다.

반면에 그 무엇인가에 대한 종합적 평가는 결정적인 것을 보여주고 있다. 왜냐하면 그 종합적 평가는 우리를 빤히 쳐다보고 있기 때문이다. 즉, 중국의 사유가 철학의 가능성을 어디까지 알고 있었는가라는 것이 그것이다. 혹은 역으로 말하면, 철학의 출현은 어디까지 그리스의 과거와 혼합될 것인가? 왜냐하면 우리는 중국에서 묵가가 초점을 맞춘 논증술의 과정이 다른 사유의 학파들을 무관심하게 내버려둘 수 없었을 것으로 짐작하고 있기 때문이다. 그리고 기원전 4~3세기에 해당하는 고대의 마지막 시기에 그 모든 학파들은 막 빛을 본 이성적 논쟁의 요구를 충족시켜야 했으며, 따라서 그 요구를 설명해야 했다고 짐작하고 있기 때문이다. 심지어 역설들을 발전시킴으로써 지혜의 옛 스승들에게 도전하는 '논쟁의 전문가辯者'도 등장했다. 이들은 이성을 끝까지 밀고 나아갔으며, 논증술의 형식적인 특성에 집착했다. 사람들은 그들을, 비록 너무 멀리 떨어져 있긴 하지만, 서양의 소피스트와 비교했다.

우리는 그보다 앞선 대립으로 돌아갈 필요가 있다. 비록 고대 중국과 고대 그리스 사이에는 의사소통이 없었지만(따라서 이러한 사실이 그만큼 더 설득력 있는 전형적인 예를 만들어주고 있다), 이 둘은 그들의 물질적인 문명화와 더불어 사유의 도약에서도 여러 가지 점들에서 서로 화답하고 있다. 한쪽에는 (중국에서와 같은) 지혜가 존재하지 않고, 다른 쪽에는 (그리스에서와 같은) 철학이 존재하지 않는다.

중국에서는 논증술이 우세해지자마자 개념들이 정의되었고 따라서 토론이 (직하학궁稷下學宮*에서 볼 수 있듯) 조직되었기 때문에, 특히 '참'인 것이 '거짓'인 것에 대립되며, 여러 입장들이 취해지고 대립하고 옹호된다. 따라서 사유는 역사화된다. 즉, 사람들은 철학과 관계된다. 그리고 실제로 (역사적으로) 사유의 이러한 철학적 미래는 몇몇 계기들에 의해, 즉 중국의 고대 말기에 '인간 본성'에 의해서, 혹은 (12세기의 신유학 속에서) 인식의 위상 위에서, 혹은 17세기의 (특히 왕부지에게서 볼 수 있는) 왕양명王陽明에 대한 반작용에 의해서 검증되고

---

* 기원전 4~3세기 무렵 지금의 산둥성 임치라는 곳에 있던 제齊나라 도읍지의 대학기관으로 제나라 최고의 한림원이었다. 맹자도 그 일원이었다.—역자주

있다.

그리고 그 역도 또한 사실이다. 유럽의 측면에서 보면, 철학이 비판적 논증술을 포기했을 때 혹은 적어도 논증술과 거리를 두었을 때, 즉 철학이 당시 행해지던 진리의 추구보다 '잘 사는 것'의 '길'이 되었을 때 철학은 철학의 역사를 만든 논쟁들로부터 후퇴하고, 항존 철학, 구원의 철학, 영원의 철학philosophia perennis *이 된다. 철학은 결국 지혜에 자리를 내주게 된다. 그 증거로는 스토아주의자가 있다. 적어도 신성로마제국시대의 스토아주의에 속하는 자들(에픽테토스Epiktetos, 마르쿠스 아우렐리우스Marcus Aurelius Antoninus) 말이다. 왜냐하면 그들은 사회적 위급성 속에서 그리고 여러 시대의 불행에 직면해서, 현자에 관해서 그리고 취해야 할 행동에 관해서 명상함으로써, 그 사유는 대부분의 경우 **탈역사화**되었기 때문이다. 이와 동시에 그 사유는 탈대립화된다. 그리고 이러한 이유로 인하여 사람들은 그들의 사유를 세대를 거듭하며 소통되는 안정된 핵심으로 재발견한다. 왜냐하면 서양의 근대성 속에서까지 결코 직접적으로 비판되지 않았기 때문에, 따라서 (사람들이 '손에 가장 많이procheirotaton' 가지고 있는 것처럼) 항상 다시 사용될 준비가 되어 있기 때문이다.

이제 다음과 같은 질문에 대답하는 일이 남아 있다. 요컨대 묵가적인 합리성이 왜 발전하지 못했는가라는 질문이다. 왜냐하면 다음과

---

* 게다가 이것은 흥미로운 표현이기는 하지만, 그 표현 자체에도 불구하고, 철학이 포기할 수 없었을 그 무엇을 시사하는 표현이다. 즉, 하나의 공통분모─몸통, 교량 혹은 공통 근간 같은─가 그곳에서 발견되는 것과 같다. 그 공통분모는 '사람들'이 항상 의견의 일치를 보고 있던 것이며, '사람들'이 항상 되돌아가게 될 것이고, 그것들에 대한 논의들이 가리고 있었던 것이며, 따라서 대립들로 이해되었던 것들이다.

같은 사실을 확인할 수밖에 없기 때문이다. 즉, 합리성은 고대 중국의 종말(기원전 221년)*과 함께 사라졌고, 합리성의 자료체를 이루는 텍스트들이 우리에게는 단지 파편적인 형태로만 전해지고 있기 때문이다. 20세기 초반이 되어서야 중국은 서양의 논리를 발견함으로써 다시금 묵가적 합리성에 관심을 가졌다. 이천 년 이상 묵가적 합리성은 묻혀 있었다. 사람들이 합리성을 배척했기 때문이 아니라 합리성이 주변적인 것이 되어 있었으며, 따라서 망각 속에 빠져 있었기 때문이다. 한마디로 말하면, 합리성은 '취해지지' 않았던 것이다. 합리성은 (사람들이 소스가 굳는다고 말하는 것처럼) 자신의 정합성을 표명하지도 않고, (식물이 뿌리를 내리는 것처럼) 자신의 성장을 추구하지도 않는다. 그 문제는 내적 일관성에 대한 것인 동시에 직면한 환경에 대한 것이다. 즉, 이론적 외형을 안정화시키는 내적 일관성은 그 외형에 몸체를 부여하는 일관성이며, 직면한 환경이란 그 몸체로 하여금 뿌리박을 수 있도록 해주며 스스로를 인정하도록 해주는 것이다. 만일 묵가적인 합리성이 '취해지지' 못했다면, 그것은 바로 특정한 전체화globalisation가 작동되지 않았기 때문이다.** 그 증거는 다음과 같은 점에서 발견된다. 즉, 비록 중국인이 객관적 '적합성'에 의해서 혹은 논리적 '정당성'에 의해서 참을 알았다고 하더라도, 심지어 묵가라고 할지라도 결코 진리에 대한 단일하고도 전체적인 하나의 개념을 사유하지 못했다. 그들은 **바로 그러한** 진리를 결코 이해하지도 못

---

* 진秦나라에 의해 전국시대를 통일한 제국이 세워진 시기.—역자주

** 그 전체화 아래에서 현상은 분산된 채로 남아 있으며, 쇠퇴를 향해 동요하는 것이다.

했으며 추구하지도 않았다.[*]

또한 이와 같은 묵가적인 합리성의 매몰에 대해서, 그레이엄이 시도하려고 했던 것처럼, 비록 그 설명 또한 사실일지라도 사람들은 단순히 하나의 사회학적인 설명을 부여할 수는 없다. 즉, 묵가가 유가처럼 궁중의 조언자로서가 아니라 장인이라는 환경에서 형성되었기 때문이라는 것이다. 이러한 사실은 서양에서 기술이라고 부를 수 있을 것과 같은 척도에 속하는 모든 것에 대한 그들의 관심을 밝혀준다. 하지만 마찬가지로 이러한 사실은 그들에게 제국의 출현 이전에 중국에서 인정받기 시작했던 관료─학자계급이 이러한 앎의 유형에 대해 드러냈던 혐오감을 받도록 하는 것이다. 또한 우리는 그것이 언어학적이든 역사적이든 간에 훨씬 일반적으로 내세워진 이유들에 만족할 수도 없다. 즉, 우리는 개념들을 만들어낼 때 한자漢字가 마주칠지도 모를 어려움이라는 이유에 만족할 수도 없다. 왜냐하면 중국의 사유가 추상적 개념의 지표를 발전시킬 수 있었다는 것은 분명하기 때문이다(凡~者와 같은 표현, 예를 들면 凡禮者 등). 또한 우리는 독재적인 권력에 의해서 행사된 검열이라는 이유에도 만족할 수 없다. 왜냐하면 고대 중국은 말기에 서로 경쟁하고 있는 여러 제후들의 영지로 분할되어 있어서 중국 사상가는, 요컨대 도시들 사이의 그리스 철학자처럼, ('순회하는 조언자遊士'로서) 자유롭게 발전할 수 있었기 때문이다. 따라서 이러한 이유들은, 적어도 일부분은 그 사유에 포함될 수 있을 것이다. 그리고 바로 그것이 그들로 하여금 철학에 대해 관

---

[*] 게다가 그 개념은 **서양**으로부터 도입된 것이었다.

심을 가지게 했던 이유들인 것이다. 다시 말해서 만일 묵가가 취해지지 않았다는 사실이 철학에 대한 거부감을 드러내는 것이라면, 그러한 거부감은 그 자체로는 단지 하나의 역전된 방향 설정, 하나의 반철학의 반응과 다름없는, 즉 반작용으로 드러나는 방향 설정으로부터 출발해서만 완벽하게 설명 가능할 것이다. 왜냐하면 비록 우리가 당시의 주요 사상가들이 논쟁에 참여한 것을 알고 있다고 하더라도, 그것이 그들이 논쟁을 '좋아한다'는 것은 아니기 때문이며,[*] 오히려 그와는 반대로 논쟁을 피하기 위하여,[**] 따라서 논쟁과 거리를 두기 위한 것이기 때문이다. 실제로 토론 속에서 그 당시의 주요 사상가들은 단지 하나의 함정만을 보고 있다. 왜냐하면 토론은 그들에게 논쟁을 강요함으로써 그들을 본질적인 것으로부터 벗어나도록 하기 때문이다. 즉, 논증술에 집착함으로써, 진리에 집착함으로써, 사람들은 중심(즉, 실현해야 할 '그것')에서 벗어났다. 반反철학이란 충분히 일관성 있는, 그리고 견고한 것으로 밝혀졌다. 그 결과 철학에 이르는 길을 가로막는다. 철학은 그것에 이르는 것이 저지당했다. 그리고 바로 그런 상황에 처한 철학에 의해서 지혜가 '사로잡힌' 것이다.

---

[*] 맹자는 분명하게 그것을 부인하고 있다. 프랑수아 줄리앙, 『우회와 접근』, 295 참조

[**] 인간의 본성에 관한 맹자의 입장을 참조

VIII
진리에 집착할 필요가 있는가?

1

이러한 질문을 제기하는 이유는 철학이 진리를 '선택했기' 때문이다. 즉, 진리에 대한 공식적인 애착을 통해서, 진리를 공공연한 가치로 만듦으로써 그렇게 선택했기 때문이다. 하지만 또한 철학이 진리를 선택했기 때문에 일단 철학의 그러한 요구가 인정되었고, 그렇게되자 철학은 더 이상 그 진리로부터 떨어지지 못했기 때문이기도 하다. 그런 이후로 철학은 진리에 대해 입장을 취하는 것을 그치지 않았고, 진리 위에 눌러앉았던 것이다. 다시 말하면 '진리의 평원' — 그곳에는 원리principle들과 형상forme들이 꼼짝도 않은 채 누워 있다 — 에서 철학은 '먹잇감'을 찾는 것을 멈추지 않았던 것이다.*

'진리의 평원' 속에서 철학은 악착같이 구축해나갔던 것이다. 이론의 돌출된 체계édifice를 말이다. 그곳으로부터 진리는 '응시'될 것이다.

* 『파이드로스Phèdre』, 248b.

또한 철학은 지치지 않고 그 진리의 평원을 파고들어갔다. 다시 말하면 성찰로부터 비밀스러운 보고寶庫를 찾을 목적으로 성찰의 지하 참호를 따라간 것이다. 진리를 가장 잘 발견하기 위해 항상 더 높이 올라가고, 혹은 진리를 가장 잘 개발하기 위해 더 깊이 파고들었다. 하지만 그것은 목표물을 떠나는 것, 그리고 사유에 또 다른 길을 여는 것 이상은 아니다.

한편 중국은 하나의 분기점을 다시 열게 될 것이다. 중국은 또 다른 가능성을 되살릴 것이다. 좀 더 정확히 말해서, 그것은 바로 중국에서 이해된 철학이다. 이 철학은 위대한 문명의 태동기에 전설의 후광으로 둘러싸여 있는 것으로서 우리가 도처에서 발견하는 현자의 외향으로부터 출발하여 더 이상 진리만을 목표로 삼지 않음으로써, 지혜의 도에서 뚜렷이 부각되는 특별한 분기점처럼 보이게 될 것이다. 왜냐하면 여러 학파들 사이의 **토론**disputatio의 발전과 더불어 중국에서 이해된 그 철학이 철학의 가능성을 만나게 된다고 하더라도, 우리가 살펴보았듯이 중국의 사유는 결코 이러한 방향에 완전하게 부합되지 못하기 때문이다. 중국의 사유는 스스로를 진실le vrai에 고정시키지 않기 때문이다. 다시 말하면 중국의 사유는 진실을 전체적인(총체적인) 개념으로 만들지 않기 때문이다. 즉, 중국의 사유는 진실로부터 '진리la vérité'를 만들지 않기 때문이다.

중국의 사유는 끝없이 이동하고 변화한다. 중국의 사유는 구축하거나 파헤치기 위해서 완전하게 고정되지 않는다. 왜냐하면 중국의 사유는 인식하게 만드는 것을 목표로 하지 않는 만큼 깨닫도록 만드는 것도 목표로 하지 않으며, 발견하고 증명하는 것을 목표로 하지 않는

만큼 '논리적 일관성理'을 설명하지도 않는다. 니체는 다음과 같은 물음을 던졌다. 즉, '우리는 왜 거짓le non-vrai(혹은 불확실성 혹은 무지)보다 진실을 원했던가?' 이 문제는 근본적인 것, 심지어 가장 근본적인 것이라고도 할 수 있다. 하지만 이 문제는 비록 그 전통의 배후를 공격하고 있음에도 여전히 유럽적 전통의 내부에서 이해되었다. 다시 말하면 그 물음은 감히 진리의 가치를 건드리는 것이다. 하지만 그 물음은 준거에서 빠져나오지 못하기 때문에 준거로 향해 있으며, 따라서 진리가 사유로 하여금 따르도록 행사했던 독점권을 다시 문제 삼지 못하고 있는 것이다.

지혜의 관점에서 보면, 그 문제는 다음과 같은 것이 될 것이다. 즉, 어떻게 사람들이 진리에 집착할 수 있었는지, 그래야 했는지? 만일 철학에 접근하지 못했던 것이 바로 지혜이기는커녕 그리스에서 진실에 반대함으로써 바로 그 철학이 지혜 밖으로 일탈했었던 것이라면? 이런 문제는, 한번 생긴 사마귀가 계속해서 번져나가는 것과 마찬가지다. 물론 그럴 만한 역사적 이유가 있었을 것이다. 그리고 심지어 발전도 있었을 것이다. 하지만 사유의 모순으로서 말이다.

이렇게 되면 중국과 그리스 사이에 분기점이 그렇게 많은 것은 아니다. 그 분기점은 그들의 특별한 경우에 한정되지 않았으며, 역사적인 것이 아니라(왜냐하면 그 두 문화는 서로를 모르고 있었기 때문에) 이론적인 것이다. 그 분기점은 사유가 진실에 반대함으로써 철학이 될 때마다 매번 새로워지는 것이다. 따라서 사람들이 교차로를 거슬러 올라가자마자 인간 정신의 필연적인 미래가 보이기는커녕, 마치 인간 정신이 기술되면 사람들이 결국 그 미래를 그저 믿어버리게 되는 것처럼 진리에 대한 추구는 다시 낯선 것이 되어버린다. 다시 말하면 진리 추구가 그 자체로 보여주는 그대로의 완고함에 의해서, 혹은 사람들이 진리 추구를 외부에서 보는 그대로의 강박에 의해서, 진리 추구는 다시금 하나의 놀라운, 게다가 논리에서 벗어난, 어쨌든 매혹적인 모험이 된다. 따라서 진리 추구는 스스로 보편화된다. 좀 더 정확히 말해 오늘날 말하듯 표준화된다. 즉, 진리 추구는 세상에 전파되면서도, 발생학적으로 매우 특별한 성격에 대해 그 무엇도 변화시키지 못하는 것이다.

2

진리에 대한 욕구가, 좀 더 정확히 말해 (**진리**에 대한 욕구를) 문화적으로 발전시킨 욕구가 어디에서 우리에게 왔는지를 이해하기 위해서 사상사를 연구하는 학자들은 서양이 이성의 탄생을 목도하는 서양 역사의 시퀀스로 끝없이 되돌아갔다.[*] 다시 말해 신화적인 이야기의 모호성과는 반대로, 그리고 그 모호성에서 빠져나오기 위해서 진실에

---

[*] 특히 베르낭Jean-Pierre Vernant, 로이드Lloyd, 드티엔느Marcel Detienne, 푸치Pucci의 연구 작업들을 참조. 특히 드티엔느와 베르낭의 『지성의 술책: 그리스인들의 계략Les Ruse de l'intelligence: La Mètis des Grecs』, Paris, Falammarion, coll. "Champs Essai," 2009. 메티스Metis는 고대 그리스어로 '조언이나 계략'을 뜻하는데, 오케아노스와 테티스의 딸인 바다의 요정 이름이다. 메티스는 지혜와 간교한 지성의 화신이다. 또한 장 피에르 베르낭의 다음과 같은 저서들이 우리말로 번역되어 있다. 『그리스 사유의 기원Les Origines de la pensée grecque』, 김재홍 옮김, 길, 2006; 『그리스인들의 신화와 사유Mythe et pensée chez les Grecs』, 박희영 옮김, 아카넷, 2005.—역자주

대한 엄밀한 담화로서의 **로고스**가 구축되었다. 그리고 비록 그 역사가 그리스에서는 고대시대에서 고전시대로 이행했음에도 불구하고, 그 역사는 계속해서 다시 시작하기를 그치지 않았으며 결코 끝나지도 않았다. 다시 말하면 로고스의 명증성 배후에는 항상 신화의 그림자가 쌓인다. 이성에 대한 비판에도 불구하고, 신화의 영향력은 사라지지 않았다. 게다가 신화에서 떨어져 나온 이성도 즉시 신화의 영향력으로 다시 이끌린다. 그리고 다른 형태들에서, 특히 이성과 신앙의 고전적인 형태에서 논쟁은 지속되었다. 다시 말하면 논쟁은 팽팽함에 의해서 **유럽**의 지성을 풍성하게 만들었다.

사람들이 '필연이라고' 믿어왔던 역사, 그것은 이성 출현의 역사이다. 비록 이성을 대조하는 것이 불가능했을지라도 말이다. 다른 곳에서와 마찬가지로 그리스에서 기술된 신화의 세계는 근본적으로 양가적이다. 이 세계는 '진실한' 동시에 '거짓된' 이중적인 힘을 가지고 있는 세계이다. 다시 말하면 드티엔느가 기술했던 것처럼, 진리의 스승들의 시기에, 즉 마법·음영시인吟詠詩人·신적인 것의 시기에 점술의 힘은 속임수의 협력 없이 이루어지지는 않았으며, 정의를 말하는 왕은 또한 하나의 불가사의한 신이었다. 아폴론은 섬광이라 불렸지만 종종 **어두움**이라고도 했다. 그는 '직선'이라고 할 수 있지만, '사선'이라고도 알려졌다. **미토스(신화)**의 세계에서 어떤 인물은 끊임없이 다른 인물과 혼합되며, 모든 것은 자신의 반대 항을 겸하거나 반대 항을 '달고 있다'.

사유의 발전과 더불어 양가성은 점차 모호성으로 (이미 헤시오도스Hé siodos에게서 볼 수 있듯) 느껴졌고, 그 결과 모호성은 점점 참을 수 없는 것처럼 되었다. 다시 말해, 이로부터 진실과 거짓의 이와 같은 얽힘을 분명하게 드러내기 위해서 철학이 탄생했다. 파르메니데스에게서 시작되었으며 이후 아리스토텔레스에 의해서 이론화되었는데, 동일성의 논리une logique identitaire라는 근간을 세우면서 모순의 원칙은 모호성을 배제시켰다. 모호성에 따르면 한 존재는 그것인 동시에 반대 항이 될 수 있다. 즉, 두 항이 이루고 있던 보완적 상태에 의해 혹은 적어도 두 항이 이루고 있을 수 있었던 보완적 상태에 의해 두 반대 항은 모순적인 것이 되며, 사유는 배타적인 것이 됨으로써 진실이거나 혹은 거짓인 것(존재이거나 비존재인 것)이 된다. 가장 확실한 속성이 항상 전도될 위험성이 있는 강력한 신화적인 힘이 요동치는 세계에 뒤이어, 유럽적인 이성이 발전했던 안정되고 명료한 이분법적이고 심지어 이율배반적인 또 다른 세계가 따른 것이다.

헤라클레이토스가 증언하고 있듯, 그것이 물론 예외 없이, 주저 없이 진행되었던 것은 아니다. 심지어 대립되는 것들일지라도 "모든 사물은 하나다"라고 확신함으로써 헤라클레이토스는 철학의 역사에서 예외적으로 남았다. 그는 대립되는 것들을 서로서로 나누는 대신에 어떻게 하나가 다른 하나 없이 진행될 수 없는지를 보여주었다. 즉, 아름다움은 추함 없이, 정의는 부정의 없이 진행될 수 없다는 것 등을 보여주었다. 헤라클레이토스는 우주 생성이론의 시인인 헤시오도스에 대해 그가 "밤과 낮을 알지 못했다"라고 말한다. 왜냐하면 그것들 역시 '하나이기' 때문이다.* 심지어 그 동위관계는 지나칠 정도이

---

* 헤라클레이토스, 「단장」, 57.

다. 다시 말하면 "신은 낮·밤, 겨울·여름, 전쟁·평화, 포만·배고픔이다". 그럼에도 불구하고 헤라클레이토스는 철학자(역설의 철학자)로 남는다. 왜냐하면 그는 하나의 예외를 대립 항들의 보완성으로 대체하기 때문이다. 즉, 진실은 거짓과 함께 나아갈 수 없다는 것이다. 모든 것은 하나다. 하지만 진실한 담화는 그 반대되는 것과 하나가 아니다.* 왜냐하면 바로 이러한 조건에서 하나의 '담화'가 가능하기 때문이다. 비록 헤라클레이토스가 어떤 존재도 결코 동일하지 않다는 것과 모든 것은 미래 속에서 용해된다는 것을 인정하고 있기는 하지만, 그가 로고스로서 '영원한 것에 속하는' 담론의 원칙을 여전히 고수하고 있다는 것은 분명하다. 다시 말하면 담론을 세상의 '모든 것'으로부터 나눔으로써 그는 진리의 배타적인 위상을 유지하고 있다.

이러한 기준들이 너무나 도식적이라고 할지라도 중국의 것과 대조해보기에는 충분하다. 그리고 심지어 중국은 도식주의를 역으로 밝혀줌으로써 이러한 발생학의 도식주의를 검증하고 있기도 하다. 왜냐하면 서사시가 없는 것과 마찬가지로, 중국 문명의 기원에는 진정한 신화적인 이야기들도 없기 때문이다. 그런 이야기들은 확실한 것도 아니며, 게다가 단지 몇몇 파편적인 언급만으로 남아 있다. 말하자면 중국의 세계에는 카오스와 우주 생성이론의 흔적이 없다. 그렇기 때문에 중국의 사유가 신화적으로 구축되지 못했던 것과 마찬가지로 중국의 사유는 (로고스의 양태 위에서) 철학적으로 구축되지도 못했던 것이다. 다시 말하면 중국의 사유는 모호성을 (극적으로) 드러내지도 못했

* 마르셀 콩슈Marchel Conche. 1922년생, 철학자, 대학교수.—역자주

으며, 그 모순을 없애기 위해서 진리가 필요하지도 않았던 것이다.

다른 한편으로, 중국에서는 사람들이 주체의 동일적인 관점에서 벗어나자마자, 즉 서양에서 발전되었던 그대로의 관점에서 벗어나자마자 하나의 지속적인 과정의 관점으로 이행하기 위해서 대립 항들의 통일성과 보완성은 문제를 만들기는커녕 사물들의 운행 원칙 그 자체로 사유되었다. 다시 말하면 어떤 하나가 다른 하나 속에 있기도 하며, 어떤 하나는 또한 다른 하나이기도 하다는 것이 운행을 가능하게 만들어준다. 운행에는 대립적이고도 보완적인 두 개의 축, 즉 음과 양이 항상 존재한다. 이러한 기능은 대립 항들의 상호 독립성 위에 근거를 두고 있는 작용으로부터, 따라서 중국이 끊임없이 그 일관성을 발전시켰던 그 작용으로부터 다음과 같은 표현들이 잘 알려졌던 것이다. 즉, 단순히 하나가 다른 하나를 포함하고 있을 뿐만 아니라('존재하는 것'이 '존재하지 않는 것'을 포함하고 있는, 그리고 그 역도 마찬가지다), 하나는 이미 다른 하나이다.

우리는 이러한 표현을 『노자』에서 읽을 수 있다. "모든 사람이 아름다움을 아름다운 것으로 이해한다. 그런데 그때 그것은 추함이다. 모든 사람이 선을 선한 것으로 이해한다. 그런데 그때 그것은 선하지 않음이다天下皆知美之爲美, 斯惡己. 皆知善之爲善, 斯不善己"(『노자』, 2).* 혹은 "한번은 음, 한번은 양이고一陰一陽" "음인 동시에 양이다陰而陽". 그러한 것이 도, 즉 타오tao라고 변화의 고전 『역경』**에 적혀 있다. 여기

---

* [천하 사람들이 모두 아름다운 것을 아름답다고 여기나 여기에 바로 추한 것이 있게 되고, 선한 것을 선한 것이라고 여기나 바로 여기에 좋지 아니한 것이 있게 된다.](이강수)

** 『역경』, 「대주해」 上, 5.

서도 여전히 동일한 접속사가 하나와 다른 하나 사이(**음**'이지만 동시에' **양**陰而陽)의 대립에 대해서 말하고 있으며, 동시에 하나에서 다른 하나로의 변화(陰而陽은 '**음**에서 **양**에 이르는'으로도 번역될 수 있다)를 말하고 있다. 다시 말하면 중국의 사유에서는 대립 항들이 내재적으로, 즉 근본적으로 상호 보완적으로 보이기 때문에 중국의 사유는 진리의 '단호함'에 도움을 청하지 않아도 된다. 중국의 사유는 '신화적인' 모순을 없애는 것을 필요로 하지 않는 것처럼, '논리적인' 모순을 배제할 필요도 없는 것이다.

이것이 바로 철학과 마주한 지혜에 논리적 토대 — 하지만 또 다른 논리, 즉 **로고스 없는 논리** — 를 재구축하는 것이다. 지혜에는 결여되었던 토대이며, 서양에서는 그 토대를 가지고서 철학을 허약하게 만드는 것 이상의 것은 할 수 없었던 것이다. 철학은 배제(참·거짓, 존재·비존재)의 양태 위에서 사유하고, 철학의 모든 작업은 대립의 용어들을 변증법적으로 만드는(이로부터 철학의 역사가 기인한다) 반면에, 지혜는 (각각의 것을 동일한 기반 위에서 취하면서, 즉 이것 혹은 다른 것의 양태 위에서가 아니라 동시에의 양태 위에서) 공평한 용인의 양태 위에서 사유한다. 또한 지혜는 역사를 가질 수 없기 때문에 진보가 없다. 하지만 바로 이 같은 지혜의 위상에 도달하려면 그 전에 먼저 앞으로 나아가야 한다.* 지혜에는 역사가 없지만, 현자들 각자의 역사는 존재한다. 다시 말하면 지혜롭다는 것(좀 더 정확히 말해 현자가 **된다**는 것)은 대립 항

---

* 이러한 도제 수업이 바로 중국의 사유를 끊임없이 발전시켰다. 앞에서 인용한 공자의 『논어』에 나오는 첫 번째 문구 참조.

들을 넘어섰다는 것, 더 이상 배척하지 않는 것을 말한다. 심지어 가장 허약하고 가장 진부한 개념으로 표현된 것일지라도 그것은 서양에서도 막연히 예감되었던 것이다. 다시 말해 우리(민중의 지혜라는 의미에서의 '우리')는 하나 혹은 다른 하나를 선택하지 않고 하나를 다른 것 속에서 평가하는 사람을 지혜롭다고 말한다. 우리가 지혜롭다고 말하는 자는 평균적인 균등화에 의해서 행동하기 때문이 아니라, 그가 하나는 다른 것 없이 이루어지지는 않는다는 것을 총체적으로 알고 있기 때문이며, 그 둘 모두가 함께 기능하며 동시에 서로를 보완하고 있다는 것을 알고 있기 때문이다. 우리는 중국의 사유를 통과함으로써 그 무엇인가에 이론적 엄정함을 다시 부여할 수 있을 것이다.

3

이러한 계보는 반대 방향에서도 읽힐 수 있다. 다시 말하면 만일 담론이 신화적인 이야기와 구분된다고 한다면, 어쨌든 그 담론은 신화적인 이야기를 대체하는 담론의 역할을 확실히 수행하고 있다고 할 수 있다. 그 철학자는 진리의 스승에 대해 거리를 취하고 있는 것과 동시에 진리의 스승을 계승했다.[*] 우리는 전통의 내부로부터 고

---

* 루이 제르네Louis Gernet가 그러하다. 프랑스의 철학자이자 사회학자인 제르네(1882~1962)는 고등사범학교 출신으로서 1917년 「그리스의 법적·도덕적 사유의 전개에 관한 연구Recherches sur le développement de la pensée juridique et morale en Grèce」로 박사학위를 취득했으며, 알제리의 알제 대학에서 오랫동안 그리스에 대해 강의했다.—역자주

대 그리스의 스승들에 의해 천명되고 고양된 고유한 진리와 철학적인 담론을 특징짓게 될 연역되고 증명되고 논증된 (논리적인 것이 된) 진리 사이에서 작동되는 단절에 대하여 특히 민감했었다. 하지만 한 시대를 거듭하면서 공통된 기능이 남게 된다. 진실을 말하는 것이 그것이다. 진실의 본성은 변화했지만, 말한다는 사실은 존속하고 있다.

고대의 헤시오도스에게 시의 여신들은 시의 탄생 이후로 '사물들이 진실한 것이라고 선포하는' 특권을 요구한다. 바로 그 여신들이 세계의 기원과 신들의 자손을 드러내게 될 것이다. 마찬가지로 파르메니데스의 시의 초반에서 볼 수 있듯 여행의 끝에 도달한 입문자에게 '말을 거는' 것도 바로 그 '여신'인 것이다. 그 여신은 입문자에게 진리와 의견의 길들을 지적해줄 것이며, 그 길들에는 존재와 비존재가 있다는 것도 가르쳐줄 것이다. 필자는 그리스 문명 연구가들이 오늘날과 같은 진리의 말의 등장이 이미 파르메니데스에 의해서 재해석되었다는 것을 검토했음을 잘 알고 있다. 파르메니데스는 헤시오도스를 반복하고 있는 것이 아니라는 것 말이다.

그럼에도 불구하고 드러냄의 기능이 신화적 담론에서 철학의 담론으로 전달된 것은 사실이며, 철학은 계속해서 그 기능에 적응하여 머물러 있게 될 것이며, 적어도 철학이 그런 기능의 색조를 유지하고 있다는 것도 사실이다. 그러나 특히 이후에 그러한 점은 의문의 여지 없이 남겨질 것이다. 즉, (진리를) 말하는 것이 바람직하다는 말이다. 철학이 논쟁했던 그것을 말하는 것이 가능한지 아닌지가 결코 아니라, 좀 더 근본적으로는 오히려 말해야 하는 것이 이득이 있느냐 하는 문제이다. 혹은 좀 더 단순하게 말하면, 말해야 하는 것이 있느냐의 문제이다.

어느 날 공자가 제자들에게 "나는 전혀 말을 하고 싶지 않네"라고 말했다. 그러자 제자들이 더 이상 아무것도 옮길 만한 말을 얻지 못할까 불안해하자 공자는 다음과 같이 덧붙였다. "하늘이 말을 하느냐? 계절은 그들의 흐름을 쫓으며, 모든 존재자들은 번성한다. 즉, 하늘이 무슨 말을 할 필요가 있겠느냐子曰, 予欲無言. 子貢曰, 子如不言, 則小子何述焉. 子曰, 天何言哉. 四時行焉, 百物生焉, 天何言哉".* 요컨대 공자가 말하는 것은, 계절의 조절된 흐름처럼 조절의 논리는 자족적이어서 이로부터 생명이 끊임없이 발생하기 때문에 자신은 그 드러냄의 보완을 필요로 하지 않는다는 것이다. 드러냄의 보완이란 하늘 측에 대한 것도 아니며, 현자 측에 대한 것도 아니고, 가르침도 메시지도 없는 것이다. 다시 말하면, 말한다는 것은 중단시키는 것이기 때문이며, 말한다는 것은 (끝없이 발생하는 '그것cela'에) 장애물을 만드는 것이기 때문이다.

말은 대상으로 삼는 세상과 대면하여 초월의 관계를 유지 ─ 세상에 **대해** 말하면서, 그리고 세상을 '대상으로(객체 속에서)' 구성한다 ─ 하는 반면에, 침묵은 내재성을 보여주는 ─ 용인하는 ─ 데 성공을 거두었다. 다시 말하면 스스로 침묵함으로써 현자는 명증성을 유출流出시키는 것이다. 우리가 '깨닫는다'는 것은 바로 그 침묵 속에서이다.** 공자

---

* 『논어』, 「양화」, 19: [선생님께서 말씀하셨다. "나는 말을 하지 않으려고 한다." 자공이 말하였다. "선생님께서 만일 말씀하지 않으시면 저희들은 어떻게 도道를 전하겠습니까?" 선생님께서 말씀하셨다. "하늘이 무슨 말씀을 하시는가? 사시四時가 운행運行되고 온갖 만물이 생장生長하는데, 하늘이 무슨 말씀을 하시는가?"](성백효)

** 『논어』, 「술이」, 2: 선생님께서 말씀하셨다. "묵묵히 기억하며, 배우기를 싫어하지 않으며, 가르치기를 게을리 하지 않는 것, 이중에 어느 것이 나에게 있겠는가."子曰, 默而識之,

는 더 이상 말하지 않는 것을 갈망한다. 그 이유는 그가 말이라는 것에 도전해서가 아니라, 혹은 그가 현실세계를 말로 표현할 수 없는 것이라고 판단해서가 아니라, 단순히 말이 잉여적인 것이기 때문에, 즉 말은 그 무엇도 덧붙일 수 없기 때문에, 좀 더 정확히 말해 이때 말은 그 무엇도 덧붙일 것이 없는 것을 덧붙이는 것이기 때문에, 그 결과 말을 하지 않는 것이 더 나을 것이기 때문에 그러한 것이다. 게 다가 이러한 이유 때문에, 『논어』 전체에서 공자의 의도들은 결코 하나의 담론을 형성하지 않으며, 따라서 단지 지시indication 혹은 충고로 서만 그리고 부차적인 위상의 가치만 갖는 것이다. 게다가 이런 지시 혹은 충고 혹은 부차적 위상은 실제로 발화되지는 않지만(따라서 그러 한 것들을 발화체의 관점에서 읽는 자는 필연적으로 그것들을 실망스러운 것으로 생각한다), 관심을 두고 있는 자의 주의를 순간적으로 끌어들이 기 위해서 지나가듯 지적하는 것으로 만족하는 것이다.

이렇게 되면 다시 한 번 우리가 예전부터 지혜에 대해서 알아온 것은 명백해지고 정당화된다. 철학이 ('진리를 말하기' 위해서) 말하는 반면에, 철학은 말을 해야 하는 필요를 가지고 있는 반면에, 따라서 말이 없는 철학은 존재하지 않는 반면에, 현자는 말하지 않는다. 좀 더 정확하게 말해서 현자는 거의 말하지 않는다. 현자는 가능한 한 적게 말한다. 현자는 말하는 것을 피한다. 그러나 그렇다고 그가 집 요한 침묵 속에 붙잡혀 있지도 않다. 집요한 침묵은 말의 이면이며, 따라서 다시 말로 합류하는 것이다. 그의 침묵은 금욕주의적인 (정신

學而不厭, 誨人不倦, 何有於我哉(성백효)

을 더욱 잘 집중할 수 있기 위한) 것이 아니며, 신비한 (더욱 잘 소통할 수 있기 위한) 것도 아니다. 그의 침묵은 종교적인 것이 아니다. 다시 말해 그의 침묵은 '명상에 잠겨 있는' 것이 아니다. 침묵은 현자를 꼼짝 못하게 하지도 (혹은 현자를 나누지도) 않으며, 현자에게 '영감을 불어넣지'도 않는다. 만일 현자가 침묵한다면 말해야 할 것이 아무것도 없다는 뜻이다. 현자가 말할 것이 아무것도 없어서가 아니다. 다시 말하면, '그것'은 말을 통과한다. 현자의 신중함은 일종의 **노코멘트**인 것이다. 또한 현자의 신중함은 역으로 철학이 철학의 입장에서 끝없이 우리에게 주입시켰던 것, 즉 '사물들에 대해서' 우리가 말할 것을 가지고 있음을 놀라운 방식으로 발견하도록 해준다.

4

지혜와 철학 사이의 이러한 대조는 다음과 같은 사실에 의해서 더욱 명확해진다. 즉, 그리스에서 진리의 개념을 만들었으며, 중국에서는 그 개념을 받아들이는 데 기여했던 분열도 유기적 결합도 형성되지 않았다는 사실이다. 관념의 시기 이전에는, 즉 관념에서 출발하여 진리 개념이 뚜렷이 드러난 그 이전 시기에는 구상의 구획도 없었으며, 진리 개념을 뒷받침하고 개념의 일관성 아래에서 개념에 부여된 개념적인 결합들도 없었다. 왜냐하면 우리는 공간적으로 고려했던 문화적 '분위기들'(중국·그리스, 즉 이 개념은 표면적이다)로부터 사유의 외관 속으로 들어가야 하기 때문이다. 혹은 우리는 지리학으로부터,

들뢰즈에 따르면 '지리철학'의 지리학으로부터 지질학으로 넘어가야 하기 때문이다. 다시 말해 '영토'의 구성에 대한 연구에서 지층의 구성 성분에 대한 연구로 넘어가야 하기 때문이다.

문제는 다음과 같은 것이 될 것이다. 어떻게 (지질학의 의미에서, 즉 어떤 구조에 의해서, 그리고 이와 동시에 어떤 발전을 통해서) 그리스의 사유가 진리의 지층 혹은 '평원' 속에서 구성되었는가? 여기서 중국적 사유가 문제가 되어서는 안 된다. 하지만 어쨌든 중국적인 사유 또한 발전해왔다. 특히 중국에서는 그리스적 사유에서 근본적인 공론과 진리(독사 - 알레테이아doxa-aletheia)의 갈등이 전개되지 않았다. 다시 말해 한편에서는 변화하는 것, 모호한 것, 우연적인 것에 대한 앎이 존재하지 않았고, 다른 한편에서는 변화하지 않는 것과 절대적으로 '존재하는' 것에 대한 인식이 존재하지 않았다. 우리가 알고 있듯이 바로 이러한 단층선을 따라서 그리스적 사유가 구축되었다.

파르메니데스의 여신은 단번에 다음과 같은 두 길을 구분하고 있다. 다시 말해 수사학과 궤변론이 옛 미토스의 유산인 양가성을 자기의 것으로 삼고 그 양가성을 정치의 유동적인 세계 — 존재와 비존재의 매개적인 지대 — 에 전달하여 말을 설득적인 것으로 만들기 위해서 그리고 그 말이 도시국가에서 승리하도록 하기 위해서 그것을 효과적인 도구로 만들어냈던 반면에, 철학은 모순의 원칙으로 무장하여 그것과 공공연하게 단절했다. 뒤이어 철학은 그 세상과 다시 관계를 맺기 위해서 '공론(의견)'의 앎과 다름없는 안정되지 않은 것에 대한 안정되지 않은 앎 — 부정확한 것에 대한 부정확한 앎 — 에 부차적인 자리를 내주는 것을 무릅쓰게 된다. 그런데 지혜는 공론과 혼합되지도 않으며 투쟁하지도 않기 때문에, 세상과 더 이상 단절되지도 않으며 세상에 복종하는 것도 아니다. 왜냐하면 지혜는 '안정된 것'을 '안정되지 않은 것'과 나누지 않고 세상과 진리를 나누지 않기 때문이다. 즉, 지혜는 조절의 안정성(도, 즉 타오_(tao)의 안정성)과는 다른 어떤 안정성을 꿈꾸지 않기 때문에 사물의 불안정성에 대해서 의식하지도 않으며, 혹은 적어도 사물의 유동적인 특징이 지혜에 영향을 줄 수도 없다. 또한 현자는 적당한 순간으로서의 상황_occasion에 무관심한 것도 아니다. 현자는 (무조건적으로 이득을 취해야 할 **카이로스**_kairos* 로서의) 상황에 사로잡혀 있지도 않다.

현자의 사유는 '가능한 것'(이것은 정당한 것이기도 하다. 즉, 우리는 정당한 것을 공자의 말에서 살펴보았다)과 '순간'에 동시에 영향을 미친다. 다시 말해 현자가 (자신에게 적합한) 어떤 임무를 담당할 '수 있을' 때 그 임무를 담당한다. 그리고 그가 그 임무를 떠날 '수 있을' 때(세상이 너무나 혼란스러워서 그렇게 하는 것이 그에게 적합할 때), 그 임무를 내려놓는다.** 현자의 적합성은 궤변론에서처럼 순전히 상황적인 (기회적인) 것이 아니며, 철학이 단호하게 표현할 수 있었던 것과 같이 구체화되어야 할 이상적인 원칙에 기초해 있는 것도 아니다. 따라서

---

* 시간에는 두 가지가 있다. '흘러가는 시간'과 '의미 있는 시간'이다. 그리스어로 흘러가는 시간을 '크로노스_chronos', 의미 있는 시간을 '카이로스_kairos'라 한다. '크로노스'는 연대기적인 시간이다. 즉, 천문학적으로 해가 뜨고 지면서 결정되는, 지구가 공전과 자전을 하면서 결정되는 시간이다. 생물학적으로는 동식물이 낳고 늙고 병들고 죽는 시간이다. '카이로스'는 특정한 시간 또는 정한 시간이다. 비록 흘러가는 것이지만, 시간에 특별한 의미가 있을 때 이 의미 있는 시간을 '카이로스'라 한다. 그래서 '카이로스'는 어떤 일이 수행되기 위한 시간 또는 특정한 시간을 가리킨다. 계획이 세워지고 계획이 실행되는 시간을 가리킨다.—역자주

** 『맹자』, 「공손추」 上, 2.

현자가 자신의 지혜를 끌어내는 것은 바로 이러한 비분리non-séparation
에서이다.

왜냐하면 우리는 철학이 진리를 추구하러 갔던 곳이 바로 안정된
것과 움직이지 않는 것의 측면이라는 것을 잘 알고 있기 때문이다.
다시 말해 진실은 존재Être와 연결됨으로써만 진리가 될 수 있었을 (그
리고 절대화될 수 있었을) 뿐이다. 또는 철학은 존재론적인 것이 됨으
로써만 발생할 수 있었을 뿐이다. 그 장소는 확인될 수 있을 정도다.
파르메니데스의 두 번째 단장의 3~4행에, 철학이 존재로서의 존재
에 대한 학문으로 확증되기 위해서 종교적 맥락에서 출현하는 것을
알고 있다. 따라서 '있음il y a'과 '비존재, 즉 있지 않음'이 나오는 길
은 '진리를 동반하는' 길이다.

그런데 중국은 이와 같은 존재와 진리의 끝과 끝을 맞붙이면서 그
길을 반대로 밝혀 보여줌으로써 증거를 제공한 것이다. 다시 말해 중
국은 존재를 사유하지 않았기 때문에('존재하다'라는 동사 자체가 고전
중국어에는 없다), 중국은 진리를 알지 못했다. 그리스가 항상 존재의
그늘에서 생성devenir을 사유했던 반면에, 중국은 단지 생성을 이해했
을 뿐이다. 하지만 정확히 말해 이때 그것은 더 이상 '생성'은 아니
다. 왜냐하면 더 이상 (정확히 말해 '변화하지 않는' 것으로서 정의된) 존
재─우리가 사용하는 이 개념은 너무 협소하다─를 암시하지 않기 때
문이며, 오히려 '길', 즉 타오를 암시하기 때문이다. 도를 통해 세상
은 끝없이 새로운 모습을 갖게 되며, 현실세계는 끝없이 전개된다.

또한 정확히 말해 그것이 바로 묵가 사상가들이 자신들이 사용하
는 객관적 '적합성'이라는 개념(즉, 당當의 개념)으로부터 출발하여 진

리의 개념으로 나아가는 것을 방해하기도 했다. 다시 말해 이름과 대상의 관계 속에서 그 이름은 단지 일시적으로만 그 대상과 부합할 수 있을 뿐이며, 이름은 단지 그것에 '그칠止' 수 있을 뿐이라고 묵가는 말하고 있다. 왜냐하면 대상이 항상 일시적이기 때문이다.* 『역경』에서 발전시킨 것과 같이 적합성은 항상 상황과 순간의 기능에 따라 이해되었다.** 그리스에서는 실체substance가 진리의 버팀대로 사용되었던 반면에, 중국에서는 실체를 사유하지 않았다.*** 따라서 중국의 자연학 속에서 '음과 양五行'은 질료가 아니라 극성極性의 요소이다. 음양의 "다섯 행위 주체(오행)"가 그리스적 관념 속에서처럼 원초적인 요소들éléments이 아니라 경쟁적이고 연속적인 쇄신의 요인들facteurs인 것과 마찬가지다.

또한 실체를 알지 못했기 때문에 중국인들은 외관apparence 또한 알지 못했다. 외관이라는 개념은 존재하지 않는다.**** 우리가 더 이상 대상과 대면하지 않게 되자마자 감각적 인식이 '지속되지' 않는다는 점에서 묵가가 감각적인 인식의 한계를 알고 있다는 것을 살펴보았다.*****
다시 말해 감각적 인식을 지적인 인식에 의해 연장하는 것이 적합할

---

* 『후기 묵가』 上, 44, 50.

** 「대주해」 下, 10.

*** 이로부터 실체의 본질을 이루는 성질인 속성attribut을 사유하는 것의 어려움이 기인한다. 또한 우리는 오늘날 존재론에 대한 서양적 개념을 번역하기 위해서 사용하는 존有, '존재하다', '무엇 속에 위치하다'라는 개념이 발전되지 않았다는 사실을 알게 된다(『후기 묵가』 下, 37).

**** 불교가 전파되기 이전의 중국에서는 말이다. **불교는 인도유럽적인 근간에서 기인**한다.

***** 『후기 묵가』 上, 5; 『후기 묵가』 下, 46.

것이다. 하지만 그렇다고 해서 우리가 감각적인 것을 불신해야 하는 것(따라서 하나의 관념적인 세계를 가정해야 하는 것)은 아니다. 중국인은 물속에 잠긴 막대가 부러진 것처럼 보이는 회의론적인 경험을 알지 못한다. 또한 그들은 결코 외관과 현실 사이의, 현상과 즉자 사이의 둘로 나누기라는 관념을 가지고 있지 못했다. 그런데 우리가 알고 있듯이, 우리가 진리를 이해했던 것은 바로 외관의 '거짓말'에 대한 대립을 통해서이다. 그것은 우선 그리스인에게서 찾아볼 수 있다.

사유가 했던 것과 마찬가지로, 사유를 독점하기 위해서는 '진리'에서 두 가지가 필요하게 될 것이다. 다시 말해 진리가 계획의 대립에 의해서 고립되는 것과 동시에 진리가 사유에서 수렴점의 구실을 하는 것이다. 진리가 집합적인 배치 속 — 이러한 집합적 배치 자체는 특별한 것이다 — 에 있는 것처럼 응고되어 있기에, 우리는 그 사실을 중국에서의 진리 부재를 통해 확인하는데, 진리는 자신의 정당성에 대하여 의심하게끔 하는 것이다. 그렇다고 해서 그 가능성에 대해서만큼 그 권리에 대해서 의심하게 하는 것은 아니다(니체는 그렇게 했다). 다시 말해 중국은 중국이라는 지층 속에서 우리로 하여금 불가능성을 측정하도록 만드는 것이다. 왜냐하면 공자의 '가능한 것'에서 묵가의 '적합성'으로 향하면서 중국은 동의와 일치의 양태들에 대해서 사유했기 때문이다. 중국은 그 양태들의 일관성을 정당화시킨다. 하지만 그 양태들이 그렇다고 해서 진리를 사유하도록 이끌지는 않는다. 일치된 것은 주어진 하나의 상황에 완벽하게 어울린다. 그러한 것이 도처에 함축되어 있지만 결코 고립되어 있지 않은 대체물이 될 것이며, 그 대체물을 통해 중국은 진리에 집착하지 않게 되었으며, 그 타당성을 지혜에 부여한 것이다.

그렇게 되면 중국을 통해서 우리는 다음과 같은 사실을 더 잘 인식하게 된다. 진리의 형이상학적인 뿌리내리기가 어떠한 것이었는지, 특히 어떻게 진리가 서양에서 재현되었는지, 즉자 그리고 관념의 영역 위에서 발전했는지를 말이다. 왜냐하면 묵가는 관념idée을 정의défi-nition에 의해 함축된 것(기둥에 대한 관념은 필자가 보기엔 무엇보다도 그 기둥이 둥글다는 것을 알게 해주는 것이다*)으로서는 잘 이해했음에도 불구하고, 이와는 반대로 그들은 관념을 가지적인intelligible 본질로서의 플라톤적인 이데아의 양식 위에서는 알지 못했기 때문이다. 그런데 우리는 플라톤적인 이데아가 우리의 진실에 대한 개념을 이론적인 지각 행위의 의미 속으로 향하게 했다는 것으로 알고 있다. 만일 현자에게 고정된 관념이 없다면, 그것은 또한 다음과 같은 의미에서이다. 즉, 현자는 관념에 따라서 현실세계를 '해석하지' 않는다는 의미에서이다. 이는 하이데거가 '서양의 철학자'에 대해서 말한 것과 마찬가지인데,** 현자는 '관념을 올려다보는' 시선을 가지고 있지 않다.

5

그렇다고 해서 우리의 탐색이 그 지점에, 관념을 올려다보는 시선

---

* 『후기 묵가』 下, 57 참조.
** 「진리에 관한 플라톤의 견해」.

174 | 제1부 '(고정된) 관념이 없음'에 대하여

에 멈춰서는 안 될 것이다. 우리의 탐색은 훨씬 더 멀리에서, 심지어 사유의 밖에서 다시 시작되고 있는 중이다. 왜냐하면 우리는 그리스적인 철학 속에서 진리의 개념이 차지하고 있는 중요성을 설명하려면 철학적인 이유들에만 전적으로 만족할 수 없는 것이 아닌가 의심하기 때문이다. 그 어느 때보다도 우리는 '수많은 이유들', 좀 더 정확히 말해 산적한 이유들에 직면해 있다. 개념은 그토록 다양한 계획들을 연이어서 개입시키게 만드는 것이다. 개념이 그 속에 자리하고 있는 개념적인 외관은 그 자체로 교차로이다. 그리고 그 맥락은 테두리가 없다. 그 맥락은 단순히 지적일 뿐만 아니라, 좀 더 정확히 말하면 무엇보다도 사회적이고 정치적이다. 먼저, 진리의 기능 출현은 도시국가의 출현과 독립적으로 이해될 수 없을 것이다. 그 점에 관해서도 중국은 우리에게 차이를 통해서 밝혀줄 것이다. 이렇게 해서 우리는 현자와 철학자의 대립이 어떤 배경(들) ─ 그 아래에 얼마나 많은 지층들이 있는지 ─ 에서 출발하여 이해되었는지를 살펴보게 될 것이다.

첫 번째 지층 혹은 가장 가까운 영역이 있다. 즉, 동시대의 것들로서, 더 나아가 진리에 대한 철학적 증명 이전의 것들로서, 그리스에서 수학적인 것의 영역들만큼이나 사법적인 영역 속에서 증거를, 즉 **믿음(피스티스**pistis**)**을 정립하기 위하여 사용되는 절차들이다. 법정이 세워지기 이전의 고대 그리스에서 진리는 정의와 연결되어 있었다. 진리는 '사물들 중에서 가장 정의로운 것'(**정의**diké - **진리**aletheia의 관계)이라고 말해졌다. 그런데 중국은 진정한 사법적 제도를 조직하지 않았던 것처럼 이상적인 양식 위에서 정의를 법의 지배로 사유하지도 않았다. 다시 말해 비록 여러 법들이 제정되었음에도 불구하고, 좀 더 정확히 말해 금지와 규정에 관한 여러 규범들이 만들어졌음에도 불구하고, 그러한 것들의 적용은 즉결적이고 독선적이며, 따라서 증명과 변호를 야기하지 않았다. 중국에서의 법제도는 맹아상태에 머물러 있었고, 그 개념은 발전되지 않았다. 우리는 그 사실을 오늘날에도 충분히 확인하고 있다. 비록 우리가 묵가에 대해서 알고 있다고 할지라도, 게다가 그들이 중국의 사상가들 중에서 유일하게 법제도의 제정과 기하학에 관심을 갖고 기하학의 개념들을 정의하고 있다는 것을 알고 있다고 할지라도, 묵가에게 그러한 기하학은 수학자들이 그리스 철학에 대해 행사했던 모델 기능을 결코 행사하지 못했다. 다시말해 중국의 사상가는 '기하학자'일 것을 요구받지 않았다. 심지어 그 누구도 그것에 대해 생각하지 않았다. 한편 그리스의 측면에서 보면, 피타고라스는 수의 세계를 만들어낸 인물인 동시에, 플라톤주의자의 말에 따르면(하지만 이것은 상징적인 의미에서 그렇다), **철학자, 지혜를 사랑하는 사**(**필로소포스**philosophos)라는 용어를 고안한 인물이기도 하다. 다른 한편 묵가가 기하학적으로 증명 가능한 것에 대한 관념을 가지고 있었다고 할지라도, 그레이엄에 따르면 그들은 유클리드의 방식으로 증거를 발전시키지는 못했다.[*] 요컨대 그리스의 모든 지적인 맥락은 늦게 세워진 철학을 진실의 증명으로 이끌었다. 반면 중국에서는 이와 동일한 일이 벌어지지 않았다. 어쨌든 현자는 증거에 무관심했다는 것이 사실이다. 현자는 증명하는 것을 추구하지 않는다.

---

[*] 최근의 중국학이 이러한 측면을 아주 명확하게 밝혀주었다. 특히 카린 쉐라Karine Chemla를 참조.

그리스 도시국가의 사회적이고 정치적인 구조에 관해서 말하면, 우리는 그 구조가 말의 속화laïcisation에서 틀로 사용되었다는 것을 알고 있으며, 그 구조가 진리의 개념을 가리켰으며, 개념의 자유로운 발휘를 적어도 두 가지 방식으로 도와주었다는 것을 알고 있다. 다시 말해, 적대적 양태 위에서 보면 진리는 찬성하고 반대하는 담론('이중적'·반反논리적 담론)들을 본떠 대립을 통해서 자신을 명확히 드러냈다. 그리고 우리가 대화체라고 말하게 될 양태 위에서 보면, 진리는 타인의 판단에 복종하는 것이며 따라서 타인의 동의를 요구하는 것이다. 비록 외관적인 모순에도 불구하고 이 두 가지 방식은 서로 보완적이었다. 다시 말해, 그 제도 속에서 진리는 동시에 경쟁(아곤agôné)과 회합의 장(아고라agora)에 의해서 구조화되었다.

실제로 법정, 위원회, 의회, 심지어 극장에서라도 도시국가는 여러 담론들의 대면 위에서 구성되었다. 철학에서도 (특히 프로타고라스Prota-goras와 함께) 마찬가지다. 하나의 담론은 자신의 진리를 일방적으로 주장할 수 있을 뿐인 반면, 두 가지 반명제적인 담론들은 그 진리를 좀 더 가까이에서 포착할 수 있다. 다시 말해 그들 간의 비교를 통해서 그리고 각각 전개된 논증들에 대한 명세서를 통해서, 진리는 스스로 명확해지고 확신을 가져다줄 수 있다.

중국의 측면에서 보면 비록 중국이 논쟁을 모르지 않았다고 할지라도(특히 기원전 4~3세기의 순자荀子와 한비자韓非子 같은 사상가들의 경우), 논쟁은 그리스보다 훨씬 덜 발전되었다. 왜냐하면 논쟁은 도시국가의 틀 속에서 행해졌던 것처럼 체계적이지 못했기 때문이다. 즉, 우리가 상상하듯 여러 군주들의 궁전에서 담론들은 훨씬 더 모호하고, 면전에서 설명되기는커녕 간사한 것이었으며 암시적인 것에 머물러 있었기 때문이다. 그리고 담론들이 이처럼 우회적인 방식으로 작용되었기 때문에, 그것은 논증을 통해 군주를 설득하기 위한 것이라기보다 군주를 '마음대로 조정함으로써' 감동시키기 위한 것이었다.*
담론들은 노골적으로 정반대의 입장을 취하지 않도록, 적대자와 맞서지 않도록 조심스럽게 진행된다. 그리스에서는 경합$_{Jeux}$** 이 유명하게 만든 대결처럼 공개적인 경쟁은 도시국가의 핵심을 차지하고 있다. 다시 말해, 철학자도 진리를 위해서 다른 사람들과 경쟁하며, 철학은 일종의 시합이었던 것이다. 그런데 현자는 경쟁하지 않는다. 그는 이기는 것을 겨냥하지 않는다. 사람들이 종종 말했듯이(그리고 들뢰즈가 말했고 이어서 푸코도 말했듯이), '철학자라는 것'은 전적으로 경쟁하는 자이며 '다른 식으로 사유했던' 자이다. 그런데 현자는 다른 식으로 사유하려는 것을 추구하지 않는다. 현자가 추구하는 것은 심지어 정확히 그 반대이다. 그리고 바로 그 반대되는 것이 현자가 우리에게 말하려고 남겨둔 것이다. 다시 말해 그는 자신의 사유가 갖는 독창성을 통해서 자신의 관점을 타인의 관점과 차별화시키려고 노력하지 않는다. 그보다는 오히려 자신의 사유 속에 다른 모든 관점을 포괄하고 화해시키려고 노력한다.

한편 도시국가는 여러 말들의 평등성이라는 관념 위에 세워졌다. 아고라는 각자가 타인에 대하여 상호적이고 역전 가능한 관계 속에

---

* 프랑수아 줄리앙, 『유효성에 대한 개론$_{Traité\ de\ l'efficacité}$』, 10장.

** 핀다로스$_{Pindaros}$와 헤라클레이토스의 경우. '불화(의 여신)인 에리스$_{eris}$'의 가치.

서 존재하는 장소이다(참여[이세고리아[isegoria], 평등[이소노미아[esonomia] 개념 참조).* 따라서 법정에서건 의회에서건 재판관 혹은 제삼자 같은 타인의 동의가 필요하다. 보통 말하듯 타인이 동의한다는 것은 하나의 진리가 인정된 것이고 채택된 것을 의미한다. 다시 말해 진리는 공통적이고 공적인 것이다. 마찬가지로 수학적 혹은 철학적 증명에서도(「대화편」에 등장하는 플라톤), 사람들은 타인이 인정하게 될 것을 사실로서 취한다. 타인은 진리의 승인에서 충분조건인 동시에 진리에 대한 승인을 필요로 한다. 그런데 지혜는 타인에게서 법적 유효성의 인정을 기대하지 않는다. 다시 말해, 지혜는 직접적으로 전해지지 않으며, 심지어 지혜는 건네지는 것이 아니고, 정확히 말하면 지혜는 단지 우회적인 방식으로 충고들이 갖는 우연적인 양태 위에서 신호를 보내는 것이다. 왜냐하면 지혜는 매번 개별적인 노정, 따라서 사람들이 타인의 자리에서는 도달할 수 없는 노정과 연결된 채 머물러 있기 때문이다. 타자는 나에게 (진리를, 다시 말해 타자는 진리를 발화하는 것만을, 진리를 증명하는 것만을) 알려줄 수 있다. 하지만 내가 '깨달을' 수 있는 것은 단지 내 자신 속에서, 따라서 내 자신에 의해서만 그럴 수 있다.

현자의 수련에 대한 이야기는 그 자체로는 단지 지시적인 가치만 가지고 있다. 다시 말해 "15세에 지우학志于學, 30세에 립立, 40세에

---

* 고대 그리스에서는 모든 시민은 재산, 지위, 종교, 교육수준에 관계없이 평등하고isonomia, 법의 제정에 동등하게 참여한다는isegoria 두 가지 원칙이 지배했다. 시민은 지배자인 동시에 피지배자였다. 그리고 시민은 공동선의 형성과 실현에 관심을 갖고 있는 공적 시민public이었다. ─역자주

불혹不惑 ······ 70세에 종심從心"을 말할 뿐이다. 나는 15세에 학문에 뜻을 두었고, 70세에 "더 이상 법도를 벗어나지 않고서도 나의 욕망을 따를" 수 있었다子曰, 吾十有五而志于學, 三十而立, 四十而不惑, 五十而知天命, 六十而耳順, 七十而從心所欲不踰矩.* '다시 말하면' 사물의 조절에 자발적으로 내 자신이 순응하는 것에 이른 것이다. 그렇다고 해도 개인적인 경험의 기능임에는 변함이 없기 때문에, 지혜는 그 원칙 속에서 자기지칭적인 최고 통치자의 전제주의의 이미지와 같은 것이다. 그러나 지혜는 타자의 승인을 필요로 하기는커녕 자기 입증적이고 따라서 자족적인 것이다.

　도시국가는 서로 배타적인 두 가지 대립되는 것들 사이에서 분명한 선택의 기초 위에서 기능한다는 것을 우리는 알게 되었다.** 이와 마찬가지로 철학은 찬성 혹은 반대의 입장을 취하는 것이고, 철학의 진리는 배타적인 (참 혹은 거짓인) 것이다. 그런데 우리가 앞서 살펴보았듯이, 지혜는 배타적인 것을 경계한다(중국에서 사람들은 결코 투표하지 않았다). 지혜가 단순히 다른 입장과 반대되는 입장을 취하는 것을, 적대적인 관계 속에 각인되는 것을 피하는 것이라기보다는 오히려 모든 입장에 부합하는 것이며, 경우에 따라서는 모든 입장을 평등의 기반 위에서 취하는 것이다.*** 지혜와 철학의 대비versus에서 우리는 결

---

*『논어』, 「위정」, 4: [선생님께서 말씀하셨다. "나는 15세에 배움에 뜻을 두었고, 30세에 홀로 섰으며, 40세에 사리에 의혹하지 않았고, 50세에 천명을 알았으며 60세에는 귀로 들으면 바로 이해되었다. 70세에는 마음이 하고자 하는 것을 따라도 '법도에 넘지 않았다."](성백효)

** 한 당이 다른 당과 대립하는 것이고, 사람들은 한 방향에 혹은 다른 방향에 투표하는 것이다.

*** 중국에서 통치자의 위치는 '축'의 이미지에 따라서 이해된 것이며, 따라서 모든 사회적 상황을 지휘한다.

론적으로 다음과 같은 변별적 특징을 취할 것이다. 첫째, 철학이 논쟁적(투쟁주의적)이길 바라는 반면, 지혜는 **평화적**이라고 밝히고 있으며 모든 대립을 스스로 금하고 있다. 둘째, 철학이 타인의 승인을 필요로 하는 대화체인 반면, 지혜는 독백이다. 그리고 심지어 지혜는 토론을 피하는 것에 전념하고 대화를 간접적인 방법으로 사용한다. 셋째, 철학이 배타적인, 즉 진리가 철학에 배타적인 것을 강요하는 반면, 지혜는 이해적이다. 지혜는 대립되는 관점들을 (변증법적으로 발전시키지 않고) 단번에 포괄한다.

6

이와 같은 세 가지 특징은 서로 다시 만나게 된다. 만일 지혜가 대립 속으로 들어가는 것을 거부한다면(첫 번째 특징), 그것은 지혜가 그 자체로 하나의 특별한 입장으로 환원되도록 내버려두는 것을 받아들이지 않기 때문이다. 그리고 그 점에서 배타적인 반대의 입장은 그 표시 작업에 의해서 역으로 그 특별한 입장을 비난하게 될 것이기 때문이다(세 번째 특징). 지혜의 논리는 그리고 그 논리를 반철학 속에서 구축하는 것은, 모순의 원칙에 본의 아니게 득이 되도록 행동하는 것을 거부하는 데 있다. 그렇다고 모순 원칙의 경기에 이의를 제기하는 것이 아니라 그것을 다짜고짜 경기 밖에 위치시키는 것이다. 지혜는 그러한 함정에 빠지는 것을 거부한다. 왜냐하면 사람들은 한쪽에 위치하면 동시에 다른 쪽에 위치할 수 없을 것이기 때문에, 두 측면 중 어느 것도 포기하지 않기 위해서 지혜는 어떤 측면에도 위치하지 않을 것이다. 혹은 역으로 말해서 만일 지혜가 어떤 편도 원하지 않는다면, 그것은 바로 편을 드는 사람이 바로 그 유일한 사태만으로도 편파적이라는 것을 지혜가 알고 있기 때문이다. 다시 말해 편을 드는 사람은 사물의 다른 면을 더 이상 보지 못하고 하나의 관점 (자신의 관점) 속에 고립되며, 그는 '길'의 총체성을 잃는 것이다. 지혜는 이러한 참 혹은 거짓의 양자택일 속에서 분명한 차별을 보기는커녕, 즉 철학이 이끄는 차별을 보기는커녕 상실을 보는 것이다. 그리고 바로 이러한 상실 자체가 철학의 끝없는 역사를 만들 것이다. 다시 말해 철학은 특정한 측면을 버릴 것이며(특정한 측면을 거짓이라고 배척함으로써), 이어서 동일한 철학의 내부에서 그리고 그 뒤를 따르는 철학자들 내부에서 끝없이 특정한 측면을 '거짓된' 측면과는 다른 식으로 회복하고자 할 것이다. 따라서 그것 자체가 (총체성으로 표현되는) 지혜에 대한 욕망과 갈망으로서 철학의 본질을 만들 것이다. 다시 말해 철학은 특정한 측면에서 요동침으로써 (철학의 부정적인 모습son négatif을) 버리면서 시작했던 결핍에 의해서 작업된 사유가 될 것이며, 다른 한편으로 철학은 그러한 작업에 앞서 그 결핍된 것을 끝없이 되찾고 추구하고자 할 것이다. 하지만 한편은 남아 있기 때문에 철학은 **항상 어떤 한편**에 속한다. 다시 말해 철학은 항상 한편에서 다른 (새로운) 편으로 향하면서 나아가도록 강요되었다. 철학은 전진하도록 선고된 것이다.

이와는 반대로 입장 없는 입장, 따라서 그것을 통해 대립적인 입장들을 포괄하는 입장이 있다. 우리는 이미 입장의 개념을 알고 있다.

적어도 유가의 용어들 속에서 표현된 개념을 말이다. 다시 말해 '중용juste milieu'(中의 개념)이 그것이다. 중간이란 대립되는 것들에서 등거리에 위치해 있음을 의미하지 않는다. 그것 역시 하나의 특별한 입장이 될 것이기 때문이다. 그리고 다른 것들과 마찬가지로 그 자체도 제약되어 있기 때문이다. 하지만 우리가 알고 있듯이 중간이란 대립되는 것들 중 하나 혹은 다른 하나에 대해 **동일하게** 상응하는 것을 허락한다. 따라서 중간이 위치해 있는 곳은 바로 **동등한 가능성** 속이다. 우리는 맹자의 다음과 같은 말을 기억하고 있다.* 한편에는 이기주의의 지지자들이 있고, 다른 한편에는 이타주의의 지지자들이 있다. 그들 사이의 중간에 위치한 자막이 '더 가까울' 것이다. 하지만 중간에서 움직이지 않게 되자마자 그는 그것으로부터 단지 하나의 가능성(중도에 있는à mi-distance **한가운데**'mi'-lieu)만을 내놓게 된다. 그렇기 때문에 자막은 (한 극단에서 다른 극단으로 확장되는) '다른 많은 가능성'을 갖지 못한다. 따라서 그는 '그 길을 곡해한다'. 진정한 중간은 지혜가 갖는 중간으로서 변화 가능한 중간이다. 즉, 이 중간은 한 측면에서 대립되는 다른 측면으로 흔들릴 수 있음으로 마주치는 것이며 ('저울權'이 한쪽으로 혹은 다른 쪽으로 기우는 것에 따라서) 끝없이 동화될 수 있는 것이다. 다시 말해 **완전한 일치**의 중용이란 그 자체는 (현실세계가 멈추지 않는 것과 마찬가지로) 결코 정지하지 않으며, 안정적이지 않으며, 한정되지 않는다. 또한 중용이란 어떤 특정한 방식으로 항상 미공개inédit로 남는다. 다시 말해 중용은 바로 진리가 될 수

* 『맹자』, 「진심」上, 26.

없다.

바로 이 중용을 조절의 지속적인 균형 속에서 '취하지' 않는 사람은, 필요할 경우 자신이 만드는 측면에 그리고 한 측면과 마찬가지로 다른 측면에 있도록 허용함으로써 필연적으로 하나 혹은 다른 하나의, 즉 '경직된 극단異端'의 '관점'에 위치하는 것이다.* 사람들은 자신의 입장 속에서 경직된 이러한 극단을 직접적으로 거부할 수 없을 것이다. 왜냐하면 그것은 우리를 하나의 역전된, 즉 반대되는 입장처럼 편파적인 입장 속에 고정시킬 것이기 때문이다. 이와는 반대로, 반대되는 입장에 자신의 입장을 대립시키는 대면이 실행되도록 내버려두는 것으로 충분하다. 이렇게 해서 그 입장들은 스스로 차례차례 그것들의 편파성을 드러내는 것이다. 중국의 지혜는 항상 그런 동일한 유희를 다시 실행시킬 것이다. 다시 말해 적대자에 대한 반박을 시도하기 위해서 적대자와 투쟁하기보다는, 또한 사람들이 자신의 입장 속에 있음으로써 스스로 대립적이고 완고해지기보다는, 과거에 그러했던 것처럼 편파적이 되기보다는, 자신의 논증에 반대할 수 있는 논증을 만남으로써 이 전술은 적대자를 또 다른 적대자와 대치하도록 만드는 것이며, 그들의 입장들을 재구성함으로써 이러한 방식을 통해 서로 대립하는 그들의 입장들이 한 입장에는 다른 입장에 부족한 것을 볼 수 있도록 해주는 것이며, 그 역도 마찬가지다. 이렇게 해서 서로 등을 지도록 만들어진 두 입장이 그들의 추론에 의해서 서로

---

*『논어』, 「위정」, 16: 선생님께서 말씀하셨다. "이단異端을 전공하면 해害가 될 뿐이다." 子曰, 攻乎異端, 斯害也己(성백효)

파괴되는 것이 아니라(이것은 우리를 그리스인의 자가당착으로 인도할 것이다), 그들의 대면이라는 유일한 사태로부터 그 두 입장이 각각의 입장을 하나의 측면으로 드러내는 것이다. 따라서 자기 자신은 다른 측면에 있다는 것을 드러내는 것이다.

맹자는 바로 이와 같이 행했다. 맹자는 오래된 도덕주의자(양주)*를 산산조각 낸 당시의 자연주의적 사상가들에게 대답하는 대신에, 그들을 묵가에 반대하도록 자극했다. 자연주의자는 '이타주의자인' 묵가와 대항한 '개인주의자'가 될 것이다. 논쟁에 의해서가 아니라 이러한 단순한 입장에 의해서 맹자는 이러한 지형학 속에서 그들 사이의 중용을 차지할 수 있었던 것이다. 즉, 필요할 경우 어떤 사람처럼 개인주의자가 되고, 마찬가지로 그러한 일이 필요할 경우 다른 사람처럼 이타주의자가 되는 것이다. 맹자는 토론을 피하라고 강조한다.** 다시 말해서 한쪽으로 갔던 사람(예를 들면, 묵가의 측면에서 보면

* 중국 전국시대(기원전 403~기원전 221) 초기의 도가 철학자. 양자·양자거楊子居·양생楊生 이라고도 한다. 위魏나라 사람으로 중국 역사에서 철저한 개인주의자이며 쾌락주의자라는 비난을 받았다. 이는 그가 '각자 자신만을 위한다'는 위아설爲我說을 제창했다고 맹자가 비난한 데서 비롯되었다. 맹자는 "털 하나를 뽑아 온 천하가 이롭게 된다 하더라도 그렇게 하지 않는다拔一毛而利天下不爲."라고 양주를 평하며 그의 이기주의를 비난했다. 그러나 전해지는 그의 말들을 모아보면 맹자의 이런 평가가 그의 사상을 얼마나 잘 이해한 것인지 의문이 생긴다. 양주는 방종과 방탕이 아닌 자연주의의 옹호자였다. "삶을 대하는 유일한 방식은 방해하지 말고 그대로 내버려두는 것이다"라고 하여, 즐겁게 사는 것은 자연스럽게 사는 것이며 이는 자신에게 달려 있는 것이라고 주장했다. 지나친 탐닉은 지나친 자기 억제와 마찬가지로 자연을 거스르는 것이고 남을 돕든 침해하든 간에 남의 일에 끼어드는 것은 무의미한 일이라고 했다.─역자주

** 『맹자』, 「진심」 下, 26: 맹자께서 말씀하였다. "묵적墨翟에서 도피하면 반드시 양주楊朱로 돌아가고, 양주에서 도피하면 반드시 유학儒學으로 돌아올 것이니, 돌아오면 받아줄 뿐이다. 지금 양주·묵적의 학자들과 변론하는 것은 마치 뛰쳐나간 돼지를 좇는 것과 같으니, 이미

우선 사람들이 어떤 대가를 치르더라도 세상의 선을 만들려고 한다는 것에 경사되어 있듯이)들이 다른 쪽(반대로 양주 같은 자연주의의 측면으로서, 헛된 환상을 버림으로써 사람들은 자신의 개인성으로 후퇴한다)에서는 당연히 요동치도록 내버려두는 것으로 충분하다. 그 결과 그들은 '그들 자신들로부터' 중용의 입장, 학식 있는 자의 입장에 '이른다'. 그들 자신들로부터라는 표현은, 즉 대립된 입장들 사이의 균형 잡기의 논리에 의해서라는 뜻이다. 균형의 논리와 대면해서 토론은 무용한 것이다. 토론은 이러한 조절적인 내재성을 방해하는 것이다. "현재 개인주의자, 묵가와 논쟁을 벌이는 자들은 마치 그들이 빠져나가는 한 마리 돼지를 쫓는 것과 마찬가지며, 또한 그 돼지가 외양간에 들어갔음에도 더욱 돼지의 발을 묶으려고 하는 것과 같을 것이다."

더 후기의 신유학자들이 종종 같은 일을 하게 될 것이다. 다시 말해 불교를 직접적으로 반박하기보다는, 그들이 불교에 반대하여 반응하는 것은 불가피한 것이었음에도 불가와 도가가 대면하도록 만들었다. 그 대면에서 각자 상대와는 대립되는 입장을 차지함으로써 그들은 자신의 편파성을 서로 강조한다. 따라서 불가와 도가는 한편 혹은 다른 편에서 일탈한 것처럼 보였던 것이며, 그렇게 되면 유가가 바로 중용의 길을 구현하게 되는 것이다. 그 길은 어떤 측면으로도 빠져들지 않는 것이다.

따라서 지혜의 반대 항은 거짓이 아니라 편파적인 것이다. 지혜 속

그 우리로 돌아오거든 또 따라서 발을 묶어놓는구나."孟子曰, 逃墨必歸於楊, 逃楊必歸於儒, 歸斯受之而已矣. 今之與楊墨辯者, 如追放豚, 旣入其苙, 又從而招之(성백효)

에서 완전한 합치의 중용이 진리의 역할을 대신하는 것과 마찬가지로, 편파성은 철학에서 오류가 차지하고 있는 중요성을 갖고 있다. 맹자가 주장하는 것처럼,[*] 타인의 '담론들을 이해하는 것' 그리고 여러 학파들 사이의 토론에서 적대적인 입장들을 드러내는 것[**]은 그들의 이론이 거짓이라고 증명하는 것이 아니라, 그 이론들에서 결핍된 것을 강조하고 따라서 그 결핍된 것들이 어떻게 발생하는지를 보여주는 것이다.

우리는 그 사실을 기원전 3세기의 순자에게서도 검증할 수 있을 것이다. 순자는 묵가와 동시대를 살았으며 추론의 논리적 엄격성에 매우 예민했으며, 고대 중국에서 논박의 실천을 가장 잘 발전시킨 인물이다.[***] 순자는 마음의 '통치적' 역할에 가치를 두었음에도 불구하고(마음은 "명령들을 내놓는 것이지 명령을 받은 것이 아니다"),[****] 그리고 마음이 갖는 순수한 인식의 기능에 가치를 두었음에도 불구하고 마음의 자율적인 심급을 인정한다. 마음이 마음 자체로 금지하고 혹은 행위하도록 만들고, 황홀하게 하거나 선택하고, 실행하거나 혹은 멈춘다. 그리고 그 심급의 동의하는 능력은 자유로운 것이다. "사람들은 마음이 의견을 바꾸도록 강제할 수 없다." "만일 마음이 그것이 정당하다고 생각한다면, 마음은 그것을 수용한다. 만일 그것이 거짓

[*] 『맹자』, 「공손추」上, 2.

[**] 『맹자』, 「등문공滕文公」下, 9.

[***] 인간의 '악한 성품'에 대한 그의 논증은 맹자에 대한 논박이다. 프랑수아 줄리앙, 『도덕의 기초를 세우다Fonder la morale』, 5장.

[****] 순자와 관련된 부분은 『순자』, 「해폐解蔽」편 참조.

이라고 생각한다면, 마음은 그것을 거부한다." 그리고 "그 필연성은 마음이 마음 자체에서 알고 있는 것이다." 유학파에 속했음에도 이 사상가는 사유를 위협한 악을 거짓의 범주에 의해서가 아니라 편파적인 것의 범주에 따라 정의하고 있다.[*] 실제로 순자는 다음과 같이 시작하고 있다. "일반적으로 인간의 불행은 그들이 특별한 외관에 의해서 맹목적이 된 마음을 가지고 있다는 것에서 기인하며, 따라서 그들이 통일성의 논리를 모호한 채로 남겨두고 있다는 것에서 기인하는 것이다凡人之患, 蔽於一曲, 而闇於大理.[**] 하나의 관점에 집중함으로써 인간은 현실의 총체적인 차원을 놓친다. 정확하게 말하면, 그들이 속았기 때문이 아니라(이러한 관점 역시 사실이기 때문에), 오히려 그들이 현실에 의해서 마음이 혼미하게 되도록 내버려두었기 때문이다. 이로부터 사회공동체의 대립과 사유의 무질서가 탄생했다. 그런데 그러한 편파성은 어디에서 기인한 것인가? 각자가 "개인적으로 자신이 축적했던 것에 집착함으로써", (경험은 그 자체로 효과적인 것이기 때문에) 그리고 이후로 더욱 "의존함으로써", "더 이상 타인이 자신에 대해 악하게 말하는 것을 듣는 것 이외에는 어떤 다른 두려움도 갖지 않는다는" 것, 그리고 "더욱 중단 없이 자기 스스로가 옳다고 여기는 것"에서 기인하는 것이다. 그때부터 사람들은 다른 양상들을 희생시켜서라도 사물의 한 양상에만 더욱 주의를 기울일 뿐이다. 즉, 사람들은 자신의 '욕망'만 혹은 자신의 '혐오감'만 볼 뿐이며, 사물의 '시작'만

---

[*] 『순자』, 「해폐」편 참조

[**] [무릇 사람들의 근심은 한쪽 모퉁이에 가려져서 천리에 어둡게 되는 것에서 온다.]—역자주

혹은 사물의 '끝'만 볼 뿐이다. 하나를 봄으로써 사람들은 더 이상 다른 것을 보지 못한다. 그리고 "모든 것이 나머지 것과 다른 것처럼, 모든 것이 상호적으로 서로를 가린다".

여러 학파들 사이에서도 마찬가지 상황이 벌어진다. 묵가는 '실용적인 것'에 눈이 먼 마음을 가지고 있으며, 따라서 더 이상 '문화적인 것'을 의식하지 못한다. 다른 학파(송견宋銒, 반전론자)는 욕망의 감소에 눈이 먼 마음을 가지고 있으며, 따라서 욕망의 만족을 잃게 된다. 또 다른 학파(신도愼到, '법가')는 모든 사람들에 부가된 규범에 눈이 먼 마음을 가지고 있으며, 따라서 개인적 가치를 잃게 된다. 또 다른 입장(신불해申不害, 법가)은 권력의 지위에 눈이 먼 마음을 가지고 있으며, 따라서 식견을 갖추는 것의 필요성을 잃게 된다. 또한 다른 학파(혜시, 궤변론자)는 말에 의해 그리고 역설에 대한 취향에 의해 눈이 먼 마음을 가지고 있으며, 따라서 현실성을 잃게 된다. 마지막으로 또 다른 학파(장자, 도가)는 자연적인 것에 눈이 먼 마음을 가지고 있으며, 따라서 인간적인 것의 영역을 잃게 된다.

모든 학파들이 옳다. 하지만 그것은 특정한 관점에서 옳다. 그들 중 누구도 잘못을 저지른 것은 아니다. 하지만 그들 모두는 단순화시킨 것이다. 다시 말해 그들은 거짓을 참으로 삼지는 않았지만, "일부coin"를 전체로 삼았다. 매번 그들의 마음은 사물이 갖는 하나의 양상으로 "만족하고 있다". 반면에 "길voie" 자체는 조절의 "항구성" 속에서 그러한 여러 다양한 양상들 각각의 "끝까지 나아간다". 이 양상들은 "변화"의 가능성들만큼이나 존재하는 것이다道者, 體常而盡變. 또한 단지 하나의 양상만을 봄으로써 그 사상가들 각자는 진정으로 도를

"가치 있게 만드는 것을" 할 수 없었다. 다시 말하면 도의 충만함을 만드는 편차에 따라서, 그리고 각 사상가는 자신이 집착하는 도의 양상을 "치장하는" 것에 만족하는 것이다.

　다른 사상가들과는 달리, 그리고 그들 모두로부터 자신을 제외하면서 공자는 자신이 개인적 경험으로 축적해놓았던 것에 의해서 눈이 멀도록 내버려두지 않으며, 길의 '총체성'에 다가가는 것이다周道. 왜냐하면 공자는 그 무엇에도 반대하지 않기 때문이다. 자신의 욕망에도, 자신의 반감에도, 사물의 시작에도 끝에도 반대하지 않기 때문이다. 그는 "모든 존재자를 동시에 펼쳐 놓는다". 그들을 매번 "저울"(완전한 합치의 중용)과 "일치하게" 만듦으로써 그러하다. 그러므로 "사물의 모든 다양한 양상은 더 이상 서로 서로를 감추지 않는다". "저울은 그 길이다."

7

　'길'에 대한 이러한 주제 위에서, 우리는 사유의 만장일치에 대해 생각할 수 있을지도 모르겠다. 이러한 주제가 모든 문화 속에서 다시 발견되는 것처럼, 우리는 그것에서 문화들 사이에 놓인 하나의 다리를 볼 수도 있을 것이다. 철학의 시작이기도 한 파르메니데스의 시 앞부분에서 "신적인 것에 대한 계시들로 풍성한" 그 길은 "모든 것 위에서" 진리를, 존재Être 위에서 진리를 탄생시킬 여신으로 이끄는 길이다. 공론들이 투쟁하는 작업장과는 떨어져서 그 길은 "빛으로 향하도록" 이끈다.

성서의 전통 속에서도 마찬가지다. 그리고 이러한 놀라운 근접은 여러 전통들의 내부에서 우리가 결국 히브리적인 것과 그리스적인 것, 그 두 가지 것의 외부를 발견한다는 것을 정당화시켜줄 것이다. 왜냐하면 성서 속에서도 그 길은 진리와 평행하여 놓여 있기 때문이다.[*] 그리고 신약성서 속에서 그 길은 법에 대한 부합이라기보다 계시를 향한 길이다. 즉, "나는 길이요, 진리요, 생명이다".[**] 사람들은 그 길과 진리가 생명(영원한 생명, 신들의 양식)으로 이끈다는 것을 알고 있다. 혹은 그 길이 진리로 이끄는 동시에 생명으로 이끈다는 것을 알고 있다.[***] 혹은 진리와 생명은 그 길에 대한 설명일 뿐이라는 것, 그 길은 항상 단지 그 길의 끝과 관련해서만 이해되었다는 것을 알고 있다. 즉, 그 길은 "아버지에게로 향하는" 노정인 것이다. 따라서 "그 누구도 나를 통하지 않고는 아버지께로 올 자가 없느니라".

그런데 만일 지혜도 마찬가지로 길의 이미지를 사용하는 것이라면, 그리고 심지어 중국의 전통 속에서 길의 주요 개념(道)이 이미지를 만들어낸다면, 그것은 길에 대한 이해를 다른 식으로 방향 설정하는 것이 된다. 혹은 오히려 길에 대한 이해의 방향을 설정하지 못하는 것이 된다. 철학적인 혹은 종교적인, 그리스적인 혹은 성서적인 길이, 게다가 두 경우에 그 길이 아무리 차이가 있다고 하더라도 (신으로 혹은 진리로) 이끄는 반면, 지혜가 추천하는 길은 아무것으로도 이끌지

---

[*] 「시편」, 86.

[**] 「요한복음」, 14. "hodos, aletheia, zôe."

[***] 알렉산드리아의 클레멘스Saint Clment d'Alexandrie, 어거스틴Saint Augustin.

않으며, 길의 끝은 진리─계시 혹은 드러냄─가 아니다. 지혜의 눈으로 보면 '길'을 만드는 것은 길의 **실현 가능한** 특징이다. 길은 하나의 목적으로 향하도록 이끌지 않는다. 하지만 사람들이 지나갈 수 있는 것은 바로 길을 통하는 것이며, 사람들이 끝없이 지나갈 수 있는 것도 바로 길을 통해서다. 따라서 사람들은 항상 앞으로 나아갈 수 있는 것이다. 정체되지 않고 그 노정이 막히지 않고 말이다. 그 길은 실천적인 길이다. 즉, '하늘의 길'은 그것을 통해서 현실세계가 끝없이 조화를 이루면서, 따라서 결코 일탈하지 않으면서 끝없이 지나갈 수 있는 것이다. 그 결과 사물들의 흐름은 목적 없이 새로운 모습을 갖기를 지속한다["계절은 스스로의 흐름을 뒤따른다. 모든 존재자(생명)들은 번성한다四時行焉, 百物生焉" 참조].[*] '사람의 길'은 존재하며, 그곳으로부터 사람이 끝없이 지나갈 수 있다. 중용의 요구를 뒤따름으로써 그리고 결코 편파성에 잠기지 않으면서 말이다. 행동의 편파성 속에 잠기지도 않으며, 따라서 성격의 편파성 속에 잠기지도 않는다. 다시 말해 결코 확정적으로 '비타협적'이거나 '타협적'이지도 않게 된다. 고전적인 양자택일에 따르면, '참여하지도' 혹은 '물러서지도' 않는다. 다시 말하면 항상 다른 것이 되는 것과 마찬가지로 하나가 된다는 것을 증명한다. 바로 그 순간에 하나에 의해서 혹은 다른 것에 의해서 지나가야 하는 것에 따른다. 또한 사유의 편파성 속에 잠기지도 않는다. 즉, 결코 하나의 관념에 집착하지도 않으며, 하나의 고정된 입장 속에서 굳어지지도, 하나의 개별적인 자아 속에 매몰되지도 않는다.

_* 『논어』, 「양화」, 19: [사시四時가 운행運行되고 온갖 만물이 생장生長하는데](성백효)

"중용은 세상의 근간이고, 조화는 그 세상의 길이다中也者, 天下之大本也, 和也者, 天下之達道也"라고 현자는 말한다.* '양자택일有道 無道'만이 있다. 다시 말해, 만일 세상이 '도를 따른다면' 세상은 '질서에' 속하는 것이다. 만일 세상이 도를 따르지 않는다면 세상은 '무질서'에 속하는 것이다. 세상 혹은 행위의 흐름과 관련된 것이기 때문에天道 人道, 그것들의 이해는 동일하다. 다시 말해 그 흐름은 단지 끝없이 따를 수 있을 때에만, 그 운행이 끝없이 지속될 때에만, 한편으로 혹은 다른 편으로 일탈하지 않는다.

따라서 지혜의 이와 같은 길은 고유한 쇄신 이외에는 다른 목적을 가질 수 없다. 목적성을 알지 못하기 때문에, 좀 더 정확히 말해 자신에 대해서 무관심하게 남아 있기 때문에, 절대적인 앎도 안녕도 고려하지 않기 때문에, 지혜의 길은 계시로 이끄는 길이 아니다. 하지만 그 길은 조절이 작동되는 길이다. 조절이란 흐름 속의, 변화 속의 조화이다. 지혜의 길은 **무엇으로 향하는** 길이 아니라, **무엇으로부터의** (그것으로부터 균형이 유지되는) 길이다. 지혜의 길은 그것을 통해 '좋은ça va' 길이며, 그것을 통해 그것이 '가능한' 길이고, 그것을 통해 그것이 실현 가능한 길이다. 즉, 그곳을 통해 행위의 흐름은 세상의 흐름과는 달리 끝없이 매 '순간' 현실이 요구하는 것과 동의하게 되는 것이다. 지혜의 길은 진리로 이끌기보다는 바로 지혜의 길을 통해서 합일이 실현되는 것이다.

그것의 이미지는, 우리가 앞서 살펴보았듯이, 저울이다. 따라서 그

---

* 『중용』, 1: [중中은 천하의 큰 근본이요, 화和는 천하의 공통된 도道이다.](성백효)

이미지는 두 가지 것을 동시에 말하고 있다. 즉, 저울은 고정된 위치를 가지고 있지 않은 동시에 그것이 무게를 재야 하는 것에 따라서 변화하고, 따라서 균형은 항상 개별적이다. 마찬가지로 합일은 그 상황에 내재적인 하나의 적합성이며, 합일은 자신의 지평을 넘어서지 않는다. 그리고 다른 한편으로 그 저울은 한 방향으로 혹은 다른 방향으로 방향을 바꾼다. 저울은 고정된 위치를 가지고 있지 않다. 저울은 한편에 따라서 그리고 다른 한편에 따라서 항상 움직일 수 있다. 즉, 저울의 **진폭**은 온전한 것으로 남아 있다. 따라서 합일이 매번 작동될 수 있도록 허용하는 것은 바로 저울이다. 마찬가지로 지혜의 길은 어떤 측면에도 정지하지 않으면서도 항상 모든 가능성을 온전하게 유지하는 길이다. 즉, 가능성을 평등의 기반 위에서 유지한다. 지혜의 길을 **통해서 모든 것**은 개방된 채 남아 있다. 이 점에 지혜에 제기해야 할 것으로 남겨진 문제가 있다. 즉, 행동과 마찬가지로 사유에 대해서도 이러한 절대적인 **열림**을 어떻게 유지할 것인가 하는 문제이다. 다시 말해, 더 이상 **진리**가 아니라 사물의 어떠한 면도 잃지 않도록 허용하며, 그 무엇에 대해서도 (조금도) '닫히지' 않을 수 있도록 허용하는, 열림을 어떻게 유지할 것인가라는 문제이다.

　그 후로 '길'(**도**)의 사유가들을, 즉 도가 사상가들을 따름으로써 우리는 그 어떤 측면도 옆으로 제쳐두지 않는, 따라서 대립되는 여러 관점을 공존하게 만들어주는 것을 허용하는 그러한 비배제의 논리를 발전시킬 수 있게 될 것이다. 그렇다고 해서 고대 중국과 고대 그리스의 사유들 사이에 그러한 대조가 흑백(의 논리)으로 기술될 수 있는 것은 아니다. 특히 중국은 타인과는 거리두기를 추구하는, 따라서 신적인 것과의 만남으로 나아가기 위한 천국의 긴 산책이라는 주제를 알지 못했다. 그 주제는 파르메니데스의 시의 배경에 속했던 것이다. 또한 중국은 특히 굴원屈原의 「이별의 슬픔(이소離騷)」*에서 볼 수 있듯이 형상과 우주 속에서 샤먼을 끌어냈다. 비교학자들이 무언가 보충해줄 만한 것이 있을 것이다. 다시 말해 적어도 텍스트에서 이해된 모티브는 동일한 것이다. 장식은 거의 변한 것이 없다. 즉, 파르메니데스의 암말은 비취로 만든 용이 되었고, 마차 또한 하늘로 '돌진하며', 문이 하늘에서 드러난다.** 하지만 중국의 시에서 문은 그 무엇에도 열리지 않는다. 문은 어떤 계시로의 접근도 야기하지 않는다. 시선은 문턱에서 그친다. 즉, 시선은 중상모략으로 인하여 준엄하게 닫혀 있는 성문, 따라서 순수함에 불타는 신하가 군주의 곁으로 다가가는 것을 막고 있는 성문으로 되돌아온다. 중국의 전통은, 적어도 그 주변 지역(남쪽 지역, 즉 초楚나라와 오吳나라의 굴원과 장자)에서 보이는 오래된 샤먼적인 근간으로부터 요컨대 항상 정치적인 설명만 간직하고 있었다. 형이상학적인 발전에 자리가 주어지지 않았던 것이다.

서양의 사유에 대하여 거리를 둠으로써, 여기서는 중국을 통과함으로써 벌써 우리는 우리의 사유를 고무시켰던 역선力線을 더욱 잘 이해

---

* 굴원(기원전 343?~기원전 278?)은 중국 전국시대의 정치가이자 비극시인. 학식이 뛰어나 초나라 회왕懷王의 좌도左徒의 중책을 맡아 내정·외교에서 활약하기도 했다. 작품은 한부漢賦에게 영향을 주었고, 문학사에서뿐만 아니라 오늘날에도 높이 평가된다. 주요 작품에는 「어부사漁父辭」 등이 있다. 그의 시 다수가 『초사楚辭』에 실려 전해지고 있으며, 특히 「이소離騷」와 「구가九歌」가 유명하다. 그의 작품은 샤머니즘적 성향이 강하다.―역자주

** 『파르메니데스』 v. 11. 「이소」 v. 205. 또한 「요한복음」, 10: "나는 문이다. 나를 통해 들어가는 자는 구원을 얻을 것이다."

하게 될 것이다. 푸코에 따르면 하나의 문화 내부로부터 사람들은 그 문화를 만들어냈던 압력에, 그리고 이어서 그 문화를 특징지었던 단절에 더욱 민감해진다. 반면에 외부에서 거리를 두면 그 문화를 계속해서 관통했던 함축적으로 남아 있는 일관성들이 더욱 잘 보이게 된다. 이는 레비스트로스Claude Lévi-Strauss가 일러준 것이다. 우리는 중국을 통과하면서 우리가 떠났던 사유에 도움을 청할 때, 그리고 사유가 자기 앞에서 풍경처럼 펼쳐지는 것을 보기 시작할 때, 자기 자신은 더 이상 그 풍경에 완벽하게 거하지 않으면서도 사람들은 갑자기 다음과 같은 길에 놀라는 것이다. 즉, 그 길은 사람들이 그림 전체를 가로지르는 것으로 보는 것이며, 그 관점을 깊게 파고듦으로써 그림 저편에서는 잃게 되는 그것이 드러나는 것으로 보는 것이다. 그리고 그 길은 그때까지 우리의 사유를 끝없이 인도했던 것이다. 즉, 끝나지 않은 탐색의 여정이며, 진리의 탐색, 의미의 탐색인 것이다. 그것은 **진리**를 대신해 의미가 진리의 뒤를 잇기 때문에 '근대적인' 문제이다. 사람들은 형이상학으로부터 해석학으로 향하게 될 것이며, 존재론에서 가치론으로 향하게 될 것이다. 이는 사람들이 삶의 의미라고 말할 때와 마찬가지다. 우리가 스스로에게 제기하지 않을 수 없는 문제이긴 하지만, 우리는 중국으로부터 출발하여 그 문제가 개별적인 선택에 속하는 것으로 측정할 수 있는 문제이며(우리의 의미에 대한 형이상학은 진리의 형이상학의 맥을 잇고 있다), 따라서 적절성pertinence이 약화되는 것을 보게 되는 문제이다. 게다가 적절성을 중국어로 어떻게 번역할 것인가? 왜냐하면 우리는 언어학자의 도움으로 번역을 할 수는 있지만, 그렇다고 번역된 표현이 용인되는 것에 성공할 것인가? 다시 말해 중국으로부터 출발하여 그것을 고려할 때, 우리에게 강요되는 것처럼 보였던 '삶의 의미'에 관한 이러한 질문은 우리에게 더 이상 그 무엇도 말해 주는 것이 없다. 그 질문은 더 이상 우리에게 말하지 않는다. 지혜의 눈으로 보면, 삶의 의미라는 문제는 그 의미를 잃는다. 또한 현자는 더 이상 진리에도, 그 의미에도, 집착하지 않을 것이다.

그러므로 우리는 결국 다음과 같이 말할 수 있을 것이다. 즉, 현자 라는 것Est sage은 더 이상 의미의 문제를 제기하지 않는다. 신비로운 것 혹은 부조리한 것이라는 양자택일은 더 이상 그에게 말을 하지 않는다. 이러한 양자택일은 그에게 더 이상 사실 혹은 거짓의 양자택일에 대해서도 말하지 않을 것이다. 결국 현자에게 세상과 삶은 자명한 것이다. 현자는 사물은 그러하게 있다고 말하는 것에 만족하는 자이며, 따라서 그렇기 때문에 더 이상 그것을 말할 필요가 없는 자이다. 종교가 말하는 것처럼 자발적인 복종 속에서 이루어지는 '그렇게 될 것이다'가 아니며, 철학이 말하는 것처럼 놀랄 만한 도약 속에서 이루어지는 '왜 그렇게 되는가'도 아니다. 수락도 의문도 아니다. 하지만 단지 '그렇게 존재하는 것'이다. 현자란 (그것이) 그러함이라는 것을 실현시키기는 것에 도달한 자이다.

철학과 지혜의 차이

철학	지혜
하나의 관념에 집착	(특권적인) 관념이 없다. 도달한 입장이 없다. 특별한 자아가 없다. 모든 관념을 동일한 면에 위치시킨다.
철학은 역사적이다.	지혜는 역사가 없다. (우리는 지혜에 대한 하나의 역사를 기술할 수 없다.)
설명에 의한 발전(증명)	말의 다양성 (지혜는 되돌아가야 하는 것, '음미해야 하는' 것이다.)
보편성	총체성 (현자의 말은 항상 지혜의 전체를 말한다. 하지만 매번 개별적인 각도에서 그러하다.)
내재성의 측면(카오스를 단절)	내재성의 근간
담론(정의)	통찰(격려)
의미	명증성
난해하기 때문에 숨겨져 있음	명증하기 때문에 숨겨져 있음
인식하기	깨닫기('to realize'): 우리가 보는 것, 우리가 알고 있는 것을 자각하기
드러냄	조절
말하기	말해야 할 것이 아무것도 없음
진리	완전한 일치 (일치됨이란 주어진 하나의 상황에 완전하게 어울리는 것)

철학	지혜
존재, 주체의 범주	운행의 범주 (세상의 흐름, 이끎의 흐름)
자유	자발성('sponte sua')
과오	편파성 (사물의 한 가지 양상에 맹목적인 것이 됨으로써 사람들은 더 이상 다른 양상을 보지 못한다. 즉, 사람들은 단 하나의 '측면'만 보게 된다. 따라서 총체성을 보지 못한다.)
그 길은 진리로 이끈다.	그 길은 실현성viabilité에 있다. (그것을 통해 '그것이 나아가고' 그것이 '가능'하다.)

固定
觀念

'그러함'에의 접근에
대하여

내가 쓰는 각 문장은 항상 이미 전체를 겨냥한다.
따라서 동일한 것을 항상 새롭게 겨냥한다.
그러면 모든 문장들은 말하자면 단지 여러 각도에서 그려진
하나의 대상이 보여주는 여러 양상들에 불과할 뿐이다.

루드비히 비트겐슈타인, 『철학적 단상 Remarques mêlées』

네가 삶 속에서 만나는 문제의 해결책이란,
다름 아니라 바로 그 문제를 사라지게 할 수 있을
일종의 살아가는 방식이다.

같은 책

I
지혜는 여러 관점의 세분화 속에서 사라진다

1

지혜로운 것, 바로 이것이 필자의 두 번째 주장인데, 사물들의 그러함에 전적으로 개방되어 있으며 지속적으로 그것에 접근하는 것이다. 반면에 지혜를 잃는 것은 편파성 속에 잠기는 것이기 때문에 자신의 마음이 개인적 관점 속에서 구성되도록 내버려두는 것이다. 기원전 4세기의 도가 사상가인 장자에게 현자는 항상 동일한 것으로 머물러 있으며, 따라서 자신의 견해라고 말할 수도 있을 확고한 견해를 가지고 있지 않다.* 바로 장자가 고대 중국에서 도의 총체성을

---

* 『노자』, 49: 성인은 언제나 편견이나 고정관념이 없어서 백성의 마음으로 자기의 마음을 삼나니, 선한 사람을 내가 선하다고 여기며 선하지 않은 사람을 나도 선하게 하면 선을 얻을 것이고, 믿을 만한 사람을 내가 믿으며 믿을 만하지 않은 사람을 내가 또한 믿으면 믿음을 얻을 것이다. 성인은 천하에서 일정한 주견이 없는 듯 천하 사람을 위하여 그의 마음을 혼연일체가 되게 하며, 백성이 모두 성인을 위하여 귀와 눈을 기울일 때에는 성인이 그들을 모두 천진난만한 어린아이처럼 대하느니라. 聖人無常心, 以百姓心爲心. 善者吾善之, 不善者吾亦善之, 德善. 信者吾信之, 不信者吾亦信之, 德信. 聖人在天下, 歙歙爲天下渾其心, 聖人皆孩之(이강수)

더 이상 못 보게 만드는 여러 관점의 분열이 어디서 기인하는지를 가장 잘 밝혀 보여줄 것이다. 지혜의 상실은 그가 '성심成心', 즉 생겨난 마음이라고 (우리가 선입견을 가진 마음이라고 말하듯) 부르는 것과 관련이 있다. 다시 말해 '우리가 몸을 받게 되면' 그 몸을 '변화시키지' 않고 우리에게 '닥친' 그 몸을 '끝까지' 간직하는 것과 마찬가지로, 염려스러운 것은 우리의 마음이 '동하도록' 그리고 그 자체로는 항상 제약적인 특정한 방식으로 형성되도록 내버려두는 것에 있다.* 왜냐하면 지혜의 상실은, 바로 그러한 출현을 통해 우리에게서 다른 모든 가능한 출현들을 빼앗음으로써 우리가 사물을 다른 양상이 아닌 바로 이 양상으로 보도록 만들고 모든 다른 양상을 망각하도록 만들기 때문이다. 사물은 바로 이 양상에 의해 둘러싸인다. 그렇기 때문에 도가 사상가는, 우리의 마음속에서 하나의 방향이 정해지자마자 그 마음이 이해한 세계는 굳어지고 메말라진다고 주장한다. 때문에 현자는, 그리고 바로 그 현자가 우리의 출발점이었는데, 자신의 마음속에 어떠한 굴곡도 만들어지도록 내버려두지 않는다.

모든 결정은 부정négation이라고 서양의 고전 철학도 말하고 있다. 하지만 도가 사상가는 이러한 논리를 극단까지 밀고 나아갔다. 그는 그 논리를 실존 위에 투사한다. 즉, 어떤 것이 발생한다고 할 때 그것은 특정한 방식으로 발생한다. 따라서 다른 방식에 의한 것이 아니다. 그렇게 되면 바로 이 특정한 방식은 다른 방식들을 배제시킨다.

---

* 『장자』, 「제물론齊物論」, 56. 「제물론」은 『장자』 내편 7편 중 2장이다. 「제물론」과 관련된 인용은 이 책 뒷부분의 「중국학 참고문헌」 참조―역자주

이처럼 특정한 관점을 채택하는 사람은 다른 관점을 받아들이지 않는다. 우리는 하나의 '관점'이라고 말했다. 이것은 실제로 이러저러한 그리고 상대적으로 변하지 않는 한 지점과 관련되어 있다. 그 지점으로부터 출발해서 '그것'이 보인다. 하나의 전망을 취함으로써 하나의 관점은 다른 관점을 감추는 것이다. 바로 이 지점에서 보도록 만듦으로써 그 관점은 그것이 다른 지점들에서 어떻게 보일 수 있는지를 무시하도록 하는 것이다.

이 같은 관점의 오류는 우리를 사물의 변화에서 끌어내며, 사물을 하나의 풍경처럼 펼쳐놓는다. 그러한 관점의 오류는 특정한 방향 속에서 볼 것을 제시하는 동시에, 그것이 부당하게 취득한 헤게모니에 의해서 앞으로 돌출된 부분 덕분에 하나의 지평을 확정하고 결정한다. 관점의 오류는 사물뿐만 아니라 자기 자신의 '성향'을 '둘러싸고' '제한한다'라고 중국인 주해가 성현영成玄英은 말한다. 따라서 관점의 오류에 '매몰되고' '집착함'으로써 '사람들은 편파적인 시각에 불과한 것에 집착하는 것이다執一家之偏見'. 이미 맹자가 말했듯이 사람들은 '무엇에 집착한다'. 다시 말하면 일단 '전유물'로 '봉인'되고 구축되면 이러한 편파적인 시각이 한 '학파'의 사상이 되는 것이다.

바로 이러한 실현된 **생겨난 마음**으로부터 진리에 대한 판단이 발생했을 것이다. 왜냐하면 마음은 하나의 개별적인 성향을 채택함으로써 바로 그 성향에 따라 참과 거짓을 가르기 때문이다. 마음 자체가 생겨나는 방식에 따라 마음은 '그렇다' 혹은 '그렇지 않다'고, '그러하다' 혹은 '그러하지 않다'고 간주하게 될 것이다是非. 하나의 개별적인 관점 속에서 구성되는 우리의 마음이 보여주는 이와 같은 형성으로부터 그리고 그러한 형성을 가지고 각자는 한 명의 '스승'이 되며 판단의 지속적인 구분이 발생한다.* 또는 용어를 함축하여 이러한 사실을 좀 더 정확하게 말하면, 마음에 특정한 **분리된 입장**(dis-position ― 그것이 어떤 것이든― 이 있게 된 이후부터 그 마음은 스스로 **분리**(dis-jonctions)에 처해졌음을 알게 된다. 도가의 주장에 따르면, 만일 (아직은) '생겨난 마음'을 갖고 있지 않더라도 우리가 참과 거짓을 재단할 수 있다고 생각하는 것은 모순이 될 수도 있다. 그러나 반대의 의미로 볼 때 마음이 생겨난 이상 그 마음은 더 이상 단순한 양자택일(참·거짓, 선·악 등)에 의해서만 진행될 수는 없을 것이다. 그렇게 된다면 한 항은 단지 다른 항을 파괴함으로써만 보존되는 것이다. 즉, 분리의 제국에서는 모든 것이 이율배반적인 것이 되어버리기 때문에 '대립하는 것들'의 공존을 잃게 된다. 반면에 현실의 일관성은 바로 이러한 공존과 관련된다. 따라서 도의 사상가는 다음과 같이 질문한다.

> **길(도**(tao)), 진정한 도와 왜곡된 도가 있을 정도인데 어떻게 그것이 감춰져 있단 말인가. 말, 양자택일을 할 수 있을 정도인데 어떻게 말이 감춰져 있단 말인가. (왜냐하면) 길이란, 사람들이 갈 수 있기 때문에 그곳에 있지 않은가. 그렇다면 말이란 그것이 존재할 수 있기 때문에 정당하지 않은가 道惡乎隱而有眞僞. 言惡乎隱而有是非. 道惡乎往而不存. 言惡乎存而不可(『장자』, 「제물론」, 56).**

---

* 『장자』, 「제물론」, 56.

** [도는 어디에 가려진 채 진실과 허위가 나올까. 말은 어디에 가려진 채 시비가 나올까. 참된 도는 어디에나 다 있고, 소박한 말은 어디서나 받아들여진다.](안동림)

주해가 곽상郭象*이 도를 간략하게 딱 잘라 해결하는 것처럼, 도는 '도처에 존재한다'. 또한 사람들이 진정이라고 판단하는 것 속에서와 마찬가지로 진정하지 않다고 판단하는 것 속에도 도는 있다. 이러한 이유로 '진정한 것'도 없고 '왜곡된 것'도 없다. 그 차이는 인위적인 것이다. 마찬가지로 말은 항상 '정당한' 것이다. 다시 말해 말이 받아들여질 수 있는 하나의 특정한 관점이 항상 있는 것과 마찬가지다. 그렇기 때문에 우리는 '그렇다'와 '그렇지 않다'를 범주적으로 대립시킬 수 없다. 말과 마찬가지로 도와 관련해서 전체성totalité의 '은폐'로부터 단지 그 전체성의 한 측면만을 가지고 있는 분리들이 탄생했다. 혹은 반대로 말해서 사람들이 분리들을 만나기 때문에 사람들은 '도'에 다가서게 된다. 다시 말해 도란 전적으로 어떠한 측면에 속하는 것이 아니라는 점을 이해함으로써 사람들은 도가 편들지 않는다는 것을 이해하게 된다. 도는 아무것에도 등을 돌리지 않는다. 이를 통해서 사람들은 아무것도 버리지 않게 된다. 도의 사상가는 다음과 같이 말을 이어나가고 있다.

도는 사소한 출현들 속에 감춰져 있으며, 말은 논쟁의 만개 속에 감춰져 있다道隱於小成, 言隱於榮華(『장자』, 「제물론」).**

---

* 곽상(?~312)은 4세기 서진西晉시대의 인물로 장자의 저작에 처음으로 주석을 달았고, 장자의 위치를 도가사상의 원류로 끌어올렸다. 대표 저서로는 우리가 본문에서 인용하게 될 『장자주莊子注』가 있다.─역자주

** [도는 잔재주에 가려지고, 말은 화려한 수식에 파묻힌다.](안동림)

만일 도가 "'사소한 출현들' 속에 감춰져 있다道隱於小成"고 말해진다면, 그것은 단지 항상 '사소한' 출현만이 있다는 것이다. 모든 출현은 그 출현이 발생하는 동시에 배타적인 것이 되기 때문이다. 이것은 도가 협소한, 그리고 그 결과 환원적인 성향들 아래에 끊임없이 감춰진다는 것을 말하는 것으로 되돌아오며, 그 성향들에 의해 하나의 마음이 형태를 갖추게 되고 개별적인 관점 속에서 마음 자체가 만들어진다는 것이다. 말에 대해 말하자면, 말은 사람들이 논쟁들 중에 경쟁함으로써 '드러내는' 욕망에 의해 감춰진다. 다시 말해 사람들은 찬성할 수도 반대할 수도 있다. 각자는 '타자가 부정하는 것을 긍정하고, 타자가 긍정하는 것을 부정한다'. '유가'는 '묵가'와 정반대의 입장을 취하고 있다(라고 도가주의자들은 말한다). 그리고 '묵가'는 '유가'와 정반대의 입장을 취하고 있다. 따라서 논쟁은 끝이 없게 된다.

2

제자백가의 논쟁은 현실을 밝혀주는 대신에 오히려 그 현실을 '감추고 있다'. 왜냐하면 '진리'가 될 수 있는 것을 좀 더 가까이서 포착하는 대신에 그 진리에 모순을 도입시키는 것을 제안하는 것과 같이, 그 모순은 그들의 근본적인 통일성을 보지 못하게 만들며 화합을 불가능하게 만들어버리기 때문이리라. 모든 다양한, 즉 적대적인 입장들은 사실상 '비슷하다彿'. 다시 말해서 그 입장들 모두가 하나의 특정한 관점에서 보면 마찬가지로 정당하기 때문에, '생겨난 마음'이 매번 하나의 특정한 관점을 만들어내는 것이다. 만일 철학적 논쟁으로 인해 우리를 지혜와는 가장 멀리 갈라놓는다면, 그것은 그 논쟁이 하나의 입장과 다른 입장 사이에서 선택하도록 강요하는 것이리라. 왜냐하면 다양한 입장들이 작동된 분리들에 따라 서로 상반되기 때문이다. 한편 우리가 이 글을 시작하면서 보았듯이, 지혜는 평등에 비례하여 모든 입장을 유지하는 것이 될 것이다. 즉, 사람들이 일상적으로 말하듯이, 지혜로운 자는 각자가 어떻게 자신의 방식에 따라 옳은지를 알 수 있다. 각자는 자신의 관점으로 본 것에 따라 옳은 것이다. 왜냐하면 필연적으로 각자는 '어떤 것'을 보았기 때문이다. 혹은 어떻게 누군가가 아무것도 보지 못했을 수가 있단 말인가?

하지만 도가 사상가는 공론이 항상 거의 비슷한 방식으로 제대로 근거를 세우지 못하면서 막연히 예측하는 것에 만족했던 것을 정당화하려고 시도했다. 우리가 이제 읽기 시작한 장자는 「사물과 담론의 평등에 대하여」(혹은 '사물에 관한 담론들', 즉 「제물론」)를 썼다. 그 글에서 장자는 모든 담론이 '동등하다'는 것을, 고대 중국 말기에 벌어진 학파들 간의 격렬한 토론에 출구가 없음을 보여주려고 시도했다. 장자는 학파들 간의 토론을 아주 잘 알고 있었고, 실제로 (묵가가 발전시켰던) 논파법의 능력이 있었으며 (혜자* 같은) '소피스트(궤변가)'와 연관되어 있었다는 점에서 볼 때 그는 그만큼 더 흥미로운 사상가

---

* 혜자惠子(기원전 370?~기원전 310?)는 중국 전국시대의 정치가, 철학자로 본명은 시施. 송나라 사람으로 위나라의 재상이 되었다. 제자백가 중 명가名家의 대표적 인물로, 제논Zenon의 유명한 역설처럼 논란을 불러일으키는 여러 명제를 제시했다. 『장자』의 잡편 「천하天下」 편에 혜자의 명제가 전해지고 있다.─역자주

이다.

　서양에서는 종종 그를 '신비한' 사람이라고 생각했다. 하지만 이는 장자에게 성급하고 편의적으로 서양의 형이상학을 투사한 것이다. 다마시우스* 혹은 마이스터 에크하르트**와의 비교는 문장이나 이미지가 유사해 보이게 할 정도로 너무나 놀라운 것이지만(그만큼 우리의 문구와 심지어 상상력도 제약되어 있다), 여전히 불안정한 상황에 머물러 있다. 왜냐하면 도가 사상가는 존재의 문제도 신의 문제도 제기하지 않기 때문이다. 그리고 만약 여러 관점의 세분화 속에서 도의 '은폐'가 있다고 하더라도 도 자체는 은둔한 것도 아니며 숨은 것도 아니다. 신비와는 반대로 도는 명증성으로서 전개되는데, 우리가 행하는 분리들만이 명증성의 획득을 방해한다. 게다가 사람들은 장자를 비합리적이라고 규정했다. 하지만 이는 논증에 대해 보여준 그가 갖고 있던 고유한 관심을 고려하지 않았기 때문이다. 그와 동시에 이성(모순의 원칙으로 축소된)에 대한 너무나 협소한 개념에 그쳤기 때문이다. 왜냐하면 그의 입장은 어느 부분에서도 일관성이 있으며 그 어떤 예외적인 심지어 단순히 특권적인 경험도 포함하고 있지 않기 때문이다. 그리고 그의 사상에 구성상의 단절―개별적인 여러 관점이 갖는 '사소함'을 포기하도록 하기 위한(「소요유逍遙游」)―이 있다고 하더라도, 믿음으로의 이행이 있는 것은 아니다. 다시 말해 장자는 어떤 다른

---

* 다마시우스Damascius는 480년경 다마스커스에서 태어난 마지막 신플라톤주의자들 중 한 사람이다.―역자주

** 마이스터 에크하르트Maître Eckhart(1260~1328), 에크하르트 폰 호크하임이라고도 한다. 독일의 신학자, 철학자, 신비주의자이다.―역자주

세계도 언급하지 않으며, 우리로 하여금 무를 믿도록 하지도 않는다. 더 나아가 우리에게 무를 믿도록 하지 않는다는 것 자체, 즉 어떤 의미에서도 우리를 무로 향하게 만들지 않는다는 것, 우리를 어떤 특별한 관점으로 향하도록 하지 않는다는 것, 바로 그것이 장자가 우리에게 '길'을 실현하게 만드는 방법이다. 다시 말해서 그 길은 전체 속에 있으며 도처에 있지만(왜냐하면 항상 '실현 가능한 것'이 있기 때문에), 우리는 그 길을 끊임없이 분리하고 제한하려고 한다. 그렇기 때문에 최선의 것은 바로 그 속에서 드러난다. 따라서 지혜의 토대로 사용될 수 있는 '반反철학'은 자신의 한계를 향하지만, 끊임없이 철학에 용해될 수 있는 것으로 남아 있음으로 인해 그 자체 속에서 가장 잘 알아낼 수 있을 것이다.

3

사람들은 다음의 예에서 볼 수 있는 퇴조를 잃어버린 낙원으로 읽어서도 안 될 것이다.

고대인의 인식은 극단까지 도달했다. 어떤 극단인가. 사람들은 개별적인 존재자가 있지 않다고 생각했다. 즉, 극도의 완벽한 인식, 그래서 아무것도 덧붙일 게 없는 인식 말이다. 물론 이보다 한 단계 아래에서는 개별적인 존재자는 있지만 그들 사이에 경계는 없다고 생각했다. 이보다 한 단계 더 아래에서는 수많은 경계들이 있지만 분리는 없다고 생각했다. 도가 사라진 것은 바로 여러 분리들이 빛을 보게 됨으로써 일어났다. 그리고 도의 사라짐을 통해 선호하는 것들이 생겨났다古之人, 其知有所至矣. 惡乎至. 有以爲未始有物者, 至矣盡矣, 不可以加矣. 其次以爲有物矣, 而未始有封也. 其次以爲有封焉, 而未始有是非也. 是非之彰也, 道之所以虧也. 道之所以虧, 愛之所以成.*

인식의 (혹은 경험의) 황금기라는 표현에서 사람들이 귀착되기에 이르는 것은 바로 분리적 판단의 전前 단계이다. 또한 도가 사상가는 이러한 계보의 단계들을 하나씩 내려간다. 다시 말해서 시초에는 (최선의 것에는) 분화되지 않은 근거로서 지각된 단순한 존재l'existence가 '있다il y a'. 따라서 그 무엇도 그 존재로부터 아직은 뚜렷하게 드러나지 않는다. 이후 존재는 개별화되지만 여전히 분리되어 있는 ('일자'와 '타자'가 있기에 필요한) 것은 아니다. 이후 존재는 분리되지만 여전히 (하나 혹은 다른 것이 있듯) 배제가 있는 것은 아니다. (그러다가) 지혜의 악화라는 점진적인 구획의 끝에 분리가 등장한다. 즉, 분리는 모든 현실을 평등에 기초하여 포착하는 능력으로부터 점진적으로 우리를 떼어놓는 하나의 변화가 갖는 필연적인 종착점이다. 실제로 도가 사상가는 존재자를 그 자체 속에서 환영적인 것으로 선언하지는 않는다. 하지만 바로 이러한 세분화는 결국 다른 양상을 희생시켜서 하나

---

* 『장자』, 「제물론」, 74: [옛사람들은 예지叡智가 최고의 경지에 다다랐다. 어떤 경지인가. 애초 사물이란 없다고 생각하는 경지이다. 지극하고 완전하여 더 이상 아무것도 더할 수가 없다. 그다음 경지는 사물이 있다고 생각하지만 거기에 구별을 두지 않는 경지이다. 그다음은 구별이 있다고 생각하지만 거기에 시비를 고려하지 않는 경지이다. 시비가 나타나면 도가 파괴되는 원인이 되고, 도가 파괴되면 편애가 이루어지는 원인이 된다.](안동림)

의 양상을 더 선호하게끔 이끌 것이다. 왜냐하면 이러한 판단의 분리는 선호라는 '출현'과 함께 동반되기 때문이며, 따라서 이러한 출현은 도에 대한 '결핍'을 보여주는 것이다. 한 양상에 대한 '조명'은 다른 양상의 은폐와 함께하기 마련이다是非之彰也, 道之所以虧也.

　우리는 다음과 같은 등식으로 다시 돌아온다. 즉, 출현은 상실이다. 따라서 모든 개인화는 결여이다. 이로부터 선택이 정립된다. 가령 사람들이 발생하게 만드는 것을 선택한다고 가정해보자. 하지만 사람들은 이와 동시에 상실도 경험한다. 이는 거문고를 연주하는 음악가도 경험하는 것이다. 즉, 그 음악가는 연주할 때 이러저러한 음이 생겨나도록 만들면서 동시에 다른 모든 소리들을 포기한다. 그런데 가령 사람들이 발생하게 만드는 것을 삼간다고 가정해보자. 그는 어떤 소리도 잃지 않게 된다. 다시 말해 그때 음악가는 연주하는 것을 삼가게 되고, 그러면 하모니는 침묵하게 된다. 어떤 소리도 부각되지 않고서도, 어떤 소리도 선호되지 않으며 또한 어떤 소리도 배제되지 않는 것도 아니면서, 모든 소리들이 (동일한 차원에, 즉 침묵의 기반에) 포함된다. 다음에서 주해가 곽상이 분석한 것과 같은 것이다.

　사람들은 모든 소리를 발생하게끔 하는 데 이를 수는 없다. 관악기나 현악기를 연주할 때, 원하는 만큼의 손을 가질 수 있다고 해도 소용이 없을 것이다. 옆으로 제쳐두는 소리들이 많을 것이다. 악기를 연주하는 사람은 여러 소리들을 활용하고 싶어 한다. 하지만 여러 소리들이 이용될 때 동시에 다른 소리들은 포기되는 것도 있다. 반면에 만일 어떤 특별한 소리도 이용하지 않는다면 소리는 완벽해진다夫聲不可勝擧也.

故吹管操弦, 雖有繁手, 遺聲多矣. 而執籥鳴弦者, 欲以彰聲也. 彰聲而聲遺, 不彰聲而聲全(곽상, 『장자주』).

달리 말하면 하나의 소리를 내는 것, 특정한 음을 선택하는 것, 이는 구분을 행하는 것이다. 그리고 어떠한 소리도 만들어내지 않음으로써 소리가 '완벽해'지는 것과 마찬가지로, 사람들이 구분을 포기할 때 다른 곳에서 (그것은) 또한 '완벽해'진다. 현자가 자신의 침묵을 통해서 명증성을 경험하는 것("오동나무 한 그루에 등을 기댄 채" 논하는 궤변론자인 혜자와는 달리)과 마찬가지로 음악이 도를 이해하게 해주는 것도 침묵을 통해서—신비에 의한 것이 아닌—라는 것은 매우 논리적이기도 하다.* 그리고 앞으로 보겠지만, 음악에 대한 언급이 단지 하나의 예증인 것만은 아니다. 중국에는 존재론이 부재하기 때문에, 그리고 '즉자卽自'와 같은 담론의 진정한 대상이 부재하기 때문에, 우리가 오늘날 미학(여기서는 '무미건조함'의 미학)이라고 명명하는 것에 대해서는 간접적인 언어에 호소하는 것 이외에는 달리 방법이 없다. 비록 감각적인 것이 극단적으로는 미학(여기서는 그 산물의 부재)에 귀착되더라도 이는 '연주해야(깨달아야réaliser)' 하는 것에 이르기 위함이다.

---

* 이는 중국의 사상에서 볼 수 있는 공통된 생각인 것이지 역설은 아니다. 프랑수아 줄리앙, 『무미건조함에 대한 예찬Éloge de la fadeur』, 8장, 9장.

II

'타자'도 아니고 '자기'도 아니다

1

만약 '연주하다'라는 것이 순전히 개념적인 하나의 담론으로 충분하지 않다면 '연주하다'라는 것은 소통되지 않는 것이고(그것에는 음악과 같은 하나의 경험, 하지만 전혀 특권적이지 않은 경험이 필요하다), 반면에 철학적 토론에 내재된 악과 관련해서 도가 사상가는 정당한 비판에 전념하고 있는 것이다. 그는 하나의 관점이 발생하자마자 그 관점의 편파성을 이루는 것을 논리적으로 증명한다. 앞에서 소개한 구분에 대한 계보는 이에 대한 틀을 그리고 있다. 즉, (참된 혹은 거짓된) 판단이라는 **구분들**이 어디에서 기인하는지, 그리고 이 구분들이 왜 사라지는지를 더 잘 이해하기 위해서는, 이러한 구분 이전의 단계, 즉 **분리**의 단계로 거슬러 올라가야 한다. 우선 분리가 있어야 하며, 이후 하나의 구분이 가능하다. 그렇기 때문에 지혜가 사라지는 것은 바로 이러한 **분리**의 단계가 있고 난 이후이다.

왜냐하면 존재자가 따로따로 고려된 이후에야 일자가 있고 타자가 있으며, '이것彼'과 '저것此'이 있다고 도가 사상가는 우리에게 말한다. 만일 그 관계를 개별적인 존재자 각자의 고유한 관점에 따라 고려한다면, 타자가 있고 따라서 자기가 있는 것이다. 즉, "(타자에 대해) 타자가 아닌 동시에 (자기에 대해) 자기가 아닌 존재자는 없다物無非彼, 物無非是".* 그리므로 전체 속에서 고려된 존재existence와 구분될 때 모든 존재자existant는 관점의 이중성을 발생시킨다. 즉, 타자에 의해 드러난 것과 자기에 의해 드러낸 것, 즉 바로 이편에서 보인 것과 바로 저편에서 보인 것이 있다. 이로부터 인식의 일방성이, 그리고 이어서 인식의 편파성이 기인한다. 왜냐하면 "우리는 (타자의 측면인) 바로 저편으로부터 출발해서는 볼 수 없기 때문이다自彼則不見". 우리는 우리가 바로 이편에서 보는 것을 바로 저편에서는 보지 못한다. 그렇기 때문에 항상 "우리가 인식하는 것은 바로 이편으로부터 출발해서自知則知之"인 것이다. 즉, 각자는 자신의 관점에 따라서 **자기** 쪽에서 인식한다. 그 관점이 타인과의 그리고 자기와의 대면 속에서 취해질 때 인식은 서로 대립되기에 이르며, 각자는 자신이 '자기 쪽'(是의 보편적인 의미)에서 본 것을 '참'이라고 확신하고 다른 쪽에서만 본 것을 거짓이라고 거부하게 된다.

도가 사상가가 말하듯이 이와 같은 인식의 두 가지 측면 — 즉, 타자의 관점과 자기의 관점 — 을 특징짓는 것은, 철학의 논리를 가장 가까이 따라가는 것이다. 그 두 측면은 상호의존적이며 한 측은 다른 측 없이는 존재할 수 없으며(자기 없이는 타자도, 타자 없이는 자기도 없다),

---

*『장자』, 「제물론」, 66: [사물은 저것 아닌 것이 없고, 또 이것 아닌 것도 없다.](안동림)

동시에 양립 불가능한 것이기도 하다. 즉, '한 측이 나타날 때 다른 측은 사라진다'. 그 역도 마찬가지다. 이 두 측면은 상호적(두 가지 측면이라는 점에서)이며 동시에 배타적(사람들은 한 측면에서 볼 수도, 다른 측면에서 볼 수도 있기 때문에)이다. 이로부터 한쪽에서 실행된 구분적인 판단은 다른 쪽에서 실행된 구분적인 판단의 역이 된다. 그리고 이 두 판단들은 동일하게 적절한 것이다. 혹은 동일하게 적절하지 않은 것일 수도 있다. 이 점에서도 여전히 '공평한' 것이다.

왜냐하면 이 입장들은 상호적으로 변화 가능한 것들이기 때문이다. 즉, '(나의 관점에서의) 바로 이 측면은 또한 (타자의 관점에서의) 바로 저 측면이다是亦彼也, 彼亦是也'.* 그리고 그 역도 마찬가지다. 나의 이것은 그의 저것이며, 사람들은 자기 자신이 자기 자신에게는 자기인 타자의 타자이다. 따라서 이 두 측면은 그것들이 만들어내는 것과 같이 역전됨으로써 하나의 현실을 갖는 것인가라고 도가 사상가는 생각에 잠긴다. 이러한 관점들의 마주보기, '이것'과 '저것'의, 타자와 자기의 마주보기에서 빠져나오는 것이 오히려 나을 것이다.

바로 그것을 도가 사상가는 '도의 중심(축)', 즉 도추道樞라고 부른다. 즉, '그 중심(축)이 원의 중심에서 존재하게 될' 때 '그 중심(축)은 (상황이 요구하는 것에 대해) 계속 대답할 수 있다'. 저울의 이미지에서 중심축의 이미지에 이르기까지, 유가에서 도가에 이르기까지 동일한 기본적인 선택이 다시 발견된다. (모든 가능한 위치들을 포괄하기 때문에 위치 없는 위치로서의) 중심의 위치에 부여된 특권과 이와 동시에 적합

---

* [이것의 반대가 저것이고, 저것의 반대가 이것이다.]—역자주

함이라는 특별한 양태로서의 완전한 일치를 향하는 관심이 다시 발견된다. 그 동기에 대한 도가적인 독서들은 이에 대한 요구를 드러나게 만든다. 즉, 구분적인 판단들은 그 판단들 각각이 서로 역전되면서 비어 있는 것과 다름없는 '원의 중심에서' 한없이 (논쟁에 대한 거짓된 '고리'를 만들면서) 연속되는 동안에 이제는 더 이상 가능한 구분은 없으며 편차는 사라진다. 달리 말하면, 이 원은 문틀의 위쪽 혹은 아래쪽 부분에 뚫린 둥근 구멍과 같은 것이며, 중심축을 받아들임으로써 그 중심축이 제멋대로 회전하면서도 끝없이 완전한 일치를 이룰 수 있도록 해주며, '타자'의 관점과 마찬가지로 또한 '일자'의 관점을 드러내는 각 전망과 완전한 일치를 이룰 수 있도록 해준다. 왜냐하면 그 전망들은 모두가 (일자의 측 혹은 타자의 측에서) 서로 구분되기는커녕 중심축과 다름없는 원 속에서 서로 합쳐지기 때문이다.

실제로 한쪽 혹은 다른 쪽을 배제하지 않는 중심축은 항상 그것이 필요로 하는 측면으로 회전한다. 중심축에서 보면, 모든 측면은 평등하다. 심지어 중심축은, 정확하게 말해서 회전이 전체 속에서 완성될 때 더 이상 '측면'을 갖고 있지 않다. 이는 고정되어 있지만 부동성 속에서 완벽하게 유동적인 위치를 갖고 있지 않는 중심축이 계속해서 변화할 수 있기 때문에 가능한 것이다. 또한 그 무엇도 이러한 변화나 규칙이나 규범을 미리 결정하지 않을 때에만 가능하다. 중심축의 속성이 스스로에게 그 무엇도 강요하지는 않지만, 주입된 운동을 따르면서 매번 그 순간의 외력外力에 응답할 때에만 가능하다. 즉, 중심축의 속성이 진리에 대한 가장 보편적인 우리의 사유와 비교하여 완전한 일치를 명확하게 하는 것일 때에만 가능한 것이다.

2

사람들은 구분적인 판단에서 벗어나기를 갈구했던 모든 이들을 위협하는 함정을 알고 있다. 다시 말해서 구분을 거부하는 것은 여전히 구분적인 것이다(혹은 배제를 배제하는 것은 여전히 배제적인 것이다). 왜냐하면 구분을 거부하면서 사람들은 거부라는 유일한 사태로 인하여 거부된 작용을 다시 행하는 것이기 때문에 그 행위는 모순적인 것이다. 이러한 점에 대해 동서고금을 막론하고 논리학자들은 일치된 모습을 보이며, 자신의 적대자가 낙마하는 것을 차분하게 기다린다. 즉, "사람들이 거부할 수 있다는 것을 거부하는 것은 모순적인 것이다"라고 묵가는 철학적 논쟁에서 자신을 공격하는 도가를 향해 말한다. "만일 사람들이 자신의 고유한 논파법을 논박하지 않는다면, 그 사람은 또한 논파법의 원칙을 논박하지 않는 것이기 때문이다."* 아리스토텔레스 또한 마찬가지다. 즉, 모순의 원칙에 대한 부정은 그 부정 차제에 대한 부정을 야기한다. 물론 사람들은 말로써 모순의 원칙을 부정할 수는 있다. 하지만 그 원칙을 부정함으로써 사람들이 그 사실 자체에 의해서 자신의 고유한 부정을 부정하는 것처럼, 우리가 하는 말들은 더 이상 의미를 가지지 못한다.** 그런데 도가사상의 주해가는 이러한 관점에 경계를 게을리하지 않는다.*** 구분에 대한 거부 자체를 통해 구분의 함정에 다시 빠지지 않기 위해서 사람들은 구분의

---

* 『후기 묵가』 下, 71, 79.

** 아리스토텔레스 『형이상학』, 김재범 옮김, 책세상, 2009.—역자주

*** 곽상, 『장자주』, 79.

원칙에 집착하지 않는 만큼 비구분의 원칙에도 더 이상 집착하지 않게 될 것이다. 즉, 이 두 입장 중 어떤 것에도 빠져들지 않음으로써 사람들은 두 입장에 동일하게 열려 있을 수 있다. 그렇게 되면 그 입장들의 배척은 사라진다. 다음의 주해는 면밀히 읽어볼 필요가 있다.

일단 사람들이 참과 거짓의 구분을 없애면, 사람들은 또한 (구분에 대한) 이러한 없앰 또한 없애는 것이다. 즉, 그것을 없애면서 그리고 다시 한 번 (비구분) 그것 자체도 없애면서, 비구분에 도달하게 된다. 그렇게 되면 더 이상 없앰도 없으며, 또한 비없앰도 없다. 그러면 그 구분은 스스로 사라진다.

모순에 대한 이런 식의 해결은 필자에게는 철학과 비교하여 지혜가 채택한 과정의 전형으로 보인다. 왜냐하면 그것은 대립되는 두 항의 통일성이 재발견되는 어떤 상위 범주를 그 항들로부터 발견하기 위해서 대립되는 두 항을 변증법화하여 모순을 해결하는 것과 관련된 것이 아니라, 대치하고 있는 두 명제들 중 어떤 것에 의해서도 서로 독점되도록 내버려두지 않는 것과 관련된 것이기 때문이다. 그 명제들 사이에 자유롭게 변화할 수 있도록 하기 위해서이며, 그렇게 되면 더 이상 서로가 다른 측면에 복종되지 않게 되는 것이다. 우리가 이미 맹자에게서 보았듯이, 해답은 (어느 쪽에 대해서든) 집착하지 않음에 있는 것이다. 이러한 집착하지 않음은 그 사실 자체로부터 또한 포기하지 않음을 보여주는 것이다. 그리고 다른 쪽보다 한쪽이 더 우위에 있는 것도 아니다. 즉, 어떤 측면에도 매몰되도록 내버려두지 않으면서 그 측면들 중 어떤 측면도 포기하지 않게 될 것이다. 모순을 초월하게 해주는 사유의 진보에 의해 그 모순을 해결하는 대신에, 사람들은 진척된 입장들 중 어떤 입장에도 빠지지 않음으로써 자신의 뒤로 물러남에 의해서 그 모순을 없애버린다. 다시 말하면 모순 너머 어떤 곳에 도달한다고 주장하는 대신에, 모순 이편으로 퇴각한다고 그리고 그 모순에서 벗어난다고 주장하는 것이다. 즉, 입장들에 대한 종합은 없지만 (배타적이고 '정립된') '명제'로서의 입장들의 후퇴는 있다. 요컨대 하나의 우월한 진리에 대한 장려는 없지만 편들기의 부재를 통한 내적인 해방은 있다. 왜냐하면 내가 구분들을 없애기 때문이다. 그 구분들이 상대적인 동시에 모순적이다. 하지만 나는 그 구분들의 없앰 또한 없앤다. 왜냐하면 나는 구분에 대한 것 이상은 아니지만, 비구분을 통해서도 그 자체로 하나의 명제로 구성되고 그래서 그 자체에 의해서 구분적인 것이 되는 그러한 입장을 다시 만들고 싶지 않기 때문이다.

즉, 내가 자유롭게 구분들에 적합해지도록 해주는 것은, 구분들이 제공할 수 있는 사용을 위함인 것이다. 그리고 나는 더 이상 구분들에 의해서 갇히지도 않는다. 심지어 나는 내가 더 이상 구분들의 사용에 고정되지 않는 구분들의 편리함을 그만큼 더 향유한다. 사람들은 최초의 입장에 대한 없앰을 통해 최초의 입장(여기서는 구분)으로 되돌아올 수 있을까라고 자문할 수도 있다. 필자에게는 그 주해가가 그렇기도 하고 그렇지 않기도 하다고 대답하는 듯 보였다. 나는 특정한 방식으로 그 최초의 입장으로 되돌아온다. 하지만 그 방식은 더 이상 최초의 방식, 즉 자신의 관점 속에서 생겨나고 갇혀 있는 마음의 방식은 아니다. 스스로 자신을 없애는 이러한 없앰에 의해서 이제 더 이상은 '없앰도 비없앰도無遺無不遺' 존재하지 않는다. 즉, 어떤 측면에도 고정되지 않았기 때문에 나는 두 측면에 유연한 채로 남아 있는 것이며 두 측면에 동일하게 접근 가능한 것이다. 따라서 그때부터는 더 이상 내가 구분을 거부하는 것이 아니며, 따라서 구분을 거부하면서도 구분 속에서 이러한 사실을 유지하는 것이다. 하지만 구분 그 자체는 점유된 입장들의 사라짐에 의해서 스스로 사라져버린다. 달리 말하면 배제하는 것은 더 이상 내가 아니다. 배제가 해체되는 것이다. 이런 표현은 공자의 말과 일치된다. 즉, 나는 어떤 입장도 '고집하지' 않는다.* 만일 내가 그들 모두와 다르고 어떤 범주 속에도 들어가지 않는다면, 나에게는 원칙적으로 그 무엇도 가능하거나 가능하지 않은 것이 없으며, 해야 하거나 하지 말아야 하는 것이 없으며, 적합하거나 적합하지 않은 것이 없게 된다.** 참眞과 선善은 그 과정을 새롭게 만

---

* 『논어』, 「헌문」, 34: 미생묘微生畝가 공자께 말하였다. "구丘는 어찌하여 이리도 연연해하는가. 말재주를 구사하는 것이 아닌가?" 공자께서 말씀하셨다. "내 감히 말재주를 구사하려는 것이 아니라 고집불통固執不通을 미워하는 것입니다."微生畝謂孔子曰, 丘何爲是栖栖者與, 無乃爲佞乎. 孔子曰, 非敢爲佞也, 疾固也(성백효)

** 『논어』, 「헌문」, 8: 일민逸民은 백이伯夷와 숙제叔齊와 우중虞仲과 이일夷逸과 주장朱張과 유하혜柳下惠와 소련少連이었다. 선생님께서 말씀하셨다. "그 뜻을 굽히지 않고 그 몸을 욕되게 하지 않는 자는 백이와 숙제이다." 유하혜와 소련을 평評하시기를 "뜻을 굽히고 몸을 욕되게 하였으나, 말이 윤리에 맞으며 행실이 사려思慮에 맞았으니, 이런 점일 뿐이다"라고 하였다. 우중과 이일을 평하시기를 "숨어 살면서 말을 함부로 하였으나 몸은 깨끗함에 맞았고, 벼슬을 하지 않는 것은 권도權道에 맞았다. 나는 이와 달라서 가可한 것도 없고 불가不可한 것도 없다."逸民, 伯夷叔齊, 虞仲夷逸, 朱張柳下惠少連. 子曰, 不降其志, 不辱其身, 伯夷叔齊與. 謂柳下惠少連, 降志辱身矣, 言中倫, 行中慮, 其斯而已矣. 謂虞仲夷逸, 隱居放言, 身中淸, 廢中權. 我則異於是, 無可無不可(성백효)

들 것이다. 그 과정이란 다음과 같다. 즉, 이것은 이것이 아니다. 그럼에도 불구하고 결국 이것은 당연히 이것이다. 산은 산이 아니고 물은 물이 아니다. 하지만 또한 산은 산이고 물은 물이다山是非山 水是非水 山是山 水是水. 왜냐하면 현자가 보기에 이것은 더 이상 그 '이것' 속에 빠지지 않기 때문이다. 하지만 참·선 또한 다른 것이 아니다. 즉, 모든 거부로부터 해방되어 있는 참·선은 그렇다고 나머지와도 혼합되지 않는다. 하지만 참·선은 자신의 충만함 속에서 전개된다. 사람들은 참·선을 구속하고 완고하게 만드는 어떤 망도 더 이상 참·선에 투사하지 않음으로써 참·선을 그 자체로 발견하고, 마침내 그 참·선을 그것의 그러함 속에서 발견한다. 그렇게 되면 '그러하다' 혹은 '그러하지 않다'의 대립은 사라진다. 이는 도의 중심축에 대한 이미지에 여전히 더 적절성을 부여한다. 중심축의 속성은 어느 측면에도 고정되어 있지 않다. 중심축은 다른 측면과 마찬가지로 한 측면에서도 벗어나 있기 때문에 항상 한 측면 혹은 다른 측면으로 향할 준비가 되어 있는 것이다. 각 측면들이 서로 뒤집어짐으로써 구분적인 판단들이 형성하는 원의 중심에서, 사람들은 그 모든 판단들로부터 벗어나게 된다. 그러면 사람들이 더 이상 '구분적인 판단에 종속되지' 않는 것과 마찬가지로 사람들은 끝없이 그 판단들에 '대답하는' 것이 가능해진다樞始得其環中, 以應無窮. 是亦一無窮, 非亦一無窮也.* 이렇게 해서 아무 문제 없이 "세상의 구분을 사람들은 따른다".** 그리고 성현영에 따르면 "구분들을 떠

---

* 곽상, 『장자주』, 68.

** 곽상, 『장자주』, 74.

나지 않고서도 사람들은 비구분을 얻어낸다". 구분에 대한 (구분적인) 집요한 거부 속에 빠지는 것과는 달리, 현자는 어떤 구분에 의해서도 중단되고 고립되도록 내버려두지 않으면서 구분들에 의해서 넘어간 다. 현자는 자신이 복종하지 않는 구분의 논리와 더 이상 단절되지도 않는다. 현자는 자신의 합리성 속에 갇히는 것보다 더 '비합리적'이지 는 않다. 단순히 구분들이 가져다주는 것 — 구분들의 편리함 — 을 위해 서 여러 구분들을 이용할 뿐이다.

3

어쨌든 도가 사상가가 비구분에 어떤 한계도 가하지 않는 것에는 변함이 없다. 즉, 사람들이 존재가 빠지도록 내버려두었던 배제들을 경계하면서 현자는 존재의 효과를 가장 먼 곳에서 이용한다. 이처럼 지고의 구분을 가장 '비극적인 것', 즉 삶과 죽음의 구분을 축소시키 는 것이 바로 어느 시대이건 어느 장소이건 간에 특히 현자의 속성이 다. "삶에 대한 사랑이 잘못된 것인지 아닌지의 여부를, 그리고 죽음 에 대한 공포가 유년기에서 떨어져 나와 그곳으로 되돌아가는 길을 망각한 한 어른에게 속하는 것이 아닌지의 여부를 내가 어찌 알겠는 가予惡乎知說生之非惑邪. 予惡乎知惡死之非弱喪而不知歸者邪"[*]라고 도가 사상가

는 질문하고 있다. 만일 사람들이 사물에 대한 '순응성 속에 스스로를 위치시킨다면', 그리고 사람들이 '그 순간 속(위)에 일임한다면', 주해가가 주해한 것에 의하면, '더 이상 죽음과 삶을 구분하는 가능성은 없게 된다'. 현자가 '사물의 변동과 함께 단 하나의 신체를 만들어내듯이' 삶과 죽음은 현자에게는 '하나와 같은' 것이다.

이러한 비구분은 우리가 일반적으로 가장 의심의 여지가 없거나 모순이 없는 것으로 간주하는 것, 즉 우리 인격의 동일성에까지도 확장된다. 『장자』를 끝맺고 있는 그 글은 유명하다.* 즉, 전날 밤 장자는 자신이 마음대로 날아다니고 자신에 대한 의식은 전혀 가지고 있지 않은 나비였던 꿈을 꾼다. 그는 갑자기 꿈에서 깨어난다. 즉, 그는 잠자고 있던 장자였던 것이다. '그는 자신이 나비였던 것을 꿈꾸는 장자인지, 아니면 장자였던 것을 꿈꾸는 나비인지를 더 이상 알지 못한다.' 그는 분명 장자이고 나비이다. '따라서 그 둘 사이에는 필연적으로 구분이 있다'. 하지만 갑자기 깨어난 그 순간에, 꿈 이야기가 고려하고 있는 바로 그 순간에(한 상태에서 다른 상태로의 변환의 순간에 경험은 어떤 특별한 것도 가지고 있지 않다), 사람들은 그 중 어떤 것이 다른 것이 되었는지, 즉 어떤 것이 '이것'이고 어떤 것이 '저것'인지, 누가 '타자'이고 누가 '자기'인지 더 이상 알지 못한다. 이것이 바로

---

* 『장자』, 「제물론」, 112: 언제인가 장주는 나비가 된 꿈을 꾸었다. 훨훨 날아다니는 나비가 된 채 유쾌하게 즐기면서도 자기가 장주라는 것을 깨닫지 못하였다. 문득 깨어나 보니 틀림없는 장주가 아닌가. 도대체 장주가 꿈에 나비가 되었을까? 아니면 나비가 꿈에 장주가 된 것일까? 장주와 나비에는 반드시 구별이 있다. 이러한 변화를 물화物化라고 한다.[昔者莊周夢爲胡蝶, 栩栩然胡蝶也, 自喻適志與, 不知周也. 俄然覺, 則蘧蘧然周也. 不知周之夢爲胡蝶與, 胡蝶之夢爲周與. 周與胡蝶, 則必有分矣. 此之謂物化](안동림)

도가 사상가가 결론적으로 '존재자의 변화'라고 명명한 것이다.

이 표현에 대해 다시 살펴볼 것이다. 관점의 세분화는 그 변화 속에서 사라진다. 장자가 나비가 된 꿈을 꾸는 것인지 혹은 나비가 장자가 된 꿈을 꾸는 것인지와 같은 관점의 배제는 갑작스럽게 중단된다. 관점은 역전되고 입장이 동일해진다. 즉, 사람들은 총체적인 '시각'에 접근하는 것이다.

III

자기 자신의 그러함에 의해

1

    장자가 도움을 청하라고 지시한 '총체적인 시각以明'*에는 신비스러운 직관이 전혀 없다. 총체적인 시각은 '조명(영감, 계시)'이 아니다. 즉, 그것은 저 너머를 보는, 혹은 다른 것을 보는, 혹은 다른 식으로 보는 것과 관련된 것이 아니다. 오히려 그것은 다른 사람이 보는 것을 보는 것과 관련된다. 그리고 다른 사람이 보는 것처럼 보는 것과 관련된다. 더 이상 자신의 고유한 측면에서 보지 않는 것, 그렇기 때문에 일방적인 방식으로 보지 않는 것과 관련된다. 하지만 매번 현실

---

  * 『장자』, 「제물론」, 63, 66, 75: [상대가 나쁘다는 것을 좋다, 상대가 좋다는 것을 나쁘다고 한다면, 명지明智에 의거하는 것만 못하다.欲是其所非而非其所是, 則莫若以明] [옳다도 무한한 변화이며, 옳지 않다 또한 무한한 변화이다. 그러므로 '명지에 의거하는 것만 못하다'라 한다.是亦一無窮, 非亦一無窮也, 故曰莫若以明] [자기의 판단을 가하지 않고 평상시의 자연스러움에 맡기는 것, 이것을 참된 명지에 의거함이라고 한다.爲是不用而寓諸庸, 此之謂以明](안동림) 여기서 명明은 제물의 진리를 깨닫기 위한 절대적인 명지明智를 뜻한다. 인간적인 상대성을 초월하고 시비의 분별을 없애버린 경지, 즉 무위자연無爲自然의 절대적인 경지이다(안동림 역주, 『장자』, 현암사, 1993, 58쪽 참조)

이 전개되는 측면에서 보는 것과 관련된다. 물론 '객관적'이지는 않지만 — 그 목적이 인식에 있지 않기 때문에 — 존재와 관련해서 이해적인 방식으로 전개된다. 즉, 지혜란 언제나 정당화된 측면으로부터 보는 것이다.

총체성이 편파성에 대립되는 것과 마찬가지로 이러한 시각은 관점에 대립한다. 다시 말해 자신의 고유한 관점, 즉 생겨난 마음의 관점에 따라 각자를 보는 것 대신에, 그리고 그렇기 때문에 참과 거짓을, 선 혹은 악을 변화시키면서 존재를 해체하는, 즉 존재를 존재 자체와 대립시키는 것 대신에, 현자는 매번 완전한 합일이 일어나는 곳으로부터 본다. 현자의 시각은 조화和로운 것이다. 현자는 고정된 방식으로 보기는커녕 자신이 자신의 입장에 있을 것이라는 사실에 충실하기 때문에 그의 시각은 각 상황에 '대답하기' 위해서 회전하고 끊임없이 스스로 '순응한다順'. 또한 이러한 시각은 구분들 속으로 빠져들어가는 대신에 사물然의 '그러함'에 끊임없이 접근할 수 있게 된다. 이러한 시각은 매번 존재가 '자기 스스로 그러함에 따라自然' 자리 잡는 각도에서 존재자를 보는 것이다. 더 이상 그 무엇을 제쳐두는 것도 아니고 잃어버리는 것도 아니다.

주해가 곽상이 언급했듯이,* '생겨난 마음'의 반대인 완벽하게 '열린' 마음을 가진 자는 "세상의 구분들에 순응한다. 그러나 그 자신은 구분을 가지고 있지 않다. 열린 마음을 가진 자는 구분이라는 길을 따르지 않기 때문에 구분과 관련해서 그것이 적합하지 않은가를 의

---

* 곽상, 『장자주』, 67.

심할 필요도 없을 것이다". 그렇기 때문에 열린 마음을 가진 자는 "그 무엇에도 정신을 빼앗기지 않고서 자연히 그러한 것을 직접적으로 밝힌다".

하지만 '자연히 그러함'이란 어떤 것인가? 우리가 불가피하게 잘못 해석할 수 있는 개념(종교적 의미의 개념)을 사용하여, 도가 사상가는 그것을 '하늘의 그러함天然'이라고 말하고 있다. 이러한 잘못된 해석을 없애는 것, 즉 '하늘'과 신에 대한 격세유전적인 결합을 파기하는 것은 어렵기도 하다. 반면에 정확히 말해 이러한 사실로부터 중국적인 측면에서 보면 지혜는 스스로 근본적인 것이 되면서 종교를 방해하고 종교의 조건을 일소하는 것이다. "이러한 이유로 (어떤 구분이든 간에 그 구분들의 길을) 따라가는 대신에 현자는 하늘의 차원에서 그것을 밝힌다是以聖人不由, 而照之於天."* 실제로 우리가 기억해야 할 것은 중국인에게 실재는 과정에 의해서만 만들어진다는 사실과, 그들이 '하늘'이라고 부르는 것이 운행 중인 과정의 총체와 다름없으며, 동시에 그 과정의 충만한 법규와 다름없다는 사실이다.

주해가 성현영의 주석에 따르면, '하늘'은 '자기 스스로 그러함에 속하는' 것이다. 다른 식으로 말하면 장석창蔣錫昌** 같은 주해가에 따르면, 현자는 타자와 자신이 대립하는 길을, 바로 이것과 바로 저것

---

* 곽상, 『장자주』, 66: [이러한 이유로 성인聖人은 그런 방법에 의지하지 않고 그것을 하늘의 조명에 비추어 본다.]—역자주

** 해정海庭이라고도 한다. 별호는 사상思常이다. 그는 평생 노자·장자 사상을 연구하고 『노자교교老子校詁』와 『장자철학莊子哲學』을 집필했다. 그의 저서들은 노자와 장자를 연구하는 학자의 필수적인 참고문헌이다.—역자주

이 대립하는 길을 따르지 않는다. 하지만 현자는 항상 '자기 스스로 그러함에 따름으로써' 확언한다. 그러므로 '하늘'의 차원에서 '밝히는 것'은 어떤 초월적인 관점에 따라 밝히는 것이 아니라 오히려 그 반대이다. 그리고 이렇게까지 말할 수 있다면 심지어 반대되는 것의 중심에까지 이르는 것이다. 즉, 각각의 과정에 의해서 도입된 전망에 따라서 밝히는 것으로 이는 그 과정에 고유한 논리, 즉 내재성의 논리가 갖는 기능에 의한 것이다. 우리가 구분들의 인위성으로부터 빠져나오면 '하늘'의 바로 '그러함'이 우리에게 자연을 발견하게 해준다. 그것을 그 어떠한 (초자연적인 법칙에 따르는) 초월로 지칭하기는커녕 여기서의 '하늘'은 그것의 근간이 된다. 즉, 내재성의 근간인 것이다. 이로부터 법칙에 따르지만 그 법칙을 만들어내는, 그리고 심지어 그 법칙을 불가능한 것으로 만드는 사물의 '진정성'이 끝없이 이루어진다.

2

하지만 현자가 그것으로 접근하는 길을 열어준 – 마음을 '열어놓은' – 사물들의 이와 같은 '그러함'을 어떻게 실현할 (깨달을) 수 있는가? 혹은 (생겨난 마음의) 편견 없이 포착된 '자연'의 속성이자 '하늘'이 그 근간인 이와 같은 그 어떤 것은 무엇인가? 이러한 물음에 답하기 위해서는 다시 음악으로 돌아가서 그 내용이 들어 있는 초반부를 펼쳐볼 필요가 있다. 좀 더 정확하게 말해서 세 가지의 음악을 구분할 필요가 있다.* 첫째, 인간의 음악은 피리(퉁소) - 목신Pan의 피리와 같은 - 에서 나는 음악이다. 즉, 피리의 길이에 따라 달리 만들어지는 소리이다. 둘째, 땅의 음악은 바람이 만나는 모든 빈 공간 속에서 소리가 나는 바람의 음악이다. 자연을 강력하게 만들어주고 싶어하는 도가 사상가의 서술에 따르면, 산의 나무숲에서, 골짜기에서, 거대한 나무들이 내는 소리이다. 소리의 기복은 엄청날 정도로 다양하며, '콧구멍', '물컵', '귀', '물잔', '유발孔鉢', '연못', '도랑' 등에 따라 다르다. 이러한 것들을 통해서 땅의 음악이 '터져 나오고, 휙휙 소리를 내

---

* 『장자』, 「제물론」, 45: ["자네는 사람의 피리 소리는 들었어도 땅의 피리 소리는 못 들었을 거야. 설령 땅의 피리 소리는 들었더라도 하늘이 내는 피리 소리는 못 들었을 것이네." 자유子游가 말했다. "부디 그 도리를 말씀해주십시오." 자기子綦는 대답했다. "대지가 내쉬는 숨결을 바람이라고 하지. 그게 일지 않으면 그뿐이지만 일단 일었다 하면 온갖 구멍이 다 요란하게 울리지. 자네는 저 윙윙 울리는 소리를 들어봤겠지. 산림 높은 봉우리의 백 아름이나 되는 큰 나무 구멍은 코 같고 입 같고 귀 같고 옥로 같고 술잔 같고 절구 같고 깊은 웅덩이 같고 얕은 웅덩이 같고 거친 물소리 같고 씽씽 화살 나는 소리 같고 나직이 나무라는 소리 같다네. 훅 들이키는 소리, 외치는 듯한 소리, 울부짖는 듯한 소리, 웅웅 깊은 데서 울려 나는 소리 같다네. 앞바람이 가볍게 소리를 내면 뒤따르는 바람은 좀 더 무거운 소리를 낸다네. 바람이 살짝 불면 구멍들은 가볍게 응답하고, 바람이 사납게 불면 온갖 구멍들은 크게 화답하다가 사나운 바람이 그치면 구멍들은 고요해져 혼자 크게 흔들리기도 하고 가볍게 흔들리기도 하는 것을 보지 못했던가?" 자유가 말했다. "그렇다면 땅의 피리란 땅 위에 있는 온갖 구멍이 내는 소리이고, 사람의 피리란 대나무의 그것이군요. 그런데 하늘의 피리란 어떤 것입니까?" 자기가 대답했다. "하늘의 피리란 사람의 말이라네. 사람마다 하는 말이 각각 다르지만 스스로 소리를 내는 것이라네. 모두 스스로 얻은 소리인데 말소리를 내는 건 그 누구인가?"汝聞人籟而未聞地籟, 汝聞地籟而未聞天籟夫. 子游曰, 敢問其方. 子綦曰, 夫大塊噫氣, 其名爲風. 是唯無作, 作則萬竅怒呺. 而獨不聞之翏翏乎. 山林之畏佳, 大木百圍之竅穴, 似鼻, 似口, 似耳, 似枅, 似圈, 似臼, 似洼者, 似污者, 激者, 謞者, 叱者, 吸者, 叫者, 譹者, 突者, 咬者, 前者唱于而隨者唱喁. 泠風則小和, 飄風則大和, 厲風濟則衆竅爲虛. 而獨不見之調調之刁刁乎. 子游曰, 地籟則衆竅是已, 人籟則比竹是已. 敢問天籟. 子綦曰, 夫天籟者 吹萬不同, 而使其自己也, 咸其自取, 怒者其誰邪] (안동림)

고, 윙윙거리고, 부르고, 몰아치고, 으르렁대고, 신음한다'. 구멍의 종류만큼이나 소리의 유형이 있다. 바람이 부는 것을 음악적으로 들어야 하기 때문에, 사람들은 바람으로부터 휴! 호! 같은 의성어를 만들어낼 수 있는 것이다. '처음엔 휴라는 소리가 나왔다가 이윽고 호라는 소리가 나온다.' 미풍이 불 때 그 하모니는 눈에 띄지 않는다. 광풍이 불 때 그 하모니는 '거대하다'. 하지만 바람이 그치면 '모든 빈 공간은 빈다'. 침묵으로 돌아가는 것이다. 사람들은 단지 점점 더 부드럽게 계속해서 흔들리는 나뭇가지만을 보게 된다.

그렇다면 사람에 의해서 그리고 바람에 의해서 만들어진 음악 이외에 어떤 다른 음악이 있을까? 정확히 말해서 도가 사상가는 '하늘'의 음악이라고 덧붙이고 있다. 하지만 그것은 어떤 초자연적인 행위에 의해서 기인되는 것과는 거리가 멀다. 즉, 하늘의 음악은 그 무엇도 그 누구도 '불러일으킬' 수 없는 그런 것이다. 그곳에서 울리는 모든 소리는 무한히 '매번 다르기' 마련이다. 매번 '자신에 따라' 존재하기 때문에 그럴 수 있는 것이며, '모든 것들이 그것들 자체로부터 출발하여 그렇게 얻어지기使其自己也, 咸其自取' 때문에 그럴 수 있는 것이다. 이러한 진술이 단지 반복일 뿐이지만, 사람들은 그것에 관해서는 이것 이상 더 이야기할 수 없을 것이다. 이때 각각의 현실은 그 현실의 고유한 성향에 반향하게 된다. 진수창陳壽昌에 따르면 "빈 공간이 그렇게 존재하면 소리도 그렇게 존재한다". 따라서 이 '천상의' 소리가 또 다른 자연인 것은 아니며, '지상의' 혹은 '인간의' 소리와 또 다른 범주를 이루는 것도 아니다. 하지만 그 천상의 소리와 더불어 전망은 변화했다. 그 소리는 더 이상 (숨결과 바람에 대한) 의존 속에서가 아니라 내재성 속에서 이해된다. ('여러 관音들의 결합' 덕분에 만들어진) 인간의 소리에서 (모든 빈 공간들에 의해 만들어진) 지상의 소리로, 그리고 천상의 소리로 이행되면서 사람들은 더욱 자연성의 중심으로 – 더욱 근본으로 – 거슬러 올라가는 것이다.[*] 지상의 소리를 넘어선 하늘의 소리는 더 이상 생산된 소리로서가 아니라 발화된 소리로 이해된다. 더 이상 원인에 의해서 야기된 소리로서가 아니라 자연발생적인 소리로 이해된다.

그렇기 때문에 사람들이 '하늘'을 통해 지혜의 토대로 사용되는 자연적인 것의 근간으로 이해해야 하는 것이 대화를 하기 시작한다. 명증성 속에서 끌어내어진 탁월하게 자연적인 토대로서, 따라서 더 이상 형이상학적이지 않고 더 이상 구성적인 것도 아닌 토대로서 말이다. 그리고 심지어 이렇게까지 말할 수 있다면, 지혜를 만드는 것은, 정확히 말해, 자연적인 것을 파헤치며 그 근본으로 거슬러 올라가면서 형이상학을 그리고 그 형이상학의 단절을 피할 줄 아는 것이 될 것이다. '저 너머au-delà'와 같은, 또 다른 **큰 하늘**Ciel(대문자 C로 시작한다)을, 가지적이거나 정신적인 다른 자연을, 즉 종교나 **여러 관념들**에

---

[*] 『노자老子』, 25: [혼연히 이루어진 어떤 것이 있어 천지보다 먼저 생겼다. 소리도 없고 형체도 없구나! 홀로 서서 바뀌지 않고, 두루 통행해도 위태롭지 않아 천하의 어머니가 될 수 있다. 나는 그 이름을 알지 못해 그것을 자字로 호칭하여 도라 하고, 억지로 그것을 이름하여 대大라 하고자 한다. 크면 가게 되고, 가면 멀어지고, 멀어지면 되돌아온다. 그러므로 도가 위대하며, 하늘이 위대하며, 땅이 위대하며, 왕도 위대하다. 우주 가운데 네 가지 위대한 것이 있는데, 왕도 거기에서 하나를 차지한다. 사람은 땅을 본받고 땅은 하늘을 본받고 하늘은 도를 본받고 도는 자연을 본받느니라. 有物混成, 先天地生. 寂兮寥兮, 獨立不改, 周行而不殆, 可以爲天地母. 吾不知其名, 字之曰道, 強爲之名曰大. 大曰逝, 逝曰遠, 遠曰反. 故道大, 天大, 地大, 王亦大. 域中有四大, 而王居其一焉. 人法地, 地法天, 天法道, 道法自然](이강수)

서 말하는 천국과도 같은 하늘을 피할 줄 아는 것 말이다. 정확히 말해서 도가 사상가는 자연적인 강력함, 즉 나무들 사이를 휩쓸고 지나가는 바람의 힘을 회복시켜주려고 했다. 그리고 그 힘을 느낄 수 있도록 만들기 위해서 의인화라는 수단을 사용했으며 그것의 불러냄을 극단까지 전개시켰다. 하지만 '땅'의 단계인 이러한 단계에서 자연적인 것은 여전히 타동적인 것이며 관계의 차원은 여전히 남아 있게 된다. 즉, 나무와 바람이라는 두 개의 구분된 실체는 여전히 존재하는 것이다. 그리고 심지어 그것들이 서로 뒤섞인다고 하더라도 그 실체 중 하나는 다른 하나의 외부에 머무르는 것이다. 땅의 차원은 소리의 이행을 통해 나무를 **통과해서** 소리를 만들어내는 바람의 차원이었지, 나무**로부터 기인하는** 소리의 차원이 아니었다. 오히려 우리의 표현이 여전히 너무나 이분법적으로 남아 있기 때문에, '땅'의 단계에서 '하늘'의 단계로 옮겨감으로써 자극되고 야기된 소리에서 발산하고 흘러가는 소리로 이행하게 된다고 하는 것이 더 나을 것이다.

문제가 되는 이러한 현상은 물론 동일한 것이지만, 그것을 바라보는 시선은 역전되어 있다. 즉, 우리는 내재성의 측면을 지나갔으며 이행trance-에서 스스로auto로 넘어간 것이다. 하늘은 행위 주체가 아니라 (출현의 관점에서는 항상 자기 출현이 될 수 있을 뿐이다) 출현의 관점에서 '빛을 발한다'. 자연적인 것은 깊이 연구되었다. 자연은 더 이상 요소들(바람, 나무)의 자연성에 기인하는 것이 아니라 이런 식으로 '기인하는' 것의 자발성에 기인하는 것이다. 따라서 땅의 차원에서는 그 불러냄은 물리적인 반면에(힘 혹은 행위 주체가 있다고 기술할 수 있다), '하늘'의 차원에서는 더 이상 말해야 할 그 무엇도 없는 것이다. 현자는 명증성이 말해질 수 있도록 하기 위해 스스로 침묵한다. 현자의 시각 속에서는 세상의 모든 속삭임은 그것의 유일한 현현에서 태어났다. 즉, 무한히 다양하며 지속적으로 새로워지는 속삭임은 그 속에서 비록 소리 자체가 개인화된다고 하더라도 더 이상 상쇄되지 않는다. 그 속삭임은 존재의 속삭임이다.

좀 더 정확하게 말하자면 공존co-existence의 속삭임이다.* 왜냐하면 소리 자체는 항상 위계적인 모든 인과성으로부터 독립적으로 간주되자마자, 그리고 그 소리가 그것의 자발적인 출현의 시각에서 고려되자마자, 모든 소리는 단번에 동일한 차원에서 간파되기 때문이다. 이때 소리들은 더 이상 경쟁하지도 않으며, 심지어 소리들 간에는 서로 비교가 있을 수도 없을 것이다. 다시 말해 스스로의 구멍에 따라서 발생하는 각각의 소리는 스스로의 의향에 따라 펼쳐진다. 그렇기 때문에 도가 사상가는 음악을 통해 그리고 한 차원에서 다른 차원으로 거슬러 올라가면서, 인간적인 것에서 '천상적인 것'으로 거슬러 올라가면서 배제의 반대로서의 공존에 대하여 성찰하는 것이다. 왜냐하면 논리적 차원에서 보면 현자의 '관점'은 그 자체로는 공존하게 만들어야 하는 능력 이외의 다른 것이 아니기 때문이다. 그리고 바로 이러한 점에서 '도가 사상가'의 도가 구축되는 것이다. 즉, 사물을 바라보는 각각의 다른 방식 역시 발생한 소리처럼 '그 자체로부터 획득된다'는 것을 이해함으로써, 그 각각의 다른 방식이 개별적 존재자의 반향이라는 것과 그 자체로는 항상 정당화된 것이라는 사실을 이해함으로

---

* 현자의 눈에는 그것이 하나의 세상─세상 전체─을 만들어내는 것이다. 곽상, 『장자주』, 50.

써 말이다.

사람들은 철학적 논쟁이 이러한 자연적 심포니에 대립된다는 것[*]을 이해하고 있다. 석덕청에 따르면, 그 둘 사이에서 도가 사상가는 그 대조를 더 멀리 밀고 나간다. 즉, 그는 바람을 의인화시켰으며, 말을 자연으로 만들게 될 것이다. 왜냐하면 인간 또한 자연적인 구멍과 유사한 다양한 성향을 끊임없이 보여주기 때문이다. '느린 사람', '교활한 사람', '비밀스러운 사람'이 있기 때문이다. 사람들은 '만족하고 화내고 탄식하고 기뻐하기도' 하며, '근심하고 한숨짓고 변덕을 부리고 겁을 먹기도' 하며, '유혹하고 해방되고 경망스럽고 도망치기도 한다'. 각 사람은 개별적인 의견을 표명하면서 자신의 성향에 따라 행동하는 것이다. '빈 공간에서 발생하는 음악' 또한 마치 '물방울이 버섯을 터뜨리는 것'과 마찬가지로 일시적인 발현이며 '우리 앞에서 끝없이 변모하는 것이다'. 잘못은 이러한 '음악'을 진리로 만들기를 원하는 것에 있다. 왜냐하면 이때 그 대비가 완벽한 것이기 때문이다. 실제로 바람이 그칠 때 "모든 구멍은 텅 빈다"고 도가 사상가는 말했다.

반면 제자백가는 자신의 편견들로 가득 차 있었다. 그들의 생겨난 마음이 가진 편견들 말이다. 그렇기 때문에 그들의 담론은 발생한 소리와는 달리, 대화가 끊어지자마자 입장으로 응고된다. 또한 그렇게 되면 토론은 끝없이 이어진다.[**] 달리 말하면 나뭇가지는 바람에 따

* 곽상, 『장자주』, 51.'

** 곽상, 『장자주』, 63.

라서 한 방향으로 혹은 다른 방향으로 흔들린다. 하지만 그런 흔들림 중에서 어떤 것을 더 선호할 수는 없는 노릇이다. 어떤 흔들림이 정당하고 다른 흔들림이 그르다고 할 수 없는 것이다. 바람에 흔들리는 나뭇가지들처럼 "자발적으로 그러한 것을 따름으로써 사람들은 구분을 잊는 것이다". 그런데 사람들은 진리 판단을 하자마자 한 측면 혹은 다른 측면을 선택하게 된다. 이렇게 관점의 공존을 상실하면서, 따라서 편파성에 잠기면서 사람들은 단번에 '그러함'의 가능성에 스스로를 닫아버리고 더 이상 그것의 자발성에 접근할 수 없게 된다.

3

따라서 바로 다음과 같은 사항을 이해해야 한다. 즉, '그러함'에 도달하기 위해서는 그러함을 그것의 '스스로 그러함' 속에서 지각해야 한다. 그러함을 그것의 내재성 속에서 포착해야 한다. 실제로 '그러함'의 명증성은 그 내재성으로부터 나오는 것이다. 시작된 자연의 음악회는 그것에 대한 첫 번째 이미지를 보여주었다. 하지만 내재성 그 자체로부터 어떻게 스스로 그 이미지를 포착하고 그것의 존재를 확보할 수 있는가? 사람들은 내재성이 자신의 결과들 속에서 끝없이 폭발하는 것을 볼 수 있다. 즉, 내재성은 자신의 원칙을 벗어나는 것이다. 따라서 이러한 이유로 인하여 사람들은 그 내재성을 '하늘'의 바닥없음에 연결시키는 것이다. 비록 그로부터 사물의 '진정성'이 끝없이 발생하게 되는 그 어떤 '스승'이 존재한다고 하더라도 "사람들은 그 스승으로부터 그 어떤 신호도 얻어낼 수 없다若有眞宰, 而特不得其眹"*고 도가 사상가는 우리에게 말하고 있다.** 분명 사람들은 경험을 통해 스스로 자신의 현실을 '인정'할 수는 있다. 이것은 마치 걷고 있는 사람이 자신이 걷는다는 것을 확신하는 것과 같지만, 이러한 '타고난' 능력으로부터 "사람들이 느낄 수 있는 것은 아무것도 없다有情而無形".

우리로 하여금 이러한 지배를 내재성 ─ 우리가 끝없이 살아가는 내재성, 심지어 우리가 끝없이 그것으로 살아가는 내재성, 하지만 우리에게 설명되지 않는 내재성 ─ 을 통해 '실현'시키도록 만들기 위해서 도가 사상가는 우리를 자연의 외적인 음악회로부터 가장 직접적으로 결부되어 있는 ─ 잠겨 있는 ─ 경험으로, 즉 우리의 신체에 대한 경험으로 이끌고 있다. 가장 가깝고, 가장 내밀하며, 가장 직접적인 경험, 즉 우리가 가장 덜 의심할 수 있는 그런 경험이 바로 그곳에 있지 않은가?*** 해부학적으로 우리의 몸은 '백여 개의 뼈', '아홉 개의 구멍', '여섯 개의 기관'으로 이루어져 있다. 외부의 뼈대, 내부의 기관과 구멍이 '내부'와 '외부'를 소통시킨다. 또한 우리의 몸은 '모든 것이 공존하는' 하나의 세계이다. 그런데 뼈와 기관과 구멍 전체가 기능하기 위해서 어떻게 조절되고 있는가, 이런 것들 중에서 특정한 것을 더 선호할 수 있는가라고 도가 사상가는 질문하고 있다. 이 모든 것은 봉

---

* [참된 주재자가 있다고 해도 그 모습은 볼 수 없다.]─역자주

** 곽상, 『장자주』, 55.

*** 곽상, 『장자주』, 55. 필자는 이와 같은 어려운 이행의 일반적인 생각을 곽상의 해석에서 영감을 받았다.

사자의 입장에 있는 것인가, 아니면 그것들이 서로에게 명령을 내고 있는가, 혹은 그것들이 서로 돌아가며 그러한 역할을 하는 것인가. 이러한 가정은 헛된 것이다. 이와는 반대로 부인할 수 없이 확인된 사실로 집요하게 남아 있는 것은, 여러 문제들의 폭발 이후에 하나의 지배·제사制辭가 효과적으로 시행된다는 사실이다. 그것은 모든 문제를 통해서 그 실체에 대한 더하거나 덜한 파급효과가 없더라도 유일하게 남는다. 즉, 그 사실은 스스로 그것에 대해 염려하는 사람은 '그것을 이루든지 아니든지' 해야 한다는 점이다.

이 문장을 읽으면서 사람들은 종종 중국어로 된 책을 읽으면서 겪었던 거북함을 느낀다. 하지만 필자가 보기에 여기서 이러한 거북함은 극에 달한 것처럼 보인다. 즉, 사람들은 더 이상 그 문장이 무엇에 대하여 이야기하는지, 그 대상이 무엇인지, 무엇과 '관계된' 것인지를 알 수 없다.* 필자가 말했던 것도 그런 점이 있다. 실제로 '그러함'이 갖는 내재성을 포착하는 것보다 어려운 것은 없어 보인다. 이것은 사람들이 그것을 하나의 대상으로서 '포착할' 수 없기 때문이다. 만일 그 텍스트가 우리의 이해를 벗어난다면, 그것은 텍스트가 추상적이어서 혹은 너무 고차원의 관념이어서 혹은 숭고한 것이어서 이해하기 어려운 것이 아니며, 텍스트가 미결정적으로 애매하게 남겨져 있어서 어려운 것이 아니다. 텍스트가 다루는 것이 바로 그것에 관한 방식을 다루도록 내버려두지 않기 때문이다. 사람들은 신에 대해서 그런 식

---

* 증거는 그 '대상'이 주해가들에 따라서 매우 다양한 방식으로 해석되었다는 점이다. 그레이엄에 따르면 '마음'일 수도, 혹은 '창조자', 혹은 '자연', 혹은 **도**일 수도 있다.

으로 이야기했다. 또한 그것은 '내재성'에 대해서도 사실이다.

어쨌든 길을 잡아주는 기능 — 그 기능은 그 자체로는 정체가 확인될 수 없으며, 따라서 그것은 가정적인 방식으로만 참조하도록 한다("만일 한 명의 진정한 스승이 있다면"처럼) — 이 우리의 **마음**(이 책 도처에서 명명된 것으로서의 마음. 하지만 여기에서는 그러한 의미에서의 마음이 아니다. 중국에서 '마음心'은 '여섯 개의 기관' 중 하나로 여겨지고 있다)은 될 수 없다는 것은 분명하다. 또한 '자연'의 주인으로서의 **신**도 아니다.*
이와는 반대로 그러한 논지 전개를 도입한 다음과 같은 표현은 그것의 이해에 대한 조건을 지적함으로써 그 기능으로 향하게 한다.

> 만일 타자가 없다면 자아도 없고, 자아가 없다면 '사람들이 얻는 것'도 없다. 이러한 사실은 비슷한 것이지만, 사람들은 그 방법을 알지 못한다非彼無我, 非我無所取, 是亦近矣, 而不知其所爲使(『장자』, 「제물론」).**

적어도 연관 관계는 분명하다. 다시 말해서 만일 앞에 '타자'가 존재하지 않는다면, 마주보는 '자아'도 존재하지 않는다. 그 결과 '사람들이 얻는' 것도, 그것이 무엇이든지 간에 또한 존재하지 않으며非彼無我, 非彼我無所取 사람들이 '자기'에 대하여 매개적 관계 속에서 대상으로서 '취하는' 것도 존재하지 않는다. 다음의 마지막 표현은 하늘의 소리를 특징짓는 표현과의 차이에 의해서 정확히 이해된다.

---

* 자연이라는 용어에서 사용되는 개념은 고대 중국에서는 신과 만나는 것도 아니다.

** [그것이 없다면 내가 있을 수 없고, 내가 없으면 그것을 얻을 것도 없다. 이것은 진실에 가깝지만 무엇이 이것을 생기게 하는지 알지 못한다.](안동림)

모든 것은 자기 자신에 따라 획득된다使其自己也. 咸其自取.

그렇기 때문에 그러함의 내재성이 발견될 수 있는 것은 바로 타자와 자기의 경계선이 사라질 때라야만 가능하며, 이는 앞서서 요구되었던 것(중심축의 이미지)과 마찬가지이며, 우리의 개념을 우리에게 되돌려주기 위해서 주체와 대상의 구분이라는 그 구분으로부터 출발할 때라야만 가능하다. 따라서 바로 이러한 사실은 대상이 없이 존재하는 텍스트가 여기에서 부유하는 것처럼, 엄밀히 말해서 포착할 수 없는 것으로 보이는 것을 정당화해주는 것이다. 왜냐하면 텍스트가 말하는 것은 자기 자신의 그러함에 의해서라는 표현의 포착 불가능함이기 때문이다. 혹은 단순히 사람들이 그것을 대상으로 포착하기를 포기할 때라야만, 사람들이 결국 그것에 개방된다는 것이기 때문이다.

그로 말미암아 가장 가까이에서 ― 속에서, 좀 더 정확히 말해 우리의 몸을 **통해서** ― 경험하는 것의, 그리고 모든 것을 통해서 전개되는 내면성의 자발성을 직접적으로 우리에게 느끼도록 해주는 것의 중요성이 대두된다. 주해가들이 제시한 바에 따르면, 우리의 몸은 또한 그 몸의 작용들 속에서 그것의 방식에 따르는 하나의 콘서트이다. 즉, "그것을 자발성(**자기 스스로 그러함**)에 양도함으로써 함께 존재하지 않는 것은 그 무엇도 없다".[*] 그런데 만일 모든 것이 그렇게 공존하며 자명하다면, 이는 바로 모든 것이 동일한 차원에서 동등하게 놓여 있다는 것이며, 따라서 사람들이 더 이상 개별적으로는 그 무엇에도 집

---

* 곽상, 『장자주』, 57.

착하지 않는다는 것이다. 어떤 기관, 어떤 뼈, 어떤 다른 것에도 집착하지 않는다는 것이다. 즉, "그 무엇도 우선시할 필요가 없다. 그렇기 때문에 (그것은) 자신으로 존재한다".[*] 더 이상 '인위적인 것', 날조된 것도 존재하지 않는다. 따라서 '진정성'은 자발성 이외의 다른 것이 아니게 된다. 주해가의 결론에 따르면, 만일 몸에 대해서 그러하다면 세상에 대해서도 그러한 것이고, 현자는 자신의 개입을 통해서 그러한 자발성을 혼란에 빠뜨리는 것을 경계한다. 즉, "사람들이 그 자리에 남겨두지 않은 것이 아무것도 아니라면" (성현영에 따르면) "제사祭祀는 스스로 만들어지고", 현자는 자기 스스로 그러함에서 기인한 것을 도래하도록 내버려두는 것에 만족한다. 표면적인 진부함 아래에서도 공통된 언어는 심오하다(가장 보편적인 것이 가장 심오한 것인가). 아마도 말의 표현에 모든 의미를 부여하지 못할지라도, 현자는 사물을 '그 사물이 발생하는 것으로서' 취한다고 말할 수 있다.

4

그러함의 본성을 '그런 식으로', '자기 스스로 그러함'으로 이해하기 위해서는 지혜의 논리에 따라 그러함의 본성을 모든 구분으로부터 자유롭게 할 필요가 있다. 사람들이 일상적으로 '가능한 것' 혹은 정당한 것과 그렇지 않은 것을 그리고 적합한 것과 그렇지 않은 것을

---

* 곽상, 『장자주』, 58.

재단하듯이,[*] 더 이상 '그러함'과 '그렇지 아니함'을 편협한 방식으로 대립시키지 않을 필요가 있다. 왜냐하면 가능한 것 혹은 그러한 것을 양자택일의 방식으로 재단하는 판단은, 항상 그러한 판단을 내린 사람의 '생겨난 마음'(성현영에 의하면, 그것이 "그 의미 속으로 가는 것 혹은 가지 않는 것"에 따른다)으로서의 관점으로부터 출발하여 이해하는 것이기 때문이다. "모든 존재자에게는 자신의 그러함이 있고, 모든 존재자에게는 자신의 가능한 것이 있다物固有所然, 物固有所可." 여기서 필자가 '자신의固'라는 표현으로 지칭한 것은 양면성을 갖고 있다. 이 표현은, 사람들이 어떤 판단을 내릴 때 그들이 자신의 '그러함' 속에 혹은 자신의 '가능한 것', 즉 자신의 고유한 관점의 가능한 것 속에 정체되어 머물러 있다는 것을 의미한다. 이는 필연적으로 편파성에 갇히도록 만드는 것이다.

'그의'라는 표현은 이때 '집착'·'고정'이라는 의미를 갖게 되며, 이것은 사람들이 고정된 생각이라고 말하는 것과 같은 것이다. 더 이상 판단의 차원이 아니라 확증된 사실(명증성)의 차원에서 모든 존재자가 내재적으로 하나의 그러함(이를 통해 그는 자기 자신의 그러함이 된다)을 소유하고 있으며, 필연적으로 하나의 가능함(존재자에게 그것이 가능하다는 것을 만들어주는 것)을 소유하고 있다는 사실도 또한 마찬가지다. 즉, 이때 '그의'라는 표현은 본질적이고 내재적인 의미를 갖게 된다(내재적이라는 두 번째 표현은 「우언寓言」편에서 다시 사용된다). 그때부터 지혜는 하나에서 다른 하나로 넘어가는 것이 될 것이다. 즉, 더 이상

---

[*] 곽상, 『장자주』, 69.

그러함 혹은 그렇지 아니함(가능한 것이든, 그렇지 않은 것이든 상관없다)을 결정짓는 판단을 투사하지 않는 것이 될 것이며, 매번 각 존재자가 어떻게 자기 스스로 '그러함'에 속하게 되는지를 보게 되는 것이 될 것이다. 달리 말해 각 존재자가 어떻게 자신의 '가능한 것'을 소유하게 되는지를 보게 되는 것도 될 것이다. 지혜는 그러함을 어디에서 연유하여 그러한지로, 가능한 것을 어디에서 연유하여 가능한지로 인지하는 것이 될 것이다. 왜냐하면 '모든 존재자는 자신의 그러함을 가지고 있고', '모든 존재자는 자신의 가능한 것을 가지고 있기' 때문이다. '그러하지 않은 존재자는 존재하지 않는다(혹은 존재자의 그것이 그러함이 아니다). 가능하지 않은 존재자는 존재하지 않는다(혹은 존재자의 그것이 가능하지 않은 것이다).'

　달리 말하면 지혜란 집착하는 '그의⑤'에서 내재성의 '그의'로 넘어가는 것이다. 지혜란 시선을 전도시키는 것이다. 자기의 '자아'와 다름없는 '그의'에서 타자의, 따라서 각자의 '자기'와 다름없는 '그의'로 옮겨가는 것이다. 지혜란 자신의 관점을 각 존재자의 고유한 관점(그 관점에 의해서 각 존재자는 '그러한' 것이 된다)과 일치시키는 것이며, 따라서 이때부터 '그의' 관점은 더 이상 그 자신의 관점이 아니게 된다. 또한 사람들이 일반적으로 그렇게 말하듯이, 지혜가 결코 판단하는 데 있는 것이 아니라 이해하는 데 있는 것이라고, 단순히 다음과 같은 사실을 의미하는 것이라고 말하는 것이다. 즉, 사람들이 자신의 관점에 따라서 사물을 재단하는 반면 사물은 그것의 고유한 깊이에 따라서 그것의 출현(바로 '하늘')의 관점하에서 '밝혀져' 보인다는 사실을 의미하는 것이라고 말하는 것이다. 따라서 이러한 이유로 지혜의 눈에는 모든 것이 정당화될 '수' 있다. 지혜는 아무것도 버리지 않는다.

구분이 제거되면 '그러함', '가능한 것'은 완전하게 개방되어 드러나게 된다. 우리는 여기서 다음과 같은 공자의 표현을 다시 발견하게 된다. 즉, (공자에게는) '가능한 것' 혹은 그렇지 않은 것은 아무것도 없으며, 원칙적으로 적절한 것도 적절하지 않은 것도 없다. 더 이상 자신의 판단의 제약을 세상에 강요하지 않음으로써 현자는 그 이후로 더 이상 제약이나 거리낌 없이 자신의 판단을 사용할 수 있다. 그 방법은 표현하기가 어렵다. 즉, "이것·참을 위해서라는 표현은 더 이상 작동되지 않기 때문에"(필자가 해설을 덧붙이자면, 사람들이 더 이상 자신의 개별적인 관점을 옹호하는 판단에 도움을 청하지 않기 때문에), 현자는 "그 표현을 그것의 일상적인 의미 속에 묵게 한다爲是不用而寓諸庸".*

여기서 '묵게 한다'는 표현은 사람들이 지나는 길에 일시적으로 머무른다는 의미에서 사용된 것이다. 마치 사람들이 누군가를 호텔에 묵게 하거나 우화 속에 어떤 의미를 부여한다는 의미와 같다. 즉, 이 거처는 태생적이고 근원적인 것으로도 간주되지 않으며, 결정적인 것으로도 간주되지 않는다. 그럼에도 불구하고 동시에 그것은 하나의 거처이며, 그 순간에 스스로에게 제공된 가장 편안한 거처인 것이다. 각 존재자는 당연히 자신의 자리를 갖고 있기는 하지만, 그 자리는 유동적인 것이며 (사물이 운행하는 이미지에 따라서) 변모하는 것이다.

---

* [자신의 판단을 내세우지 않고 사물을 평상시의 자연스러운 상태 속에 맡겨둔다.]—역자주

그렇기 때문에 '그것'을 그것의 일상적인 의미 속에 묶게 한다는 것이 의미하는 것은 사람들이 그것을 일상적인 의미 속에 가두지 않는다는 것을 의미한다. 즉, 사람들은 그것이 원칙적으로 무의미하다고 생각하지 않으며, 그것에 그 어떤 정언명령도 투사하지 않는다.

자기 자신이라는 표현은 집착하는 것도 완전히 벗어나는 것도, '들러붙는' 것도 '떠나는' 것도 아니기 때문에, 그 후에 사용될 표현에 따라 사람들은 그만큼 더 '일상적인' 길을 따를 수도 따르게 할 수도 있게 된다. 일상적인 길을 따라 그것이 진행되고(이러한 이유로 그 길은 일상적이다), 길을 따라 그것이 통과하고, 길을 따라 그것이 진척되고, 길을 따라 그것이 '가능한' 것이다. 다른 부분에서 말해진 것처럼,* 바로 이러한 점에서 모든 존재자는 '완벽하게 그러함萬物盡然'이 되고 그들의 그러함의 끝까지 갈 수 있는 것이다. 주해가가 다음과 같이 주석을 단 것과 같다.** 즉, "열린 마음을 갖고 있는 사람은 한 편에 빠진 채 머물러 있지 않고" 다른 편에 빠져 있지도 않는다. 하지만 그런 사람은 "자기 자신으로부터 작용하는 사용 속에 적합한 방식으로" (자기·타자를) "묶게 한다". 그리고 이때 그 사용은 그러한 방식을 통해 "단지 충분하고 만족스러운 방식으로 전개될 수 있을 뿐이다". "이때 모든 존재자가 그 자신의 기능인 **자발성**을 완수하는 것처럼" "이제 더 이상은 구분을 위한 자리는 존재하지 않으며" 이제 더 이상은 그러한지 혹은 그렇지 않은지를 자문할 필요도 없게 된

---

* 곽상, 『장자주』, 100.

** 곽상, 『장자주』, 72.

다.[*] 진리에 대한 판단을 포기함으로써 현자는 완전한 일치를 따른다. 모든 범주적인 판단에서 벗어남으로써 현자는 "의향에 따라" 판단한다因是己己. 의향에 따르는 것, 그것뿐이다. 그것이 세상의 의향에 따른 것인지 혹은 자기의 의향에 따른 것인지를 구분해야 하는 것조차도 무의미해진다.

우리가 이미 살펴보았듯이, 지혜의 고유한 속성은 정확히 말해서 이러한 대좌對坐가 사라졌다는 것이기 때문이다. 다시 말해 도가 사상가가 결론적으로 "두 측면을 걸어가다兩行"라고 부르는 것이기 때문이다. 두 측면으로 나아가기 때문에 더 이상 측면이 없는 것이고, 사람들은 모든 것이 자신의 사용을 가지고 있는, 모든 것이 자신의 그러함을 가지고 있는, 모든 것이 자신의 가능함을 가지고 있는 (자연적인) "천상적인 공평함 속에 (스스로) 휴식하기休乎天鈞" 위해서 판단의 편파성을 벗어났다. 따라서 마음은 고정관념에 매어 있지 않게 된다.

---

* 곽상, 『장자주』, 78.

IV
입장 없음: 개방성

1

　'그러함'을 마음의 '자기 자신의 그러함에 의해'라는 표현 속에서 이해하면서, '그러함'을 마음의 내재성 속에서 발해진 하나의 소리로 이해하면서, 마음이 '그러함'에 개방될 수 있기 위해서는 구분에 의해서 제약된 자신의 개별적인 관점 속에 매몰된 채 '발생한' 예견된 마음이 되어서는 안 된다. 공자가 현자에게는 '고정된 관념이 없다'고 한 것은 이미 이러한 요구를, 오직 이 요구만을, 즉 개방성에 대한 요구를 말했던 것이다. 요구이기는 하지만 정언명령은 아니다. 왜냐하면 그 어떤 '해야만 한다(당위성)'도 개방성에 이르도록 할 수 없기 때문이다. 이와는 반대로 사람들이 더 이상 어떠한 '해야만 한다'를 투사하지 않을 수 있을 때에만, 공자가 말했듯이 사람들은 개방성에 도달할 수 있게 된다. 더 이상 선험적으로 다가올 변화에 선입견을 투사하지 않음으로써 사람들은 상관관계가 있는 방식으로 변화가 일어날 때 더 이상 하나의 고정된 입장과 그 속에서 응고될 것에 만족하지 않게 되며, 사람들이 진리로 믿어왔던 것 속에서 고집부리지도 않게 된다. 이 진리란 '단단히 뿌리내린' 진리이며, 따라서 사람들은 그 진리가 상황을 초월할 수 있게 해준다고 믿는다. 이렇게 되면 결국 사람들은 개별적인 '자아' 없이 존재하는 것無心彼 無我에 성공하게 된다. 자아란 '자신의 관념'을 갖고 있는 것이다.

도가 사상가는 세 가지 음악에 대해 언급하기 전에 다음과 같은 장면으로 그 장을 시작했다. 즉, 한 남자가 그곳에서 의자에 등을 기댄 채 숨을 내뱉고 있다. 얼굴은 하늘을 향해 있었고 표정은 '마치 부인을 잃은 것처럼' 멍했다.

그 옆에 서 있던 한 제자가 질문한다. 몸을 마른 나무같이 만들고 마음을 죽은 재같이 만들 수 있다는 것은 무엇입니까? 선생님께서 지금 등을 기대고 있는 방식은 예전의 방식이 아닙니다. 그 스승은 좋은 질문을 했다고 말하며 대답한다. "지금, 나는 내 자아를 잃었다"南郭子綦隱机而坐, 仰天而噓, 荅焉似喪其耦. 顏成子游立侍乎前曰, 何居乎. 形固可使如槁木, 而心固可使如死灰乎. 今之隱机者, 非昔之隱机者也. 子綦曰, 偃不亦善乎而問之也. 今者吾喪我(『장자』, 「제물론」).*

사람들은 이 장면에서 황홀감의 순간을 본다고 생각할 수 있었고,

---

* [남곽자기南郭子綦가 책상에 기대 앉아 하늘을 우러르며 후 하고 길게 숨을 내쉰다. 멍하니 자기의 몸을 잊은 것 같다. 제자인 안성자유顏成子游가 그 앞에서 모시고 서 있다가 물었다. "어찌 된 일입니까? 육체란 본래 고목나무처럼 될 수 있고, 마음도 불 꺼진 재가 될 수 있습니까? 지금 책상에 기대신 모습은 예전에 기대고 계시던 모습이 아닙니다." 자기子綦가 답하였다. "언偃아, 너는 참으로 훌륭한 질문을 하는구나. 지금 나는 나를 잊어버렸다."(안동림)

그렇게 생각했다. 그리고 의심의 여지없이 그 글을 지은이는 오래된 샤머니즘적인 토대를 갖는 모티브를 효과적으로 재해석하고 있는 것이다. 그러한 샤머니즘적인 토대를 갖는 것들 중 구름을 타고 하늘을 가로질러 산책하는 것과 같은[*] 여러 특징들이 그의 글에 없는 것은 아니다.[**] 황홀감 속에 있는 것처럼 이 광경은 주변 사람에게 강한 인상을 주고 있다. 즉, 얼굴을 돌리고 있는 현자는 부재하는 듯 보였고, 그의 인간관계의 의식은 중지되어 있는 듯 보인다. 따라서 이러한 상태는 몽환적이고 전형화된 현상과 부동성immobilisme과 무감각을 동반하고 있다. 그렇다고 하더라도 만일 그러한 모티브의 재활용이 있다면, 그 모티브는 (파르메니데스가 시를 지을 때와 마찬가지로) 전혀 새로운 활용의 관점에서 재활용된 것임에는 변함이 없다. 그리고 텍스트는 텍스트의 고유한 질서에 따라 그 텍스트가 모티브를 빌려온 것과, 그리고 사람들이 더 이상 그 모티브를 문자 그대로 취할 수 없다는 것으로부터 동시에 거리를 두고 있다는 것도 여전히 사실이다. 왜냐하면 이러한 여러 특징은 자아의 상실이 더 이상 황홀적인 현상으로 이해되지 않다는 것을 보여주고 있기 때문이다. 다시 말하면 특히 그 무엇도 이 장면과 그 장면을 해석한 대화 사이의 시간적 간격을 보여주지 않기 때문이다. 이와는 반대로 현재에 대한 주장이 있다. 여기서 필자는 빌레터Jean François Billeter[***]와 갈라선다. 하늘을 향한 얼굴은 다만 사

---

* 굴원, 「이소」, 20.

** 『장자』, 「제물론」, 96.

*** 장 프랑수아 빌레터, *Etudes sur Tchouang-tseu*, Ed. Alia, 2004; *Leçons sur Tchouang-tseu*, Ed. Alia, 2002.―역자주

람들이 하나의 시각과 관계된다는 것 이외에는 그 무엇도 지적하는 것이 없다(어쨌거나 현자는 그 시각에 관해서 전혀 기술하고 있지 않다). 결국 현자는 "지금 나는 내 자아를 잃었다 今者吾喪我"고 말한다. 석덕청과 같은 중국의 해석자들은 아주 빈번하게 이 잃어버린 자아를 생겨난 마음의 자아로, 즉 그 자체로 구분의 원천인 관점의 구별에 의해 둘러싸여 있듯 마음의 개별적 관점에 매몰되어 있는 자아로 이해했다. 매몰되어 있다는 것은 둘러싸여 있기 때문이다. 마음이 더 이상 개방적이지 않기 때문에 마음은 구분들 속에 어둡게 잠겨 있는 것이다. 그리고 바로 이런 것이 도가 사상가가 공자의 사상에 덧붙인 것이다. 왜냐하면 이러한 자아의 상실은 앞서 언급된 '부인'의 상실과 분명하게 연결되어 있기 때문이다. 우리는 다음처럼 이해한다. 즉, 마음과 관련해서는 몸, 혹은 자기와 관련해서는 세계의 상실이 그것이다. 사람들이 '타자'에 대한 의식을 잃자마자 '자아'에 대한 의식을 상실하며, 그 역도 마찬가지다. 개방성은 단순히 자신의 진리 속에 고정되고 응고된 모든 입장의 부재만은 아니다. 좀 더 본질적으로 말하면 개방성은 도의 '중심'이 환기시켰던, '타자'든 '자아'든 서로서로가 구분되면서 대면 속에서 만들어지는 모든 입장의 지움인 것이다.

2

각자는 자신의 구획·울타리, 즉 '영지'를 가지고 있다. 이러한 이미지는 대군의 영지('타자'와 마주하고 있는 '자아'의 전유물)의 경계를 설정하는 "경계선"의 이미지인 동시에 사람들이 '밀봉시킨' 상자처럼 완전히 밀폐되고 구멍이 막혀 있는 것의 이미지이다. 도가 사상가가 요약해서 말하는 지혜는, 존재가 그 존재 속에 가두는 것을 내버려두지 않는 것이다. 지혜의 개방성은 더 이상 의식을 '축소시키고' 경직시키고 '매몰시키고' 코드화하는 차별에 집착하지 않는 것이다.

세 가지 음악을 구분한 이후에 도가 사상가는 곧바로 두 가지 유형의 '인식'을 대립시킨다. 즉, '넓은' 인식은 '넓고 간단하고 평화로운大知閑閑' 것이다(반복적으로 상용되고 있는 한자 '한閑'은 당연히 모든 양상들을 환기시킨다.大知閑閑. 小知閒閒).* 주해가 성현영의 주석에 따르면, 사람들은 인식에서 "그것의 본성을 따르고", 마음은 "비어 있고 초연하다". 마음은 그 어떤 편견에 의해서도 근심하지 않으며, 어떤 정언적 명령에 의해서 혼란을 겪도록 내버려두지도 않는다. 그렇기 때문에 마음은 제약을, 좀 더 명확하게 '구분적인 판단의' 제약을 따르지도 않는다. 또한 우리가 일반적으로 "그는 넓은 마음을 가지고 있다"라고 말하는 것은 이와 같은 지혜의 널찍함에 대한 메아리를 만들어낸다. 이와는 반대로 '작은' 인식은 '좁은 것'이고 '차별적'이다. 이러한 인식은 장벽을 세우고 '분열시키고 나눈다'. 그 속에서는 개인의 본성이 펼쳐지지 않는다. 이러한 '인색한' 인식은 '부화뇌동하는' 마음 상태의 인식이다. 이러한 마음은 항상 사람들을 온화하도록 하기는커녕 '취하는 것'과 '버리는 것' — 한 측면은 취하고 다른 측면은 버리는 것 — 에 조급하도록 만든다. 앎이 협소한 것은 긴장되어

* 『장자』, 「제물론」.

있기 때문이고, 그렇지 않은 앎이 '폭넓은' 것은 차분하기 때문이다.

필자가 앞에서 지혜에 대해 이해심 있다고 말했던 것처럼 사람들이 어떤 사람에 대해 이해심 있다고 말할 때, 혹은 사람들이 '이해심 있는 자로 보인다'고 부르는 사람에 대해 말할 때, 우리(유럽인인 '우리')도 이미 그것을 암시하고 있는 것이다. 왜냐하면 이해심 있는 사람이라는 것은 단순히 지적으로 말하면서, 인식을 통해 이해하면서 (따라서 분명한 "관념"을 만들어내면서), "이해한다"라는 것만을 의미하는 것이 아니기 때문이다. 전적인 마음의 '상태', 즉 인간적인 태도가 문제이다.

이런 특징은 다음과 같은 사실을 추구한다. 즉, 사람들이 말하듯 그의 관점이 갖는 폭넓음으로 인해 혹은 그의 '열린 정도ouverture, 즉 열림, 총명, 폭넓음, 자유로움 등'에 의해서 사람들은 사물의 다양한 양상들을 포괄할 수 있게 되며, 스스로 얽매이지 않으면서 그 사물을 고려할 수 있게 된다. 또한 자신의 관점 때문에 한편에 남아 있기는 커녕, 그리고 그 관점과 대립하기는커녕, 사람들은 그 관점을 뛰어넘어 다른 관점과 만날 수 있으며, 심지어 타인의 관점 속으로 들어갈 수도 있다. 또한 사람들은 모든 것을 배타적인 것이 되는 하나의 유일한 관점, 즉 그가 정열적이고 맹목적으로 집착하게 되는 그러한 관점에 결부시키기는커녕, '모든 사물을 고려하는 것'을 알게 된다. 그리고 이 점에서도 일반적인 언어는 사람들이 생각하는 것보다도 더 그것에 대해 말을 하고 있다. 즉, 사람들이 보통 생각하는 것보다도 더 많이 말이다. '사물'을 상세히 검토함으로써, 따라서 사물을 고려해서 뒤로 물러서고 양보하면서 사람들은 사물의 상대적인 중요성을 인정

한다. 또한 사람들은 사물이 그 사물의 내재성에 따르도록 내버려두
는 것이다. 요컨대 사람들이 그렇게 할 수도 있다는 것이다.

이러한 가능성을 특징짓는 그것, 사람들이 이러한 대립의 공허함에
결부되어 있다는 것을 지각하고 있는 그것, 하지만 한자漢字에서 더
솔직하게 볼 수 있도록 해주었던 그것은 바로 사람들이 이러한 이해
능력과 하나의 특정한 성향disposition을 구분할 줄 몰랐었다는 것이다.
현자가 "이해심이 있는" 것은 그가 침착하고 긴장되어 있지 않고 차
분하기 때문이다. 따라서 바로 그러한 점에 의해서 지혜는 철학과 구
분된다. 다시 말해서 '인식'은 지혜에서는 하나의 순수한 기능(지혜가
갖고 있는 고유한 기관과 관련하여 고안된 기능, 즉 의미·지각·오성 등과 같
은 지혜의 유일한 프로그램과 관련하여 고안된 기능)일 뿐이며 지혜의 능
력일 뿐이다. 따라서 그 능력을 일종의 보는 방식으로 만들 뿐인 사
람은 또한 '존재être' 방식에 관심을 갖는다.

'존재' 방식 혹은 '처세술'인 것이다. 여기서 필자가 강조의 따옴표
를 붙인 이유는 필자 자신이 그 언급에서 조심스럽게 발을 빼기 위해
서가 전혀 아니라, 유럽의 지적 담론이 그것을 말하고자 하자마자 사
람들은 유럽의 지적 담론이 (그렇다고 비현실적 성격 혹은 시적인 성격은
아닌데) 얼마나 어설픈지, 약해지는지, 뒤틀려 있는지에 대해서 지나
치게 따져보기 때문이다. 유럽의 지적 담론은 엄밀하게 '객관성'을
가지기 위해서 다른 한편으로 주관화하는 것의 어리석음에 빠지는 위
험을 항상 대가로 지불해왔다는 것이다.* 이것이 말하고자 하는 것

---

* 중국의 사유는 이러한 암초를 피할 수 있다. 왜냐하면 중국의 사유는, 주체가 사라져버리는

은 실제로 무엇인가? 내가 사용하는 '가장 형이상학적인' 개념은 항상 나의 생리에 종속된 것이라서가 아니라(따라서 니체는 이러한 담론을 유지하기 위해서 자기 자신만으로도 충분했다는 것은 너무나 아이러니한 것이 아닐 수 없다고 말했다), 겨냥된 것이 더 이상 어떤 대상의 구성이 아닌 이상 인식 활동은 존재의 독립성 속에 남아 있다는 것을 말하고 있다.* 왜냐하면 아마도 유럽은 너무나 손쉬운 방식으로 다음과 같은 두 가지를 나누었기 때문이다.** 즉, 한편에는 인식을, 과학의 질서인 인식을 놓았다.*** 다른 한편에는 믿음, 신봉, 진지함 같은 것들을 놓았다. 이러한 것들 자체가 '존재' 속에 뿌리박히게 되었던 것이다. 하나는 추상적이고 보편적인 것 등이며, 다른 하나는 개인적인 것, 내적인 것, 내밀한 것 등이다.**** 이러한 두 가지(인식과 실존)는 물론 서로가 서로를 완결시키고 있다. 비록 그것들이 공개적으로는 서로 대립된다고 하더라도 말이다. 그런데 지혜는 이러한 나눔 속에 포함되지 않고 있다. 심지어 지혜는 이러한 합의를 파괴하는 것이다. 바로 이런 이유로 유럽에서는 단순히 한쪽 혹은 다른 쪽에서 요동치

과정의 시각으로, '길'의 시각으로, 기능의 시각으로 사유하기 때문이다. 현상학은 서구의 사유가 처한 막다른 골목에서 벗어나기 위한 가장 현대적인 변이형이다.

* 이것은 실존주의가 키르케고르Søren Aabye Kierkegaard와 더불어 정말로 그렇게 강조하려고 전념했던 것이다.

** 혹은 적어도 이러한 간극―그만큼 간극은 확고하다―에 대해서 우리는 충분한 지표들을 측정할 수 없다.

*** 따라서 과학적 질서는 이러한 나눔의 편의성으로부터 유럽에서 아주 매혹적인 비상을 할 수 있었던 것이다.

**** 한쪽에는 이성의 자율성과 그것의 '냉철함'이 위치하고, 다른 한쪽에는 '은혜', 열정의 '열기' 그리고 모든 운이 좋은 상태들이 위치한다. 이에 대해서는 이 정도로 그치겠다.

고 있는 — 왜냐하면 더 이상 지혜에 합당한 자리를 가지고 있지 못하기 때문에 — 지혜가 단지 하위철학(혹은 하위종교)으로 남아 있었으며, 좀 더 정확히 말해서 그런 것밖에 될 수가 없었던 것이다.

　실제로 우리는 우리의 분열에서 나온 것이 아니며, 인식의 이론에 속하는 그리스적 인식하다도 아닌 '인식하다'라는 것을 사유하는 데 상당한 불편함을 느낀다.[*] 그런데 중국에서는 이와는 반대인데, 묵가를 제외하면 이 점에서도 사유의 가장 풍요로운 특징 중 하나가 드러난다. 사람들은 끊임없이 '인식'의 능력과 내면적 성향을 나눌 줄을 몰랐다는 것을 말했다.[**] 즉, 한자로 '인식하다'라는 표현은 무엇에 대한 하나의 생각을 스스로 만들어낸다기보다는 무엇에 대해서 개방적이 되는 것이라고 할 수 있다. 따라서 이러한 개방성은, 데카르트에게는 순수하게 지적인 차원에서의 편견 제거와 다름없는 지혜에 대해 '인식하다'에도 필수적인 것이다. 어느 측면에서건 배설은 있게 마련이지만, 배설이 동일한 차원에 속하는 것은 아니다. 한편에서는 배설이 의심 doute에 의해서 작동되며, 다른 한편에서는 포기délaissement에 의해서 작동된다. '공허', '침착함', '차분함', '초연함' 같은 이러한 개방적인 성향은 모든 개별적이고, 제약적이고, 고정된 성향(즉, '자아'의 성향)으로부터 벗어나는 데 있다. 그것을 획득하기 위해서, 사람들은 그 유

---

[*] 혹은 이때 서구의 입장에서 보면 더 이상 빔은 아니지만 공허함이라 할 수 있는 것 속에 떨어진다. 클로델Claudel이 사용한 '함께 태어나다co-naître'라는 표현 참조.

[**] 앎知은 두 가지 것들의 분리불가능성에 대해서 말한다. 따라서 이러한 이유로 인해, 앎은 두 가지 사유들 사이에 장막을 끊임없이 만들어내는 좀 더 정확히 말하면 애매모호함을 유지하는, 그럼에도 불구하고 너무나 단순한 용어들 중 하나이다.

일한 이성에만 기대할 수 없다. 하지만 그렇다고 은혜를 기다려야 하는 것도 아니며, 그것에는 마음의 건강함이 필요하다. 이때 '마음'의 건강함이란 또한 (우선은) 몸의 건강함이기도 하다. 이러한 분열 또한 더 이상 유지될 수 없다. 이러한 건강함은 그 자체로 우리의 방법론이 갖는 규칙과 등가의 것이다. 즉, 이 규칙이 마음 혹은 영적 명상을 이끄는 데 사용될 수도 있을 것이다.[*]

요약하면, 개방성은 '인식하다'에서 필수적이다. 이러한 개방성은 대나무를 그리려는 화가에게 그리고 풍경을 언급하려는 시인에게 필수적이다. 따라서 그림과 시의 특징은 개방성의 찬양을 통해서 시작된다(더구나 '사상가', '화가', '시인'은 나뉜 역할을 갖는 자들로 존재하지도 않는다. 그들의 **도**는 결합되어 있다). 이러한 개방성은 단순히 인식을 준비하는 예비 상태가 아니며, 그것의 실행 조건이다. 왜냐하면 개방성만이 '그러함'에, '자기 자신의 그러함으로'에 접근하는 것을 허용하기 때문이다. 즉, 개방성만이 내재성에 '눈을 뜨는' 것을 허용한다. 개방성만을 통해 '자아'는 자신의 울타리 속에 그 내재성에 더 이상 장애를 만들지 않는다. 그 자아는 '잃어야' 하는 것이다. 그림으로 그려진 대나무가 그것의 대상 속에서 굳어진 대나무인 것만은 아니다. 혹은 언급된 풍경이 기술된 풍경인 것만은 아니다. 하지만 발화된 소리가 발화되는 것이지 만들어진 것이 아닌 것과 마찬가지로 (사람들은 그것들을) 세계에서 오는 것으로 인식한다.

---

[*] 중국의 사상가들은 그러한 건강함을 발전시키게 된다. 제자백가 모두 마찬가지다. 앞에서 언급한 『순자』, 「해폐」편 이후 참조.

3

그것의 반대, 즉 비개방성은 명제적인 혹은 비판적인 의식의 속성이다. 즉, 정립하거나 부정하는 의식의 속성인 비개방성은 철학적 논쟁의 장에 뛰어든 논객에게서 많이 보인다. 타격이 '개시된다'. 표명된 판단의 타격이 말이다. 도가 사상가는 다음과 같이 기술하고 있다. "마치 강철 활에서 화살이 나아가는 것과도 같다其發若機括, 其司是非之謂也."* 이렇게 해서 사람들은 참과 거짓을, 이것과 저것을 재단한다. 그러면 사람들은 그것에 집착한다. '요지부동으로' 단념하지도 않으면서, '마치 사람들이 맹세에 의해서 그것과 관련되어 있기라도 하다는 듯' 집착한다. 왜냐하면 사람들은 자신의 입장을 확고하게 유지함으로써 '승리를 쟁취하길' 바라기 때문이다其留如詛盟, 其守勝之謂也.** 우선 판단은 하나의 메커니즘에 (강철로 만든 활의 '튀어나가는 시위'처럼) 의한 것처럼 작동된다. 그리고 나면 사람들은 자신이 한 서약에 집착하듯 그것에 딱 달라붙게 된다. 그러므로 석덕청에 따르면 개방성의 반대항은 바로 마음이 하나의 **성향**dispositif으로 사용되는 것機心(반대항은 무심無心이다)을 의미하게 될 것이다. 이 성향은 발생한, 어떤 경향을 띤, 따라서 자신의 관점에 따라 반응하는 마음이 만드는 것이다.

그런데 도가 사상가는 비개방성을 그것이 가진 오류의 이름으로 거부하는 것이 아니라, 그렇게 하면 여전히 비개방성에 의존하는 것

---

* 『장자』, 「제물론」, 51 이하. [시비를 가릴 때 그 모질기는 쇠뇌나 활을 당겼다 세차게 쏘는 것과 같다.](안동림)

** [승리를 끝까지 지키려 할 때 그 끈덕진 고집이란 맹세를 지키는 것과 같다.](안동림)

이 될 것이기 때문에 비개방성이 야기하는 유용함의 이름으로 거부한다. 왜냐하면 그는 사람들이 이러한 유희에 진이 빠져 있을 때 그 메커니즘을 보여주는 것, 이렇게 그 메커니즘을 작동하도록 하는 것이 어렵지 않기 때문이다. 게다가 사람들은 그 메커니즘을 이해하지도 못한다. 즉, 사람들은 그것에 '빠져' 있기에 벗어날 수 없고, 그것에 '경직되어' 있기에 새로워질 수 없다. 마음은 '갇혀' 있으며 '막혀' 있다는 것을 발견한다. 마치 썩은 물처럼 '봉인되어' 있다는 것을 발견한다. 생명력이 빠져나간다. 왜냐하면 이때 존재는 단지 자신이 세상과 유지하는 관계 속에서, 즉 밤과 낮의 교차를 통해서 그리고 자신의 잠 속에서까지 마음이 벌이는 휴식 없는 '투쟁'에 불과할 따름이기 때문이다. 즉, 격정적이고 가련한 달리기 '경주'와 같다. 이 경주에서 사람들은 서로 '상처 주면서' 서로서로를 '이용하면서' '예속 상태에' 머물러 있게 되고, 삶이 끝나는 마지막 날까지 '성공을 보지도 못한 채' '자신이 어디로 향하는지도 알지 못한 채' '스스로를 혹사'시킬 것이다 與物相刃相靡, 其行盡如馳, 而莫之能止, 不亦悲乎. 終身役役而不見其成功, 茶然疲役而不知其所歸, 可不哀邪.* 그런데 이러한 '몽롱한 상태'에서 어떻게 빠져나올 것인가?

"나는 스승께서 현자란 일을 맡지 않으며, 이익을 취하지도 않고, 해를 피하지도 않고, 탐구하는 데서 기쁨을 취하지도 않고, 도를 따르지도 않는다고 말하는 것을 들어서 알고 있다 吾聞諸夫子, 聖人不從事於

---

* 『장자』, 「제물론」, 56: [주위의 사물에 거역해서 서로 해치고 다툰다면 일생은 말 달리듯 지나가버려 막을 도리가 없다. 슬픈 일이 아닌가. 평생 속 썩이고 수고해도 그만한 효과가 나타나지 않고, 지쳐서 늘어져 돌아갈 데가 없다. 가엾지 않은가.](안동림)

務, 不就利, 不違害, 不喜求, 不緣道."* 그 무엇도 현자를 강제하지 못하고, 그렇기 때문에 그의 얼굴을 찌푸리게 하지 못한다. 즉, 근심도, 야망도, 걱정도, 목적도, 규범도 없는 것이다. 왜냐하면 (행복·진리 등을 추구하는 철학자와는 달리) 현자란 '탐구하는 데'서 즐거움을 취하지 않기 때문이다. 그런데 이러한 지향은 가혹한 것이고 심지어 '길'도 마찬가지여서, 현자는 그 길을 '따르지' 않는다. 즉, 현자가 길을 따르지 않는 이유는, 그것이 따를 만한 것이 아니기 때문이다. 그것은 마치 길에 의해서 영향을 받고 반응해야 하는 모델로서의 계율과 관련되었기 때문이다.** 또한 현자는 '먼지와 진흙'의 세계 너머로 자유롭게 '변화한다遊'. 현자에게 길, 즉 도는 하나의 속박이 아니다. 왜냐하면 도는 하나의 선례가 아니기 때문이다. 그런데 '먼지'와 같은 이 세상을, 즉 규범과 협약으로 이루어진 이 변덕스러운 세상을 해방시키는 이와 같은 지혜의 개방성이 예속된 세상의 눈에는 어떻게 하나의 '광기'로 보이지 않았겠는가? 따라서 심지어 이러한 개방성이 어떻게 그 광기에 대해서 말을 할 수 있겠는가? 우리의 언어 자체가 항상 규범적이며 그렇기 때문에 거의 개방적이지도 않으며, 언어 자체의 구분 짓기에 의해 구분들에 예속되어 있듯 경직된 상황에서 말이다. 사람들이 내버려둔다는 것을 "나는 단지 너에게 그것에 대해서 분별없는 용어로 말하려고 시도할 수 있을 뿐이다". 즉, 사람들이 되는 대로 놓아둔다는 것을 의도적으로 규범을 넘어선 허술한 용어로

---

* 『장자』, 「제물론」, 97.

** '따르다'는 것은 여전히 격차를 함축하고 있으며, 그렇기 때문에 지향을 포함하고 있다.

말하려고 시도할 수 있을 뿐이다. 따라서 "너는 휴식을 취하면서만, 스스로를 내버려둠으로써만 들을 수 있을 뿐이다予嘗爲女妄言之. 女亦以妄聽之. 奚".*

해와 달을 동행하는 것, 세상을 그것의 연장延長과 지속 속에서 감싸는 것, 세상의 접합부에서 처신하는 것, 세상의 혼란을 그곳에 내버려두는 것. 사람들이 영광으로 여기는 그들의 종속관계에, 수많은 사람들이 복종하고, 현자는 바보처럼 보였다. 수천 년에 거친 하나의 단순 완료. 모든 존재자는 완전히 이러하다. 즉, 바로 그것을 통해 축적된 것이다旁日月, 挾宇宙, 爲其吻合, 置其滑涽, 以隷相尊. 衆人役役, 聖人愚芚, 參萬歲而一成純. 萬物盡然, 而以是相蘊(『장자』, 「제물론」).**

과장된 의도에 숨겨진 채로 하나의 중단이 완수되었고 포기가 작동되었다. 왜냐하면 그것은 바로 모든 대면이 사라지는 총체적인 시각을 도입시키기 위해 이러한 구획들에 대한 담론을 도출시키는 것이기 때문이다. 만일 현자가 혼란스럽고 '멍한' 마음을 갖고 있는 것으로 보였다면, 그것은 분명 그가 만물 사이에 구획이 만들어지도록 내버려두지 않기 때문이다. 이는 현자가 더 이상 세계와 마주보고 위

---

* 『장자』, 「제물론」, 100.

** [해와 달과 어깨를 나란히 하고 우주를 거드랑이에 낀 채, 만물과 꼭 붙어 하나가 되어 모든 것을 혼돈 그대로 놓아두고 귀천貴賤의 구별을 두지 않는다. 세상 사람들은 힘들여 수고하지만, 성인은 우둔하여 멍청하며, 오랜 세월 속에서 갖가지 것과 뒤섞이면서도 완전한 순수함을 한결같이 지닌다. 만물은 모두 있는 그대로 있게 되고, 성인은 그러한 만물 속에서 서로 감싸고 있다.](안동림)

치하지는 않지만, 세상과 '동반하며' 세상과 함께 보조를 맞추어 변화하는 것처럼 현자의 통일성은 그만큼 세상과 친밀한 것이다. 적어도 이러한 해석은 가능한 것처럼 보인다. 왜냐하면 이러한 의도는 더이상 제약적이지 않기 때문이다. 그 의도 자체도 개방적인 것이다. 실제로 이러한 한문식 표현들은 훨씬 더 장황하며, 구문적인 관계는 훨씬 미결정상태에 있고, 그 의미작용(그것을 프랑스어 번역으로 모두 담아내기는 어려운 일이다*)은 훨씬 모호하다. 이러한 사실은 특히 마지막 시구에서 민감하게 보인다. 이 구절의 의미는 나팔처럼 펼쳐지면서 마지막에는 스스로 해체된다. 즉, "함께 그것에 의해 연결되면서 축적된以是相蘊" 것이다(축적되고, 포함되고, 숨겨지고, 저장된. 마치 광산처럼 혹은 광맥처럼). 내가 이해한다는 것은 이미 그 의미를 경직시키는 것이다. 즉, 현자는 자신의 의도에 따라 개방적인 사람이기 때문에, 모든 존재자는 '전적으로 그러함'이 되는 것이고 자신의 '그러함'의 '끝까지' 나아가는 것이다. 반면에 (세상은) '존재자―이러저런 존재자―를 따로 떼놓는다'. 따로 떼놓은 자산, 무한한 자산이란, 필자가 내재성의 **자산(토대)**이라고 불렀던 것이다. 이때 개방성은 각각의 그러함을 통해 그 자산에 접근할 수 있도록 해준다.

<hr/>

* 중국어 원전을 프랑스어로 번역하여 인용하면서 이 책을 저술한 프랑스의 중국학자 프랑수아 줄리앙의 이 표현은 역자가 이 책을 우리말로 번역하면서 억눌린 무거운 어깨를 조금이나마 펼 수 있도록 해주었음을 밝힌다.―역자주

4

앞서 언급한 남곽자기에 관한 이야기의 서두에 언급된 '자아의 상실'은 그렇기 때문에 단순히 모든 발생한 '마음'의 포기를 말했던 것은 아니다. 왜냐하면 그러한 연출은 마찬가지로 중요성을 갖고 있기 때문이다. 즉, 한 사람이 의자와 같은 어떤 것에 몸을 눕히고 의지하거나 기대고 있는 것이다. 그는 하늘을 향해 얼굴을 돌리고, 천천히 자신의 숨을 비워내고, 그의 모든 몸은 '휴식을 취한다嗒'. 그 장면에서 모든 것은 이완·휴식·포기를 말하고 있다.

만일 도가 사상가가 그처럼 전형적인 특징들에 의지했다면, 즉 사람들이 아마도 오래된 샤머니즘적인 토대에서 취해졌을 일종의 황홀에 대한 전형을 알아볼 수 있다고 생각한 그런 특징들에 의지했다면, 그것은 이러한 포기의 감정을 물리적 특징으로 더 잘 그려내기 위한 것이다. 마음의 개방성 또한 (우선은) 그러한 물리적 특징을 통한다고 도가 사상가는 말하고자 한 것이다. 그렇기 때문에 그는 물리적 특징으로부터 글을 시작했던 것이다. 좀 더 정확히 말해, 만일 그 제자가 자신의 외부적 입장에서 여전히 '몸'과 '마음'을 비교적인 방식("마른 나무"와 "죽은 재")으로 '자아의 상실'을 현자가 도달한 완벽한 개방성의 차원에서 언급한다면, 이러한 구분은 사라진다. 한편, 철학은 (이성이 되어가는 완벽하게 자율적인 능력으로서의) '마음'과 함께만 인식하고 이해하는 반면 혹은 그렇다고 믿는 반면(하지만 이러한 환상은 철학을 숭고함으로부터 끌어낸다), 중국의 사상은 그 사상을 몸속에 재각인시키면서 우리에게 다음과 같은 사실에 주의하도록 하고 있다. 즉, 우리는 '하나의 성향을 통해서만' 인식하고 이해하고 다가간다는 것이다. 입장을 개방성에서까지 이완시키고 정화시키고 개방시켜야 하는 성향을 통해서 말이다. 그리고 이 개방성은 도가의 전유물이 아니다. 사람들이 공자에 대해 "자기 집에서 그 스승은 편안하고 만족한 듯 보였다子之燕居, 申申如也, 夭夭如也"*고 말하고 있다.

첫 번째 단어는 자아의 상실이다. 자아의 상실, 필자는 그것에 대해서 관습적으로 서구의 구문론에 따라 그것의 가능성을 응고시키면서 '존재자의 변모物化'라고 변역했다. 좀 더 본래의 뜻으로 말하면, '존재자existant'(혹은 존재자들étants. 하지만 중국어에는 '존재하다être'에 해당하는 동사가 없다)가 '(스스로) 변모하다'가 될 것이다. 하지만 여기서 '형상forme'이라는 개념 자체는 철회되어야 한다. 지혜의 이러한 자아 상실은 그것의 단순성 속에서 극한까지 나아간다는 말이다. 판단도 개념도 없으며, 사유도 없다. 그리고 일단 마음에서 모든 사유가 비워지면 마음에 명증성으로 보인다. 단순히 '타자'와 '자기', '이것'과 '저것', 즉 중국식 용어에 따르면 장자인가 나비인가 같은 마주보기뿐만 아니라, 서구의 고유한 용어에 의하면 주체와 객체의 마주보기도 마음속에서 용해된다. 이것은 유일한 범주, 즉 운행의 범주를 위한 것이다. 다시 말해 존재existence가 바로 운행이며, 개방성은 그것의 깊은 곳으로의 접근을 가능하게 해주는 것이다. 이때 내재성의 깊은 곳은 각각의 개별적인 그러함을 통해 스스로 드러나기를 멈추지 않는다.

단일한 인식에서 문제가 되는 것은 어떤 통일성과 관련된 것인가?

---

* 『논어』, 「술이」, 4.

사람들이 종종 믿어버렸던 것과는 달리, 도가 사상가는 모든 것이 하나라는 것 혹은 개별화는 환상이라는 것(이렇게 생각하는 것이 바로 불교이다)을 주장하지 않는다. 도가 사상가가 고대에 "사람들은 (개별적인) 존재자가 없었다고 생각했었다(아무것도 추가할 것이 없는 극도로 완벽한 인식)"라고 말했을 때, 그 의미는 개별적인 존재가 존재하지 않는다는 것이 아니라, 사람들이 자신의 개별화된 특성을 존재에 대한 총체적이고 공동체적인 이해에 장애가 되도록 내버려두지 않는다는 것이다. 이 존재는 혼자서도 모든 상황에 답할 수 있으며, 그곳에서 자유롭게 변화할 수 있다. 이러한 표현은 좀 더 자세하게 읽어볼 필요가 있다.[*] 즉, "도는 통일성 속에서 소통하게 만든다道通爲一". 혹은 "개방된 사람만이 통일성 속에서 소통하게 만들면서 인식한다". 이 판단 혹은 다른 판단이 될 수 있는 여러 구분적인 판단들에 반대해서, 현자는 그 판단들의 차이점을 통해서 각각의 판단이 그것의 기저에서 '소통된다'는 것을 지각할 줄 아는 것이며, 그 판단들이 하나의 공통된 깊이(그것들의 내재성의 깊이)를 갖고 있다는 것도 지각할 줄 아는 것이다. 주해가 곽상이 주석을 달고 있는 것처럼,[**] 그 장의 주제로 사용되고 있는 '동일한 위치에서' '평등'의 실현은 (존재자의) 구현된 성격들이 평등의 기반 위에 실현된다는 것 이외에 그 무엇도 포함하고 있지 않으며, 또한 공동의 규범을 강요하지도 않는다. 지푸라기에서 들보까지, 추녀에서 서시西施 같은 미인에 이르기까지, 그리고

---

* 『장자』, 「제물론」, 70.
** 곽상, 『장자주』, 71.

온 세상이 가장 이상하고 가장 당황스러운 것이라고 알고 있는 것에 이르기까지, 이 모든 것이 세상의 다양성을 만든다. 즉, '모든 것은 매번 자신의 그러함을 개별화시킨다'. '모든 것은 매번 자신의 가능함을 개별화시킨다.' 하지만 '그것의 일관성은 무한히 다양한 반면에, 그것이 (인접하고 있는) 본성은 공통된 것에서 얻어진다'.

따라서 이와 같은 동등함 위에 놓음이 세상의 굴종에 이르게 하고 세상을 빈약하게 만들기는커녕, 각각의 '그러함'에 대해서처럼 각각의 '가능함'에 대해서 더욱 민감하도록 해주는 사물의 공통적인 기반을 인식하게 한다. 사람들은 유일한 실을 통해 내면과 관련을 맺는 '바늘에 실을 꿰는 것'에 의해 통일성과 합류한다. 그것이 공자의 가르침을 특징짓는 것이었다. 이러한 통일성은 형이상학적인 것(모든 것이 하나이며, 유일하게 **일자**만이 존재한다는 의미에서. 인도철학과 쇼펜하우어)이 아니다. 그 통일성은 **확산적**(한쪽에서 저쪽으로 관통하는)인 동시에 **운행적**(하나에서 다른 것으로의 변화를, 그리고 이를 통해 그 운행의 추적을 허용하는)인 것이다. 왜냐하면 현자는 '분리'·'사건'·'몰락'을 분리해서 고려하기는커녕,* 즉 그것들을 대립시키기는커녕, 하나의 사물에 대한 모든 '분류'가 동시에 다른 사물의 '출현'이라는 것을 인지하고 있으며, 따라서 발생하는 사태 그 자체가 스스로 발생한 것을 '몰락'으로 이끈다는 것을 인지하고 있다.

현자는 그 차이가 외관적인 것이라고 주장하지 않으며 그것의 존재를 부인하지 않지만, 현자는 그 차이의 근본적인 통일성 — 무차별적

---

* 곽상, 『장자주』, 70.

인 기반의 통일성 — 으로 '거슬러 올라간다'. 이러한 통일성으로부터 그것의 연속성(끝없는 흐름으로서의)이 유래한다. 현자는 그 차이에 의해서 한정되도록 내버려두기는커녕 그것을 넘어서고자 한다. 즉, 현자는 그것을 **상대화**시킬 줄 아는 것이다. 바로 이러한 이유로 현자는 그 차이의 통일성을 간파하고 **열린 마음**을 갖는다.

그렇기 때문에 이 모든 것은 (중국의) 지혜를 신비함으로부터 벗어나도록 이끈다. 또한 이러한 모든 환상에도 불구하고 우리는 평범한 것을 동양에 투사하는 것이다. 심지어 만일 포기라는 주제와 특정한 추론적 성격의 초월 — 이것에 관해서는 다시 언급할 것이다 — 이 황홀감에서 빌려온 최초의 특징(중지, 혹은 '신비로운 힘을 가진 것들'의 잠정적인 중단)과 마찬가지로, 동화로 향하는 것처럼 보였을지라도 말이다. '포기'는 어떤 무화가 아니기 때문에, 그것은 신적인 것이 '효과가 있도록' 내버려두려고 하지 않는다. 만일 포기가 현실의 다양한 양상들이 그것들 사이에서 소통하도록 만든다고 하더라도 이러한 '소통'은 물질게 내부적인 것intramondaine으로 남기 때문에, 현자는 타자를 만나지 못하게 되며 (보이지 않는 세계의) 보이지 않는 현존과 소통하지 못한다. 왜냐하면 비록 결국에 현자가 모든 대면적인 관계에서 해방됨으로써 세상과 일치 협력하여 발전한다고 하더라도 그는 '사랑'에 빠져들지 않기 때문이다. 그럴 수 있는 유일한 경우는 여기서는 부정적인 것이다. "그 무엇에 의해 도가 훼손된다는 것은 무엇에 의해 사랑이 발생한다는 것이다道之所以虧, 愛之所以成."* 그러한 경우는 자신의

---

* 곽상, 『장자주』, 74: [도가 파괴되면 편애(애증)가 생기는 원인이 된다.](안동림)

집착과 편파성을 통해서 개방성과 반대 방향으로 향하게 되는 하나의 선호를 가리키는 것이다.

　서양에서는 사람들이 한편으로는 신비주의와 다른 한편으로는 이성의 이원론 사이에 사로잡혀 있기 때문에, 지혜의 이러한 개방성에 대해서 말로 하기가 너무나 어렵지만, 언어를 심층적으로 재검토하는 것이 필요할 것이다. 다시 말하면 언어를 다시 주조하는 것, 언어로부터 다른 원천들을 끌어내는 것이 필요할 것이다. 그렇다고 해서 언어로 하여금 다른 것을 말하도록 하기 위해서도, 언어로 하여금 다른 식으로 말하도록 하기 위해서도 아니다. 그것에는 몽테뉴 같은 사람의 창의력도 필요할 것이다. 즉, 가장 물질적인 이완된 표현 — 그의 은유는 몸으로 연장된다 — 의 이중적인 특징을 보여주는 몽테뉴 말이다.[*] 그렇지 않다면 우리의 서구 언어로 번역된 지혜의 포기는 필연적으로 하나의 신비로운 초월처럼 보이게 될 것이기 때문이다. 심지어 우리가 다음과 같은 사실, 즉 하나의 현존에 대한 직접적인 감정을 통해서는 한 차원에서 다른 차원으로의 변환이 작동되지 않기 때문에 지혜의 포기가 존재할 수 없다는 사실을 증명한다고 할지라도 말이다.[**] 지혜에 대해서 말하자면, 지혜는 개방되어 남아 있으며 마

---

[*] 이른바 '일관성 없는 관사들'에 의해서 처리하면서. 그리고 프랑스어에는, 한 번 지나갔기 때문에 더 이상 다시 발견될 수 없는, 몽테뉴 같은 인물로서의 하나의 '순간'이 물론 존재한다. 즉, 여전히 생기 있고 폭발적인, 즉흥적인 언어의 순간 말이다. 그 언어는 라블레의 유산이며, 날렵하고, 문법에 의해서 아직은 경직되지 않은, 가장 유연하고 개방적인 언어이다.

[**] 브레몽Abbé Henri Brémond이 인용한 타울러Johannes Tauler의 글. 즉, 만일 "성령이 우리에게서 빠져 나간다"면, 그것은 "성령이 만들어낸 그 빔을 채우기" 위해서다. 타울러는 마이스터 에크하르트와 하인리히 주조Heinrich Suso와 함께 라인란트의 중심적 신비주의자이다. 타울러의 가르침은 성 토마스 아퀴나스Thomas Aquinas의 학설에 기초하여 사변적인 신비주의 신학보다

음은 스스로를 비워서 그 무엇에 의해서도 (심지어 그 **빔**에 의해서도) 다시 점령당하도록 내버려두지 않는다. 마음은 **점령당하지 않은** 채로, 느슨해진 채로, 비어 있는 채로 남아 있다.

철학의 측면에서 보면, 사람들이 철학에 더욱 다가갈 수 있었던 것도 바로 형이상학으로부터 그리고 그것의 존재론적 단절로부터 벗어남으로써만 가능했다. 형이상학으로부터 벗어남으로써, 다시 말해서 형이상학으로부터 '좀 더 근원적인' 하나의 경험으로 되돌아옴으로써, 즉 하이데거와 더불어 적합성에 의해 진리의 이편으로 거슬러 올라감으로써, 더 이상 근원적 자리를 판단 속에 가지고 있지 않은 '베일에 가려지지 않은 것'에 접근함으로써, 사람들은 (유럽적 측면의) 지혜의 개방성과 만나게 될 것이다. 사물의 출현은 행동의 '개방을 유지함'(행동의 '열림apérité', Offenständigkeit)이 응답하는 '열림(개방성Offenheit)' 내부에서 완수된다. 왜냐하면 그것은 분명 어떤 행동과 관련되기 때문이다.* 즉, '개방'에 몰두함으로써 사람들은 "존재자l'étant를 있는 그대로의 존재자로 존재"하도록 내버려둔다. 혹은 중국식 표현을 다시 취하면, 사람들은 자신의 '그러함'에 몰두한다.

하이데거는 '자유Friheit'를 포기로서의 존재자에서부터 존재자 그 자체의 드러냄까지 존재하도록 내버려두는 것이라고 규정한다. 그러한 방식은 아마도 전적으로 일관되지는 않은, 혹은 적어도 하이데거의 저작에서 가장 빈번한 후기 칸트적인 자유 개념의 사용과는 편차가

실천적인 면을 강조했으며 에크하르트의 영향을 크게 받았다.—역자주

* '행동Verhalten'을 말함. 하이데거, 『진리의 본질에 관하여: 플라톤의 동굴의 비유와 테아이테토스Vom Wesen der Wahrheit』, 이기상 옮김, 까치, 2004 참조—역자주

있다. 하지만 서구의 전통 속에서 그가 이러한 열린 개방성을 '자유'
와 관련시킬 수 있었을까? 혹은 그는 다른 측면에서 요동치고 있는
신비한 흐름을, 에크하르트적인 흐름을 은밀히 얻어내고 있던 중은
아니었을까? 중국의 사유는 그러한 방식을 또 다른 각도에서, 그리고
이렇게 말할 수 있다면 심지어 역전된 각도에서 (자유는 그것의 뿌리
뽑힘 속에서, 단지 초월성의 근간에서만 이해되기 때문에) 밝혀내는 데 성
공했다. 즉, 중국의 사유는 그것이 끝없이 심화시켰던 것에 의해서,
그리고 우리가 여기서 '자발성$_{\text{sponte sua}}$'으로서 끝없이 추구하는 것에
의해서, 그 방식을 밝혀냈다. 현자가 상대주의자가 되지 않고서도 모
든 것을 상대화시킬 수 있는 것은 특히 그 자발성에 의해서이다.

V

상대주의도 아니다

1

중국에서 사람들이 멀리, 아주 멀리 길을 나서기도 하고, 약간 순진한 어떤 호기심에 사로잡히기도 하는 이유는, '다른 곳에서는' 어떻게 사유하는지를 보기 위함이며, 그리고 자신의 사유를 낯설게 하면서 갈 수 있는 한 다른 곳까지 가서 자기 자신을 체험하기 위함이기도 하다. 다시 말해서 자신의 사유를 자신의 우연성으로부터, 요컨대 유전적인 우연성으로부터 탈피하기 위함이다. 따라서 다음과 같은 일이 벌어진다. 즉, 우리 자신이 안개 속에 위치하고 있기 때문에 사유의 '또 다른 세계'의 안개를 분간하는 데 무척 어려움을 겪으면서, 아울러 그 세계의 수많은 차이점들 ― 이러한 차이점들은 우리가 언어를, '존재' 혹은 '주체' 혹은 '진리'의 개념이 갖는 가능성 자체를 건드리면서 감히 그 파급효과의 측정을 끝낼 수 없을 정도이다 ― 이 다양한 방식으로 우리들을 둘러싸고 있는 상태였다가 우리는 갑작스레 아주 명료한 외곽을 가진 섬들과도 같이 쉽사리 확인할 수 있는, 따라서 심지어 우리에게 친숙하기도 한 입장과 논증을 알아보게 된다. 다시 말해서 상대주의의 입장과 논증을 알아보게 된다. 마치 사람들이 그곳에서 갑작스럽게 공통된 논증의 기반을 마주치는 것과 마찬가지이며, 그 이후부터는 (그리스이든, 인도이든, 중국이든 간에) 여러 학파의 발전과 더불어 그러한 사유가 사유 자체에 대해 스스로 성찰하기 시작하고 전통적인 의견들과는 거리를 둠으로써 스스로 설득과 토론하는 기법을 발생시킨다.

그리스에서 그랬던 것처럼 중국에서도 (공손룡公孫龍, 혜시 같은) '소피스트'가 존재했었다. 비록 중국에서는 이들의 등장이 갖는 중요성이 덜하더라도 말이다. 왜냐하면 사람들은 그들 역시 이미 자리 잡은 기준들을 불안정하게 만드는 데 전념했다는 것을 알고 있기 때문이다. 그 결과 그들은 그러한 기준들로부터 사유를 끌어내고 그 사유를 해방시킴으로써 역설의 시금석으로 그 사유를 다듬는다. 이때 담론은 그 담론 자체에 울타리를 치게 되며 공공연하게 이데올로기적인 준거들을 드러냄으로써 담론 자체의 유일한 결과들에만 빠져들게 된다.

이러한 분석은 좀 더 멀리까지 밀고 나아갈 수도 있다. 즉, 그리스와 중국 양쪽 모두에서 그들의 가르침들은 전통에 의해서 충분히 전복적인 것으로 판단되었으며, 그렇기 때문에 전통은 우리에게 인용을 통해, 논박을 통해 그러한 가르침들을 단지 부분적으로만 전해주고 있는 것이다. 그러한 부분적인 내용들은 즉각 그들과 자신을 구분하는 자들(그리스에서는 플라톤과 아리스토텔레스, 그리고 중국에서는 도가 사상가인 장자가 그렇다)이 만들어낸 것이다. 왜냐하면 양쪽 모두에서 가장 잘 알려진 사상들은 자신들의 작품을 전개시키는 데 성공을 거두었고, 결국 자신의 사상을 강요하는 데 이르게 되었던 것은 바로 상대주의에 대한 일종의 초월을 통해서 이루어진 것이기 때문이다. 다시 말해 무엇인가를 비교의 대상으로 삼은 것이다. 결과적으로 이러한 여러 관점들이 예외적으로는 평행하게 위치하도록 방임되었기 때문에, 그러한 분기점은 더 분명해질 것이다.

우리가 앞서 살펴보았듯이, 중국에서는 후기 묵가 사상가들이 담론 그리고 사유의 정당성의 조건들을 세우려고 시도함으로써 아리스토텔레스와 같은 논리적으로 추론하는 사람의 역할을 담당했다. 이러한 조건들은, 아리스토텔레스에게서처럼 여러 차이들의 정당성에서 기인하는 것이다. 비록 명칭이 상대적이라고 할지라도, 채택된 관점에 의존하는 '이것'과 '저것'의 상호변환 가능성이 그것들 사이의 혼동을 야기하지는 않기 때문이다. 다시 말해서 비록 '이름을 정확하게 사용하는' 사람이 '이것'을 가리키기 위해 '저것'을 사용하고, '저것'을 가리키기 위해 '이것'을 사용한다는 것이 받아들여질 수 있다고 하더라도, '저것'에 대한 그의 사용이 바로 그 '저것'을 선택하는 것이고 '이것'에 대한 그의 사용이 바로 그 '이것'을 선택하는 것인 만큼 그가 '이것'을 위해서 '저것'을 사용한다는 것은 받아들여질 수 없다.[*] 그렇지 않으면 이것이란 것과 저것이란 것의 구분이 지워짐과 더불어 모든 토의는 불가능해질 것이다.

다른 한편 사람들이 상대적인 것으로 인정한 여러 차이점의 측면에서 보면('긴'과 '짧은'처럼 제삼의 용어를 개입시키면), 그것에는 절대

---

[*] 『후기 묵가』 下, 68.

적인 것들이 있게 된다. 따라서 배타적인 것들이 있게 되는데, 이는 구분적인 판단의 경우에서와 마찬가지다. 즉, 이것은 황소이다 혹은 이것은 황소가 아니다 같은 판단의 경우에서와 마찬가지다.[*] 요컨대 모든 언표tout énoncé는 지시적 능력을 상실하며, 따라서 만일 사람들이 "그 차이를 인식할 수" 없다면 진술된 모든 것은 "미친 소리"가 된다狂擧不可以知異.[**]

그런데 도가 사상가 장자는 상대주의에서 빌려온 하나의 반대되는 입장을 채택하는 것으로 시작했다. 그 결과 '이것'과 '저것'의 나눔에 기초하고 있는, 결국 그것들 사이에 존재자들을 가두게 되는, 발생한 관점을 해체시킨다. 묵가가 아리스토텔레스처럼 유類 개념에 집착했던 반면에,[***] 도가 사상가는 유 개념을 그 자체와 반대되도록 돌려놓음으로써, 그리고 그 개념을 무화시킬 정도로 우회적으로 사용함으로써 여러 구분의 가능성을 철저하게 제거하는 것에 매진한다.[****] 이렇게 해서 "사람들은 이것과 동일한 유에 속하는 것인지의 여부를 알지 못한다. 혹은 동일한 유에 속하지 않는지의 여부를 알지 못한다"와 같은 사태에 대해서 "우리가 말할 수 있는 상태가 된다". 하지만 "동일한 유라는 것과 동일한 유가 아니라는 것, 그것 자체도 서로서

---

[*] 『후기 묵가』 上, 88.

[**] 『후기 묵가』 下, 66.

[***] ["저것을 말馬이라고 명명하는 것, 그것은 바로 말을 분류하는 것이다"(上, 78). 그리고 "'유類를 정하는 것은 곧바로 선택된 길에 따라 '전진하는(주장하는)' 것을 허용하는 것이다'(上, 86). 반면에 "다른 유에 속하는 것은 비교할 수 없다." 즉, 들보의 길이와 밤의 길이를 비교할 수 없는 것처럼 말이다(下, 6).] 上과 下는 각각 『후기 묵가』의 上과 下를 말한다.—역자주

[****] 『장자』, 「제물론」, 79.

로 하나의 유를 이룬다". 따라서 이러한 사태는 더 이상 "스스로를 다른 것과 구분할 수" 없게 되고, "저것" 등과도 구분할 수 없게 된다今且有言於此, 不知其與是類乎, 其與是不類乎, 類與不類, 相與爲類, 則與彼無以異矣.*

"논리에 대한 관념 자체는 좀 더 근원적인 질문이 갖는 소용돌이 속에서 용해된다löst sich auf"고 하이데거**는 형이상학의 근간에 대해 사유하면서 말했다. 도가 사상가는 근원적인 질문을 배제한 제삼자의 가능성이 용해되는 질문의 무한한 퇴행 속에서 더 잘 보여주고 있다. 실제로 우리가 유에 속하는 하나의 명제, 즉 "하나의 시작이 있었다"와 같은 명제를 표현하는 것을 '시도해보기로 하자'. 예를 들면, "세상의 시작이 있었다有始也者, 有未始有始也者, 有未始有夫未始有始也者"라는 표현과 『장자』, 「제물론」(p.79 이하)에 나오는 내용들처럼 말이다.*** 우리는 곧장 다음과 같은 문장을 고려하게 될 것이다. 즉, "아직까지는 시작이 없었다". 이어서 "아직까지는 시작이 없었다는 것이 아직까지는 없었다" 등. 이 담화는 진보하고 스스로 확증되기는커녕 그와는 반대 방향으로 항상 좀 더 약화되는 것을 초래하게 된다. 다시 말해 각각의 진술은 진술 자체를 각 진술 이편으로 거슬러 올라가도록 하기 위해 끌어들임으로써 그 진술과 반대되는 또 다른 진술을 포함하게 된다. 사유는 그 속에서 혼란을 겪는다. 좀 더 정확히 말해 사유는

---

* 『장자』. [지금 가령 여기 말들이 있다고 하자. 그것이 이것과 비슷한가 비슷하지 않은가 그 점은 모르겠다. 비슷하건 비슷하지 않건 간에 서로 비슷하게 하려 하는 것은 저 세속적 입장과 다름이 없지 않은가.](안동림)

** 하이데거, 『형이상학이란 무엇인가?』 참조.

*** 『장자』. [시작이 있다. 아직 시작이 없다. 아직 시작이 없는 것이 아직 없다.](안동림)

현기증에 사로잡히게 된다. 따라서 논리적 구분은 사유의 논리적인 파괴로 이끄는 것이다. '있다il y a'와 '있지 않다il n'y a pas'라는 단순한 표현에서도 마찬가지 현상이 발생한다. 사람들은 다음과 같이 말할 것이다. 즉, '있다'라는 것이 있으며 '있지 않다'라는 것이 있다. 하지만 그렇게 되면 '있지 않다는 것은 아직 있지 않았다'라는 것도 있다는 것이 된다. 또한 '있지 않다는 것은 아직 있지 않았다는 것은 아직 있지 않았다' 등도 있는 것이 된다. 그렇게 되면 '있지 않다'만을 말하기 위해서 우리는 갑작스럽게 구분이 없어지는 것을 목도하게 되는 것이다. 왜냐하면 "있지 않다"라고 말할 때 필자는 "실제로 있다에 속하는 것과 있지 않다에 속하는 것을" 알지 못하기 때문이다. 이 두 가지 진술은 복잡하게 혼합되어 있다. 심지어 필자는 "내가 그것을 말했을지라도" "내가 실제로 무엇인가를 말했는지 혹은 아무것도 말하지 않았는지"의 여부를 더 이상 알 수 없을 정도가 되는 것이다. 단순히 담론만이 명제에 반하는 명제로서 내부에서 스스로 파괴되고 끝없는 퇴행 속으로 인도되는 것은 아니다. 하지만 언어 자체는 구분들이 작동되는 것을 내버려둠으로써 끝없이 쇠약해지게 된다. 언어는 그 속에서 불수不隨가 되어 나온다.

2

이미 설정된 경계선들을 분명하게 위치시키기 위해서, 그리고 그렇게 해서 현자의 관점에서 길을 열어주기 위해서, 도가 사상가는 여러 궤변가의 논증들을 자신이 다시 짊어진다. "그러한 사물들이 너에게 드러나 보이는 것은, 그러한 사물들이 너에게 있는 것이다." "그러한 사물들이 나에게 드러나 보이는 것은, 그러한 사물들은 나에게 있는 것이다"라고 플라톤이 프로타고라스를 인용해서 말한다.[*] 우리가 이미 보았던 것과 마찬가지로, 도가 사상가는 다음과 같이 말했다. 즉, "타자로부터 출발해서 사람들은 보지 못한다自彼則不見". "사람들이 인식하는 것은 자신으로부터 출발해서다自知則知之."[**] 각자는 자신의 참·거짓을 가지고 있다. "그는 그의 것을 가지고 있고, 나는 나의 것을 가지고 있다"(유일한 차이점은 이미지, 즉 **판타지아**phantasia의 추가가 플라톤에게는 감각 속에 포함되어 있는 것이다). 프로타고라스는 (플라톤에 따르면) 다음과 같이 말하고 있다. 즉, "만일 네가 무엇인가를 크다고 천명한다면, 그것은 또한 작은 것으로 보일 수 있다. 만일 네가 무엇인가를 무겁다고 천명한다면, 그것은 또한 가벼운 것으로 보일 수 있다".[***] 모든 것은 사람들이 비교하는 그 무엇에 달려 있으며, 그 무엇도 그 자체 속에서 그리고 그 자체에 의해서는 결정될 수 없다. 그렇기 때문에 정확하게 자질이 규정될 수 없는 것이다. 마찬가지로 도가 사상가도 다음과 같이 말하고 있다. 즉, "세상에서는 그 무엇도 가을철의 가는 털보다도 더 큰 것은 없다". 그리고 거대한 산인 태산도 "그 자체로는 작은 것이다". "그 무엇도 어린 나이에 죽은 아이보다 더 오래된 삶을 가진 것은 없다" 따라서 수백 년을 살았던 팽조彭祖도

* 『테아이테토스Théétète』, 152a.

** 『장자』, 「제물론」, 66.

*** 『테아이테토스』, 152d.

"너무 일찍 죽은 것이다"天下莫大於秋毫之末, 而太山爲小. 莫壽於殤子, 而彭祖爲天.* 작은 어떤 것과 비교해서는 항상 더 큰 것이 있는 법이다. 그리고 큰 어떤 것과 비교해서는 항상 더 작은 것이 있는 법이다. 즉, 사람들은 그 자체로 '크다' 혹은 '작다'라고 결코 말할 수 없다. 그 구분은 사라져 마땅하다.

계속해서 프로타고라스의 예를 들어보자. "나 자신은 많은 좋은 것이 음식, 마실 것, 약물 등과 같은 것처럼 인간에게 해롭다는 것을 알고 있다. …… 하지만 그런 좋은 것이 동물에게는 좋은 것이다. 나는 그런 좋은 것들 중에서도 단지 소에게만 유용한 것을 알고 있으며, 다른 어떤 좋은 것은 단지 개에게만 유용한 것들이라는 것도 알고 있다. 어떤 동물에게도 유용하지 않은 어떤 것이 나무에게는 유용한 것도 있다"** 어떤 것에 좋은 것이 다른 것에는 그렇지 않다. 즉, 그 자체로 진실한 것보다 그 자체로 선한 것이 더 많은 것은 아니며, 따라서 동물과 비교해볼 때 이러한 상대화는 고전적인 것이 될 것이다.*** 이러한 상대화는 디오게네스와 섹투스Sextus의 목록 속에서 첫 번째 회의론적 전의轉義법을 이루게 될 것이다. 그런데 도가 사상가도 마찬가지로 말하고 있다. 즉, 사람은 습한 장소에서 잠을 자면 마비가 올 정도로 허리의 통증을 느끼게 된다. 그런데 미꾸라지에게도 그런 일이 벌어질까? 인간은 나무 위에 있게 되면 두려움을 느낀다. 그런데 원

---

* 『장자』. [이 세상에서 가을철 짐승의 털끝보다 큰 것은 없으며, 태산은 오히려 작다. 어려서 죽은 아이보다 장수한 사람은 없으며 팽조는 일찍 죽은 자이다.](안동림)

** 『프로타고라스』, 334c.

*** 아리스토텔레스, 『형이상학』.―역자주

숭이도 그럴까? 거주하는 것에는 '규범'이 없다. 또한 음식이나 아름다움과 관련해서도 규범이 없다. 즉, 미인 서시가 남자들에 의해, 남자들이 그녀를 알아보고서 찬사를 받는 반면, 도가 사상가가 즐겨 말하는 것처럼 (사람이 나타나면) "물고기들은 숨어 버리고" "새들은 날아가 버리고" "사슴들은 도망가 버린다".*

　모든 것이 상대적이라는 것을 받아들이는 것은 그 무엇도 "그 자체로 그리고 그 자체에 의해서$_{auto\ kath'hauto}$"가 아니라는 것을 받아들이는 것으로 이끈다. 따라서 그 무엇도 어떤 '하나'가 아니며, 또한 그 무엇도 '존재하지' 않는다. 즉, 동사 '존재하다$_{être}$'가 사라져버린다. '존재$_{être}$'는 그때부터 '이곳저곳에서 제거되어야 하는 용어가 된다'. '모든 것으로부터 그 용어를 제거'해야 할 것이며, 그 용어를 철저하게 없애야 할 것이다. 플라톤이 자신의 대화 상대자(프로타고라스)에게 부여한 입장 속에서 프로타고라스는 헤라클레이토스와 다시 만난다. 즉, 상대주의가 유동$_{流動}$설과 결합되는 것이다. 다시 말하면 모든 것은 '흐름과 운동'으로부터 발생될 뿐이다. 따라서 만일 그 무엇도 '안정된' 것이 아니라면 그 무엇도 말에 의해서 안정되도록 내버려 두어서는 안 된다.** 따라서 만일 사람들이 철인처럼 말하고자 원한다면, '무엇인가' 혹은 '누군가에 대해' 혹은 '나에 대해' 혹은 '이

---

* 『장자』, 「제물론」, 93:[民溼寢則腰疾偏死, 鰍然乎哉. 木處則惴慄恂懼, 猿猴然乎哉. 三者孰知正處. 民食芻豢, 麋鹿食薦, 蝍且甘帶, 鴟鴉耆鼠, 四者孰知正味. 猿, 猵狙以爲雌, 麋與鹿交, 鰍與魚游. 毛嬙麗姬, 人之所美也, 魚見之深入, 鳥見之高飛, 麋鹿見之決驟.]—역자주

** 『프로타고라스』, 157b.

것'이나 '저것'에 대해 혹은 고정시키는 그 어떤 다른 단어를 말하는 것을 받아들여서는 결코 안 될 것이다. 다만 자연과의 합일 속에서는 (저것이 지금) "발생하고 만들어지고 파괴되고 변하는 중"이라고 말해야 할 것이다.

그 순간은 계시적이다. 왜냐하면 사람들은 그 순간에 플라톤이 자신의 사유에서가 아니라 자신의 사유가 갖고 있는 여러 편견에서 빠져나오지 못하는 것을 보기 때문이다. 이러한 편견들은 그리스어에 의해서 포함되어 있는 것들이며, 존재론이 플라톤을 출발로 삼아 발전시키게 될 것들이다. 즉, 반대되는 입장을 가장 극단적인 결과 속에서까지 엄격하게 추구함으로써 그것은 (불)가능성의 조건을 드러나게 만들면서 그 입장을 부조리를 향하도록 끌어당기는 것에 대해서 의심하지 않는 의도 속에 있는 것이다. 바로 여기에서 그는 자신의 사유가 갖는 가능성의 고유한 조건이 어떤 것인지 거꾸로 드러나게 하는 것이며, 그의 사유가 태어나게 되는 이론적인 분기점에 이르기까지 거슬러 올라가도록 해주는 것이다.

왜냐하면 분명 그는 여기서 그것에 대해 자신이 생각한 것보다 더 많이 말하고 있기 때문이다. 좀 더 정확히 말해 그는 그것에 대해 더 많이 행동하기 때문이다. 즉, 그는 동사 '존재하다'에 대한 정당한 제거를 고려함으로써 그리고 곧이어 언어를 다시 취하고 교정함으로써 더 이상 '존재하다'를 진행 중(에 있는 것의) 양태 위에서만, 즉 운행의 양태 위에서만 강조하지 않고서도 그 언어로 하여금 다른 식으로 말하도록 강제하는 것이다. 결국 여러 '주체들'은 더 이상 구분되지 않는다. 즉, '무엇인가'도, 혹은 '누군가'의 또는 '나의'와도 구분되지 않고, 혹은 '이것'이나 '저것'과도 구분되지 않는다. 그러한 그리스어 문장은 종속시키지도 않으며 더 이상 구성하지도 않는다. 그 문장은 평범하게 병치되며, 현재분사는 서로 연쇄관계를 가지고 있으며, 그 결과 더 이상 하나의 변화가 지속된다는 것을 의미하지 못하게 된다. 일시적으로 타인에게 말을 건넴으로써 존재론의 창시자는 위험스럽게도 존재론의 뿌리 뽑힘과 가까워지기에 이르고(그는 그것에 매혹되었을까), 따라서 이를 통해 그는 사유의 또 다른 가능성에 기회를 다시 부여하기에 이르게 된 것이다. 그리고 또한 철학은 그곳에서 사물들의 성장, 자연에 따르는_{kata phusin} 그것의 지속적인 출현과 일치될 수 있는 '현자의 말'과 다시 만나게 되는 것이다.

그런데 사유의 이러한 또 다른 가능성은 여기서 역광을 통해서 겨우 소묘적인 모습으로 돌출되고 있는데, 사람들은 그 가능성을 중국으로부터 출발하여 대낮에 인식하는 것이다. (그리스적 틀 내부에서 프로타고라스와 헤라클레이토스에 의해서 재현된) 플라톤주의의 타인에 의해 열린 깊이 팬 부분 속에서 사람들은 철학의 타자가 존재할 수 있다는 것, 혹은 그 부분으로부터 올 수 있다는 것이 윤곽을 드러내는 것을 보게 된다. 따라서 실제로 그러한 문장을 우회해서(플라톤의 사유는 극단적으로 그 문장의 울타리를 제거하게 된다), 여기서 엿볼 수 있는 것이 바로 도가 사상가의 근간이 되는 가르침이다.[*] 그리고 그는 일반적으로 존재에 대한 질문(그리고 '존재하다'라는 동사까지도)을 알지 못했던 중국과 같은 곳에서는 분명 이러한 '결핍'으로부터 결과들

---

[*] 『장자』의 마지막 편인 「천하」에 있는 장자의 요약.

을 끌어내기 위해서, 그리고 그 결과들을 탐색하기 위해서, 가장 멀리 나아갔던 사람이기도 하다. 즉, 안정적이고 결정된 것으로서의 개별적인 '구현actualisation'은 존재하지 않으며, 따라서 그 무엇도 지속적으로 하나의 '주체'(그 주체로부터 어쩔 수 없이 존재자의 '모호하고 '유동적인彷漠無形' 성격이 나온다)에 한계를 정할 수 없는 것이다.*

사람들은 항상 다음과 같은 동일한 언급을 듣는다. 즉, 엄밀하게 말해서 철학은 어떠한 진보도 이루지 못했으며, 이미 그리스인이 생각했던 동일한 철학적 질문이 아직도 여전히 우리를 짓누르고 있다는 것이 그것이다. 하지만 이런 말을 하는 사람은 사태가 그렇게 될 수밖에 없는 그 이유를 이해하지 못하고 있는 것이다. 그런데 이러한 이유는 우리의 언어가 언어 그 자체 속에 동일하게 남아 있다는 것 때문이며, 우리의 언어가 항상 동일한 문제를 향해서 우리에게 드러난다는 점 때문이다. '존재하다'라는 동사가 '먹다'와 '마시다'라는 동사가 기능하는 것처럼 기능하는 것으로 보이게 될 수 있을 만큼이나 '동일한', '참', '거짓', '가능한' 같은 형용사도 존재할 수 있는 것이다. …… 인간은 항상 또다시 동일한 수수께끼 같은 난관과 부딪치게 될 것이며, 어떠한 설명도 제거할 수 없어 보이는 것을 고정된 분위기로 응시하게 될 것이다(비트겐슈타인, 1931).

그 무엇도 항구적으로 머무를 수 없더라도, '왜곡'과 '변화'는 차례

---

* 『장자』, 「제물론」, 1098.

로 잇따르게 된다. 따라서 플라톤이 연역한 것처럼, 이 세계에 대해서 사람들은 확정적이고 '항구적인 용어莊語'로 말할 수 없다.* 왜냐하면 "만일 하나의 표현이 조금이라도 불변성을 초래한다면, 그 표현은 비판을 받을 만한 것이기 때문이다".** 『테아이테토스』에 따르면, 만일 모든 것이 '침묵한다'면, 사람들은 더 이상 다음과 같이 말할 수조차 없을 것이다. 즉, '그러함houtô'이 있다거나 '그러하지 않음'이 있다고 말이다. 좀 더 정확히 말해 '그렇게 되지 않아야 한다'라고 말할 수 없을 것이다.

이 모든 답변은 '부분적으로만 정확한' 것이 될 것이다. 그리고 마찬가지로 도가 사상가에게서도 사람들은 다음과 같은 말을 읽게 된다. 즉, "그러하지 않은 것은 아무것도 없다. 정당하지 않은 것은 아무것도 없다".*** 이러한 글이 적힌 장章의 제목은 모든 담화가 "같은 차원에서 만들어진" 것이라고 말한다. 즉, 그 모든 것이 동일한 가치를 갖는 평등의 차원에서 만들어진 것이다.

따라서 상대주의에 대한 주제에서 다음과 같은 사실을 보는 것은 놀라운 일이다. 즉, 플라톤의 텍스트와 도가 사상가의 텍스트가 서로를 알지 못하고 있었으며 심지어 각각 너무나 상이한 이론적인 지평에서 기인한 것임에도 한동안 대면적인 차원에 위치하게 된다는 것이다. 마치 마주보고 있는 강처럼 말이다. 이러한 비교는 갑작스레 수월해진다. 그 증거는 바로 비몽사몽간의 혼란에 대한 공동의 논증이

---

* '불변의bebaios'에 관해서는 Lettre VII 참조
** 『테아이테토스』, 157b; 『크라틸』, 401b.
*** 『장자』, 「제물론」, 69.

다.[*] 소크라테스는 다음과 같이 말하고 있다. "현재 우리가 잠을 자고 있는 것인지 아니면 우리가 생각하는 모든 것을 꿈꾸고 있는 것인지. 혹은 우리가 분명하게 깨어 있다면 우리가 분리하는 것은 어떤 현실적인 담론 속에서 인지의 여부를 알고자 하는 사람에게 어떤 예시적 증거로 대답해야 하는가." 왜냐하면 "현재 우리가 대화를 나누었다면, 우리가 또한 잠 속에서도 대화를 나누었다고 믿을 수 있다는 것을 막는 것은 그 무엇도 없을 것이기 때문이다". 도가 사상가는 극단적으로까지 이러한 가정에 잠겨들고 있다.^{**} 즉, "사람은 꿈을 꿀 때 자신이 꿈을 꾼다는 것을 깨닫지 못한다. …… 공자와 너를 포함해서 모든 것이 꿈이다. 내가 네게 말을 할 때 그것 또한 꿈인 것이다 方其夢也, 不知其夢也. …丘也, 與女皆夢也. 予謂女夢, 亦夢也".

3

플라톤은 상대주의자에게 말을 건네지만, 그것은 어디까지나 반박하기 위한 것이다. 도가 사상가 역시 상대주의자의 논거를 이용하지만 그것에 집착하지 않는다. 정확히 말해서 도가 사상가는 그 논거들을 '넘어서지는' 않는다. 하지만 그 논거들의 극단적인 모습에 대해서는 경계한다. 우리는 모든 상대주의의 논리적 귀결점인 "모든 것은

---

* 『테아이테토스』, 158b.

** 『장자』, 「제물론」, 104.

하나"라는 것에서 결별하는 방식으로 되돌아옴으로써 그것을 확신하게 될 것이다. 왜냐하면 아리스토텔레스의 표현처럼,[*] 만일 사람들이 프로타고라스의 입장을 취하고 따라서 이때 모든 대립이 동일한 주제에 대해서 동시적으로 모두 사실이라면 "모든 사물이 예외 없이 하나일 것이라는 것은 명백하다". 차이점이 사라짐으로써 모든 것은 (논리적으로 그리고 존재론적으로) 뒤섞인다. 즉, "3단 노예선과 성벽과 인간"이 동일한 것이 된다. "이때 아낙사고라스Anaxagoras가 말한 모든 사물이 함께 불시에 나타난다." 도가 사상가에게서도 마찬가지다. "모든 사물과 나는 하나를 이룰 뿐이다萬物與我爲一."[**] 왜냐하면 차이점이란 상대적인 것이기 때문에 "하늘과 땅", 모든 것은 "하나이다". 혜시는 형이상학적인 가정에서가 아니라 논리적인 결론을 말한다. 또 다른 궤변론자인 공손룡은 다음과 같이 말한다. "의미작용은 의미작용이 아니다." "말馬은 말馬이 아니다". 이로부터 다음과 같이 말할 수 있을 것이다. "하늘과 땅은 하나의 유일한 의미작용이다. 모든 존재는 한 마리의 말馬이다以指喩指之非指, 不若以非指喩指之非指也. 以馬喩馬之非馬, 不若以非馬喩馬之非馬也. 天地一指也. 也萬物一馬."[***]

하지만 도가 사상가는 이로부터 다음과 같은 주제를 취한다. 즉, 모든 것은 하나이고 나는 그 사실을 말한다. 사람들이 모든 것이 하

---

[*] 아리스토텔레스, 『형이상학』, 1007b─역자주

[**] 『장자』, 「제물론」.

[***] 『장자』, 「제물론」, 66: [손가락으로 그 손가락이 진짜 손가락이 아님을 설명하는 것은 손가락이 아닌 것으로 설명하는 것만 못하다. 말로 그 말이 진짜 말이 아님을 설명하는 것은 말이 아닌 것으로 설명함만 못하다. 천지도 하나의 손가락과 같고 만물도 한 마리의 말과 같다.](안동림) 밑줄은 역자가 첨가한 것이다.

나라고 말한 이후부터 이렇게 말하는 것은, 그 하나에는 추가적인 것이며 그때부터 그 말은 그 사실을 부인하는 것이다. "대상으로서 1과 그것을 표현한 말이 2가 되고, 2와 본래 분리되기 전의 1과 합쳐져서 3이 된다一與言爲二, 二與一爲三."[*] 왜냐하면 어떤 차이가 시작되었기 때문이다. 즉, "모든 것은 하나다"의 바로 그 하나와 내가 그것을 말하면서 취한 담화는 이미 "두 개를 이루는 것"이기 때문에, 따라서 이 둘과 "모든 것은 하나다"의 그 하나는 "셋을 이룬다". 이런 식으로 출발해서는 더 이상 그 연쇄를 끝낼 수 없게 될 것이다.

모든 명제와 마찬가지로 이러한 명제도 모순적인데, 도가 사상가는 그 명제도 다른 명제에 대한 것과 마찬가지로 동일한 해결책에 따르도록 한다. 즉, 사람들은 더 이상 그것에 반대되는 명제에 대해서뿐만 아니라 상대적인 명제에 집착할 수 없게 된다. 그 상대적인 명제 또한 분리적인 것이며, 따라서 그 명제의 귀결 또한 (비록 문제가 되는 것이 일원론일지라도) 편파적인 것이다. 사람들이 다른 방향뿐만 아니라 자신의 방향 속에서도 더 이상 지속할 수 없기 때문에, 유일한 출구는 관점을 근본적으로 변화시키는 것이 될 것이다. 즉, 철학적 논쟁이 취하는 것처럼 차이점에 매여서 '이것'과 '저것'을 가르는 것이 아니며, 또한 소피스트들이 하듯이 차이를 제거함으로써 이것과 저것의 균형과 통일성 속에서 융합에 집착하는 것도 아니다. 이러한 딜레마에서 벗어나기 위해서 도가 사상가는 무엇의 '의향에 따라서'라는 자신의 표현으로 되돌아온다. 즉, 이것·저것의 의향에 따르는 것이다.

_____

[*] 『장자』, 「제물론」, 79.

왜냐하면 상대주의가 논리적으로 귀결될 수밖에 없는 '모든 것은 하나다'라는 것 자체가 현실과 행위의 혼동으로 이끌기 때문이다. 즉, 그 결과로 무차별성이 도출되며, 이후 각자는 자기 방식대로 행동할 수 있고 더 이상 공통된 가치들이란 존재하지 않는다. 존재론은 무엇에 대해서 작용하는 것이다. 이는 도덕에 대해서와 마찬가지로 존재의 와해를 저지하기 위한 것이다.[*]

지혜의 논리는 제3의 길을 열어주는 데 있다. 그 논리는 차이를 지워버리지도 긍정하지도 않는 것이다. 그러나 그 논리는 상황적인 성격과 결합함으로써 사람들이 스스로 동등(지혜가 갖는 '영혼의 동등성') 하게 남아 있는 만큼이나 또한 그 차이를 받아들이는 것이기도 하다. 왜냐하면 사람들은 모든 차이점이 근간에서는 서로 동등하다는 것과 그것의 공통된 근간을 알고 있기 때문이다. 존재에도 외관에도 속하지 않기 때문에 그 차이는 발생된 소리와 마찬가지로 내재성의 한 효과로서 취해져야 하는 것이다. 지혜는 그것에 **어울리라고**accorder 말하고 있다. 이는 그 용어가 갖는 두 가지 의미(cor와 chorda라는 이중의 어원과 관련되어 있다)에 따르면, 그것을 받아들이는 것과 동시에 그것을 허용하는 것에 동의하는 것이며(그것이 발생하는 것처럼 그것을 취하면서), 또한 그 자체 속에서 조화되지 않을 수도 있을 것을 일치시키고 모든 차이를 없애버리는 것을 말한다. 혹은 달리 어떻게 말할 수 있겠는가?

---

[*] 아리스토텔레스에 따르면 존재자는 그들이 현실적으로 구분될 때에만 '존재한다'.

원숭이 조련사가 원숭이들에게 "아침에 세 개 저녁에 네 개"라고 말하면서 밤을 주었다. 그러자 모든 원숭이가 화를 냈다. 그런데 다시 "아침에 네 개 저녁에 세 개를 주마"라고 말하자 모든 원숭이가 만족해했다.狙公賦芧曰, 朝三而暮四, 衆狙皆怒, 曰, 然則朝四而暮三, 衆狙皆悅(『장자』, 「제물론」, 70).

도가 사상가는 다음과 같이 해설하고 있다. "말이나 사물에서 그무엇도 빼앗지 않았으나, 화와 만족이 차례로 경험되었다." 좀 더 정확하게 이야기하면, 화와 만족이 '실행되었고' '유희되었다'. 따라서 '그러한 것이 바로 의향에 속하는 것이다'.

중국 우화 중에서 고전적인 것에 속하는 이 일화는 원숭이의 우둔함을 보여주는 것처럼 보일 수도 있을 것이다.* 그러나 이 일화를 중국 현자의 조작적 재능에 가치를 부여한 것으로 읽을 수도 있다.** 즉, 조련사는 원숭이들에게 '아침에 세 개, 저녁에 네 개'를 주면서 자신의 의도대로 세상을 속이기 시작했으며, 반대되는 것을 제안함으로 생각을 바꾼 것처럼 했다. 그가 다른 사람들에게 자신이 그들의 요구에 따른다고 믿게 만들면서 조련사는 그들을 지배하기 위해서 그들의 어리석음을 이용했다는 것이다. 하지만 여기서도 동일한 동기가 의향에 따르는이라는 표현에 도입되고 있다. 그리고 이것은 그라네

---

* 현대적인 용어로 옮기면 다음과 같으리라. 즉, "이 세금은 올리고 저 세금은 내리겠소"라고 말하자 모든 사람이 화를 냈다. "그렇다면 이 세금을 내리고 저 세금을 올리겠소"라고 말하자 모든 사람들이 만족해했다.

** 『열자列子』, 제2장.

Marcel Granet[*]가 잘 지적했듯이, 중국적인 사유에서 공통된 원천 중 하나를 이루고 있다. 즉, 매우 다른 의미들 속에 동일한 서사적 요소를 사용하도록 하는 것이다. 이 일화의 교훈은 적응하는 것을 아는 기법에 대한 것이다. 즉, 조련사는 원숭이들에게 (아침에 세 개 **혹은** 저녁에 세 개와 같은) 차이를 부여한 것이다. 비록 조련사가 그 차이가 상대적이며 근본에서는 어떤 것도 변화시킨 것이 아니라는 사실을 알고 있다고 할지라도 말이다. 즉, 원숭이들이 아침보다 저녁에 더 먹지는 못할 것이라는 사실 말이다. 이를 통해 조련사는 원숭이와 자신 사이의 합의를 만들어냈으며, 다시 평화롭게 만든 것이다. 차이와 합의를 만들었다는 것은, 비록 그 차이가 아무리 제약적인 것일지라도 화를 즐거움으로 만들도록 하는 데는 충분했던 것이다. 결국 현자는 차이를 이용한다. 하지만 조화를 이루기 위해서 이용하는 것이다. 혹은 도가 사상가가 계속해서 이야기를 하고 있듯이 "현자는 구분을 이용함으로써 차이들의 조화를 이뤄낸 것이다聖人和之以是非". 그렇다면 이러한 표현은 매우 엄격한 의미에서 읽혀져야 할 것이다. 즉, 현자는 조화를 이룬다. 하지만 사람들이 종종 그러하게 되는 것처럼, 구분을 거부함으로써가 아니라 이와는 반대로 **구분에 도움을 청함으로써** 조화

---

[*] 프랑스의 저명한 중국학자. 고등사범학교에 들어가서 역사와 철학, 법 등을 공부하고, 에밀 뒤르켕에게 사회학을, 에두아르 샤반느에게 중국학을 배웠다. 샤반느의 뒤를 이어 국립고등사범학교에서 '극동종교연구학부' 학과장이 되어 '극동의 종교'를 강의했다. 고대 중국의 사회와 종교 등에 관해 연구하고 소르본에서 중국 문명사를 강의했다. 주요 저서로는 『중국의 고대 축제와 가요』, 『중국인의 종교』, 『중국 고대의 춤과 전설』, 『중국의 문화공동체 생활과 개인의 생활』, 『중국의 사상』, 『중국의 혼인범주와 친족관계』 등이 있고, 고대 중국의 문화와 사회에 관한 연구서와 논문이 다수 있다.—역자주

를 이루는 것이다.* 여기서 조련사는 근본적으로는 아무것도 변화시키지는 않는, 그럼에도 가장 큰 효과를 거둔 차이에 도움을 청했던 것이다. 스스로 참·거짓을 포기하는 대신에 현자는 어떠한 편의도 포기하지 않기 때문에, 현자는 상황에 따르기 위해서 그것을 이용한 것이며 자신의 개별적인 '그러함'에 답한 것이다. 하지만 그것으로 진리를 만들어낸 것은 아니다(그의 사용은 완전한 일치에 속하는 것이다). 따라서 계속해서 도가 사상가가 말하기를, "이를 통해" 현자는 "하늘의 공평함 위에·속에 휴식을 취한다是以聖人和之以是非, 而休乎天鈞".** 즉, 이와 같은 '하늘'의 공평함이 발생했지만 생산된 것은 아닌 소리의 공평함과 다름없는 것이며, 끝없이 다른 식으로 스스로 전개됨으로써 각각의 소리는 **자발성**이라는 자기로부터 출발한다. 하지만 이는 소리의 조화로운 근본을 이해시키기 위한 것이다.

이를 통해 우리는 자연스럽게 음악으로 되돌아온다. 즉, 모든 **그러함**은 모든 소리가 변화하는 것과 동일하게 하나의 차이'이다'. 그리고 음악에서와 마찬가지로 현실도 서로 차이를 보임으로써만 현실화될 수 있을 따름이다. 만일 현자가 소피스트가 자신의 추론을 통해서 행하는 것처럼 전적으로 차이를 제거하지 않는다면, 그리고 철학이 추론을 통해서 하는 것처럼 그 차이를 하나의 존재론적 양태 위에 세우지도 않는다면, 그것은 바로 현자가 사람들이 현실과 합의하게 되는 (또한 사람들이 현실에 동의하는) **바로 그곳**에 차이가 있음을 알고 있

---

* 하지만 구분에 집착하지도 않는다. 왜냐하면 현자는 구분이 상대적인 것이라는 사실을 알고 있기 때문이다.

** 『장자』, 「제물론」.

다는 것을 의미한다. 실제로 만일 그것이 사람들이 변화시키는 하나의 차이에 따르는 것이 아니라면 어떻게 '의향에 따르는' 것이 이끌어질 수 있을 것인가? 현자는 차이가 단지 변화에 불과하다는 것을 잘 알고 있다. 하지만 세상은 바로 이러한 변화에 의해서 전개되고 이해되는 것이다. 그렇기 때문에 차이는 내재성이 갖는 효과로서 이해되어야 할 것이다. 즉, 차이는 내재성을 각각의 그러함 속에서 이해되도록 만드는 것이다.

또한 만일 현자가 구분의 배타성에서 벗어나기 위해 상대주의적인 논증에 도움을 청했다면, 현자는 구분을 그 편의에 따라 사용함으로써 각각의 개별적인 경우를 통해 집단의 정당성(세상의 '실현성viabilité'), 즉 도(길)를 인식하기 위해서도 상대주의에서 벗어났던 것이다. 왜냐하면 현자에게 세상은 (하나로 환원됨으로써) 혼합되지도 또한 (차이점에 빠져 있기 때문에) 조화롭지 않은 것도 아니기 때문이다. 세상은 일관성co-hérent 있는 것이다. 우리는 철학이 소크라테스로부터 출발하여 어떻게 상대주의를 극복했는지 알고 있다. 즉, 로고스가 규정한 하나의 '자기 속에서'에 대한 추상화를 통해 본질의 일반성을 제거함으로써 상대주의를 극복했다는 것을 알고 있다. 그런데 우리가 살펴보았듯이 지혜가 가치를 두는 통일성은 또 다른 차원에 속하는 것이다. 즉, 통일성은 추상화를 통해서 하나의 일반성에 속하는 것이 아니라, 보편성(중국어에서는 '하늘')에서 기인하는 것이며, 공통이해com-préhension에 의해서 진행되는 것이다. 다른 식으로 표현하면, 지혜란 차이를 이해하는 것에 속한다. 차이들을 함께, 동일한 차원에서, 가장 폭넓게 개방된 그 존재 속에서 고려하는 것이다. 이를 통해 매 '순간' 개별적 논리를 각각의 '그러함'과 더 잘 결합시킬 수 있게 된다(공자를 말함). 왜냐하면 현자는 공통된 기반에 속하는 차이들이 어떻게 전체 — '세계' — 를 형성하면서 정당화되는지를 간파할 줄 알기 때문이다. 간파할 줄 아는 자는 현명한 자이다. 혹은 보통 이야기하듯이, 현자란 하나의 세계를 만들려면 모든 것이 조금씩 다 필요하다는 것을 간파할 줄 아는 자이다.

VI

회의주의도 아니다

1

모든 것, 즉 '사물에 대한 담론' 혹은 '담론'과 '사물'이 평등의 기반 위에 놓여야 한다는 것은 우리를 회의주의의 입장으로 이끈다. 키케로Marcus Tullius Cicero가 언급했던 것처럼 옴니아 에그제칸트Omnia exaequant(한자로는 '가지런함'을 의미하는 제齊), 즉 어떤 쪽으로도 동요하지 말자는 것이다. 만일 피론* 역시 거짓과 마찬가지로 참에 대해서도 모든 것을 평등의 기반 위에 위치시킨다면, 이는 각각의 사물이 "저 것과 마찬가지로 오히려 이것도 아니라는 것"은 당연하다고 주장했다. 즉, '저것과 마찬가지로 이것도 아니다'.** 오류의 문제가 해결되기

---

* 피론(기원전 360?~기원전 270?)은 고대 그리스의 철학자로 대표적인 회의주의자이다. 디오게네스 라에르티오스, 『철학자열전』, 103.

** 그리스어로 'ou mâllon.' 회의주의적인 입장의 주요 표현 중 하나이다. 프랑스어 표현 pas plus que(ou mallon)은 '저것보다 더 이것이어서가 아니다pas plus ceci que cela' 혹은 '왜 저것이기 보다는 오히려 이것인가pourquoi ceci piutôt que cela'의 생략된 표현이다.—역자주

때문에 유일하게 남는 문제는 편파성이다.

이 점에서도 중국과 서구의 두 사상은 손쉽게 비슷한 것으로 자리매김하면서 시작된다. 도가 사상가가 생겨난 마음을 버릴 것을 호소하고, 이를 위해서 '양측으로 걷기兩行'*를 호소한 것과 마찬가지로, 회의주의자도 우리의 시각을 다양하게 만들 것을 충고하면서 단일성이라는 시각에서 빠져나오기 위해서도 철저하게 사물의 '다른 측면'을 고려할 것을 제안했다. 즉, 그 자체로 우연적인 첫 번째 관점에 의해서 야기된 불균형을 상쇄하기 위해서 그리고 결국엔 사물이 얼마나 균형을 유지하고 있는지 확신하기 위해서 말이다. 사물은 비록 우리가 그것의 주제에 따라서 발화하는 것이 불가능할지라도 여전히 균형을 유지하고 있으며, 판단이 행하는 모든 개입은 이러한 균형을 단절시킨다. 집착하지 말아야 하며, 그리고 개입하지도 말아야 한다. 이 명제에도 그것의 반대 명제adoxastoi에도 집착하지 않는 것은, 다른 측면aclineis에 대해서와 마찬가지로 어느 한 측면에 더 기우는 것도 아니다. 그리고 이를 통해 더 이상 (모자의 깃털 장식처럼) 동요되도록 내버려두지 않는 것이다. 이는 문화비교학자들을 그토록 안심시키는 즐거움이다. 서정주의와 마찬가지로 지혜에도 값싸게 얻은 변화하지 않을 것이 있다. 그리고 실제로 이러한 공통점에 의한 사실 확인은 서로를 모르고 있던 전통 사이에도 추구되는 것이다. 이는 마치 사람들이 모든 문맥으로부터 분리 가능한 일련의 공론을 끌어낼 수 있었던 것과 같다. 도가 사상가에게 도덕성의 원칙과 참과 거짓의 길이 "혼

* 『장자』, 「제물론」, 70: [대립된 두 쪽이 다 순조롭게 뻗어나가는 입장]

동되어 있는"* 것과 마찬가지로, 그래서 사람들이 그것을 "구분"하지 못할 정도가 되듯이, 피론은 "추함도 아름다움도 정의도 부정의도 없다"고 주장했던 것이다. 이들 둘 모두가 구분에서 해방되었으며 이를 통해 죽음의 공포에서도 해방된 것이다. 스토베**가 인용한 에픽테토스에 따르면, 피론은 "산다는 것과 죽어간다는 것 사이에 어떤 차이도 없다"고까지 말했다.

피론과 도가 사상가인 장자를 이토록 근접시키는 것은 피론이 참le vrai에 대해서와 마찬가지로 존재l'être의 문제를 해결했기 때문이다. 그는 자신보다 앞선 선인들과는 달리 더 이상 자신의 주체sujet에 제기된 문제로 되돌아가지 않게 된다. 심지어 가장 일반적인 양태(존재란 무엇인가)에 대해서도 말이다. 왜냐하면 그 문제는 양태를 가정하도록 이끌기 때문에 그것에 대해 이미 너무 많은 말을 하고 있기 때문이다. 즉, 사람들이 모든 존재론 ─ 모든 부정적인 존재론까지 ─ 을 거부하고 난 이후에도 여전히 남아 있는 유일한 범주는, 그것이 어떠한 것이든 너무나 다양하고 심지어 견고하지 않은 것 ─ **현상적으로**to phainomenon ─ 으로 '드러난' 것의 범주이다. 플라톤에 의해서만 유일하게 얼핏 고려되었던 존재의 축출이 완성된 것은 실제로 피론에 의해서이다. 피론은 끝까지 밀고 나갔던 것이다. 그 결과 그는 철학과 거리를 유지하게 된다. 질문들 중 최고의 궁극적인 질문에 대해, 즉 사람들이 무엇을 통해서 인식을 하게 되는가의 질문에 대해 피론은 다음

---

* 『장자』, 「제물론」, 93.
** 5세기경 비잔틴의 장 드 스토베Jean de Stobée를 말한다. 라틴식으로는 스토베우스Stobaeus라고 한다. ─역자주

과 같이 대답하고 있다. 의미에 의해서도, 이성에 의해서도 아니라고 답하고 있다(엘레아학파는 이성에 의해서, 프로타고라스는 의미에 의해서, 아리스토텔레스는 의미와 이성에 의해서라고 답했다). 그는 그 질문을 다시 문제시함으로써 대답하고 있는 것이다. 그는 그 문제를 해결한다. 그리고 결국 그는 철학의 범주에서 빠져나오면서, 심지어 가능성의 조건들을 제거함으로써 중국의 현자를 만날 수 있게 된다. 왜냐하면 이들은 같은 시기에 행해진 동일한 확증된 사실에 참여했고 여러 학파들 사이의 끝없는 논쟁에 참여하고 있음으로써 토론으로부터 빠져나가야 한다는 위급성이 있다는 동일한 확신을 공유하고 있기 때문이다. 즉, 철학적 논쟁의 장에서 각자는 "타자가 부인한 것을 긍정하고 타자가 긍정한 것을 부인한다以是其所非, 而非其所是".[*] 그렇게 되면 이러한 대립은 해결할 수 없는 것이기 때문에 무용한 것이 된다. 그 어떤 체계도 다른 체계보다 더 가치가 있는 것은 아니기 때문에, 이러한 대립은 당연히 동등한 것(회의주의자들이 "동일한 힘을 가지고 있는 것들isosthéniques"이라고 말하는 것)이다. 즉, 파르메니데스의 명제는 헤라클레이토스의 명제보다 더 가치가 있는 것은 아니지만, 그 가치가 덜한 것도 아니다. 유가의 명제는 묵가의 명제보다 더 가치가 있는 것은 아니지만, 그 가치가 덜한 것도 아니다. 각 명제는 가능한 하나의 관점에 속하는 것이지만 또한 가능한 하나의 관점에 속하지 않는 것이기도 하다.

사람들은 회의론을 말해야 할 때 발생하는 어려움을 알고 있다. 왜

---

[*] 『장자』, 「제물론」, 63.

냐하면 사람들이 속았다고 말하는 것, 혹은 단순히 사람들이 알지 못한다고 말하는 것은 여전히 교조적이기 때문이다. 피론 이전에 이미 키오스의 메트로도르스 Métrodore de Chio*가 자신의 표현을 가장 부정확하게 만듦으로써 피하려고 적용시켰던 하나의 함정이 있는 것이다. 즉, "나는 우리가 스스로 무엇인가를 알고 있는지의 여부도, 우리가 그 무엇도 알고 있지 않은지의 여부도 알지 못한다고 확신한다. 그리고 나는 무지하다는 것과 안다는 것이 존재하는지의 여부도, 좀 더 일반적으로는 무엇이 존재하는지의 여부 혹은 아무것도 존재하지 않은지의 여부도 우리가 알지 못한다는 것을 확신한다". 이 같은 판단 중지는 철저하게 조직화되어 있다. 하지만 이러한 판단 중지는 먼저 "나는 확신한다"와 같은 표현으로 시작되고 있다. 대화가 피하도록 만드는 것이 바로 그것이다(최초의·최소한의 긍정의 몫은 대화 상대자가 떠맡아야 하는 몫으로 남는다). 마치 '빠진 이齒'(그것의 도는 채워지지 않을 것이다)와 도가의 스승 사이의 대화 같은 것이다.

"선생님은 모든 존재자가 말하면서 의견의 일치를 보는 무엇인가를 알고 계십니다. 이것이 그것입니까?" "내가 어떻게 그것을 알 수 있겠는가?" "선생님께서는 당신이 모르신다는 것을 어떻게 알고 계십니까?" "내가 어떻게 그것을 알 수 있겠는가?" "그렇다면 모든 것은 앎이 없이 존재하는 것입니까?" "내가 어떻게 그것을 알 수 있겠는가?"

子知物之所同是乎. 曰吾惡乎知之. 子知子之所不知邪. 曰吾惡乎知之. 然則物無知邪.

---

* 그리스의 철학자로서 '원자학파'의 주요 인물이다. 그는 '사람의 말하는 능력까지도 부인'했다. ─역자주

질문과 대답, 아니 모두가 단지 질문일 뿐이다. 결국 질문은 사람들이 알지 못한다는 것이지, 사람들이 아는 것 혹은 알지 못하는 것도, 사람들이 아는지 혹은 알지 못하는지의 여부도 아니다. 안다는 것의 가능성에 대해서 그 질문은 그 안다는 것을 아는 가능성으로 되돌아간다. 이 가능성이 사라져버리면 모든 질문은 폐기된다. "그럼에도 불구하고 우리는 말하기를 시도해보며雖然, 嘗試言之"** 선한 의지를 보여주기로 하자. 하지만 "내가 안다고 하는 것이 아는 것이 아니지 않은지의 여부를 어떻게 내가 알겠는가? 그리고 내가 아는 것이 아니라고 부른 것이 아는 것이 아닌지의 여부를 어떻게 알겠는가?"

2

지혜는 역사가 없다.*** 하지만 지혜는 사람들이 모든 현자의 이야기(역사)에서 재발견하게 될 두 가지 시간 — 두 가지 시간 모두 — 으로 구축될 것이다. 우리는 그 사실을 도가 사상가에게서와 마찬가지로

---

* 『장자』, 「제물론」, 91~92.

** 『장자』, 「제물론」, 92.

*** 왜냐하면 현자는 이야기를 만들지 않기 때문이다. 현자는 세계 속에 존재하는 것으로 만족하고, 세계가 존재하는 것으로 만족하기 때문이다. 프랑스어 'histoire'라는 단어에는 역사라는 의미와 이야기라는 의미가 모두 들어 있다.—역자주

피론에게서도 확인하게 될 것이다. 두 가지 시간인가 혹은 두 가지 얼굴인가? 왜냐하면 아마도 두 가지 시간에 대해서 말하는 것은 너무나 현대적인 것이기 때문이다. 그 이유는 역사에 의해서 여전히 과도하게 구조화됨으로써 그것이 서로 맺는 관계가 충분히 펼쳐지지 않기 때문이다. 이런 점에서 실제로 (부정의 시간과 그것의 초월을 위한) 어떤 변증법을 위한 자리도 존재하지 않는다. 오히려 지혜의 체제를 구축하게 될 것이 갖는 두 개의 **단계**와 관련된 것이 문제될 것이다.[*] 첫 번째 단계는 초연의 단계이자 중성화neutralisation의 단계이다. 회의주의자가 사용하는 글자 그대로의 의미에서의 **중성**neutra, 즉 "이것도 아니고 다른 것도 아닌" 단계를 말한다. 이 단계는 사람들이 의견과 관점을 상대화시키는 단계이며, (그러한 것 혹은 그렇지 아니한 것의) 구분에서 해방됨으로써 사람들은 여러 학파들의 대립되는 판단 모두를 참조하게 된다. 두 번째 단계는 사람들이 '이러한 폐지를 폐지'하면서 세상으로 되돌아가는 **안락한 삶**의 단계이다. 현자는 자신의 절대에 매달려 다른 사람들과 단절되거나 다른 사람들에 대항하여 독자적으로 살지 않는다. 현자는 성자가 아니다. 공론과 교조적인 것에서도 해방된 피론은 결국 자신이 매달리고 있는 우연한 지점에서 드러난 것의 개별적인 형태를 받아들임으로써 일상생활을 하는 사람처럼 행동하게 되는 것이다. 받아들인다는 것은 극도로 말을 아끼는 것이다. 즉, 그는 "전능한 외관이 도처에서 스스로 드러나는" 이러한 '전능

---

[*] 이때 체제란 마치 사람들이 어떤 흐름에 대해서 말하는 것과 마찬가지다. 왜냐하면 지혜는 위생학이기도 하기 때문이다.

한' 외관에 맡긴다. 레옹 로벵Léon Robin*이 해석하고 있는 것처럼 "그는 외부에서 자신에게 요구된 모든 것 혹은 단순히 자신이 간청한 모든 것에 따른다". 몽테뉴가 그렇게 하게 될 것처럼, 피론은 믿음을 따르고 이미 세워진 유용성에 순응하며 자신에게 맡겨진 기능들을 담당한다. 동시대인은 그가 엘리스 지방의 위대한 사제가 될 것을 요구했고, 그는 그렇게 된다. 몽테뉴가 (피론의 예를 따라서?) 자신이 사는 도시의 시장이 되게 되듯이 말이다. 그것은 도가의 스승에 의해서도 전체적으로 언급되고 있다.

오직 그만이 하늘과 땅의 마음과 일치 협력하여 오고간다. 하지만 그는 존재자의 공통된 것에 대해서 무시하는 태도를 보이지는 않는다. 참 혹은 거짓이라는 용어로 비판하지도 않기 때문에, 그는 일반적인 세상과 공존할 수 있는 것이다獨與天地精神往來. 而不敖倪於萬物. 不譴是非, 以與世俗處.**

주해가 곽상이 주석을 붙인 것처럼*** "현자는 생겨난 마음이 없기 때문에 동의하지 못할 그 무엇도 없는 것이다". 혹은 "그는 자기 속에 빈 것을 만들기 때문에 존재자에게 대답할 수 있는 것이다". 성현

* 레옹 로벵(1866~1947)은 철학자이자 역사학자로 소르본 대학 교수를 역임했으며, 특히 플라톤 전집 번역을 이끌었다. 주요 저서로 『피론과 그리스 회의주의Pyrrhon et le sceptisme grec』, Pairs, 1944가 있다.—역자주

** 『장자』, 「천하」, 108: [홀로 천지의 정신과 오가며, 만물을 얕보지 않고, 시비를 가려 꾸짖지 않으며, 다만 세속을 따라 동화되었다.](안동림)

*** 곽상, 『장자주』, 96.

영에 따르면 "모든 측면으로부터", 다시 말하면 "더 이상 특권적인 방향설정이 없이도" 대답할 수 있는 것이다. 열린 방식으로, 즉 구분의 중성화가 그를 개방적이게 만드는 것이고, 그렇기 때문에 이러한 개방성은 그로 하여금 자신에게서 발생하는 모든 것에 그만큼 더 잘 순응할 수 있도록 해주며 각각의 그러함의 논리와 하나가 될 수 있도록 해주는 것이다. 중국의 사상은 특히 지혜가 갖는 이러한 '무미건조한' 상태를 기술하는 데 탁월한 점을 가지고 있다고 성현영은 말한다. 이러한 상태 속에서 세상의 판단에 더 이상 집착하지 않고 그것의 구분 속에 빠져들지 않기 때문에, 현자는 세상과 내밀한 동시에 이완된 관계를 유지하는 것이다. 내밀함의 반대는 그것에 '들러붙는' 것이다. 그런데 현자는 '들러붙지도' 않고 '떠나지도' 않는다. 현자는 거부하지도 않고 함정에 빠지지도 않는다. 현자는 세상 속에서 '변화한다'. 현자는 의향대로 살아간다. 사람들이 더 이상 무엇(세상의 혹은 자신)의 의향에 따라 자문해야 할 것이 없다. 즉, 더 이상 알아야 하는 것이 있는 것도 없으며, 또한 '세상'과 '그' 사이에 단절해야 할 것도 없는 것이다.

이는 도가 사상가가 긍정적인 방식으로 개방성에 대한 자신의 개념을 통해서via, 좀 더 정확하게 말하면 회의주의자가 결코 만들어내지 못했던 비인식과 지혜의 관계를 통해서 관계를 맺기 때문에 가능한 것이다. 사람들은 바로 이러한 점에서도 또다시 차이가 출현하는 것을 보게 된다. 왜냐하면 회의주의자가 항상 참에 기반을 두고 있는 그리스의 철학적 전통 속에 각인되어 있기 때문에, 그리고 비록 그들이 그러한 전통에서 극도로 구분되어 있다고 할지라도 회의주의자들은 진리의 이편에 있기 때문이다. 즉, 그들이 진리를 갈구했다는 것은 자명하다. 우리가 그 사실을 의심할 수 있을 것인가? 하지만 애석하게도, 그들은 더 이상 그 진리를 믿지 않았다.

반면에 중국의 현자는 진리에 대해서는 근심하지 않았지만 그에게 진리가 없는 것은 아니었다. 하지만 그에게는 고정된 관념은 없었다. 즉, 현자는 사물에 대한 관념을 갖는 것을 경계했다. 그것은 사물에 대해 장벽을 치지 않기 위해서였다. 따라서 회의주의자와 도가 사상가에게 논리는 같은 것이다. 하지만 어떤 면에서 보면, 그 논리는 매우 다른 것이기도 하다. 이렇게 되면 눈에 보이는 것(필자가 기만적인 낯섦이라고 부르게 될, 즉 우리도 모르는 사이에 작동되는 것)은 더 이상 진리가 아니다. 여기서 "어떤 면에서 보면"이라고 한 표현은 다음과 같다. 사람들은 실제로 하나의 유사한 부분을 기준으로 삼지만, 그 틀 때문에 그 부분은 다른 식으로 방향을 설정하게 된다. 모든 어려움은 사유의 좌표에서 기인하는 이런 차이를 측정하는 것에 달렸다.

우리는 "내가 어떻게 그것을 알 수 있겠는가"[*]라는 답변에 대한 해석을 읽을 때 그 사실을 확신할 수 있을 것이다. 우리는 이러한 답변을 의심에 대한 과장된 표현으로 해석하고 이로부터 인식의 절망으로 해석하려고 시도했던 반면, 이와는 반대로 그 답변은 지혜가 갖는 최상의 양식으로 인식되었던 것이다. 그것은 식별하는 공통된 논리에 속하는 것이다. 즉, "만일 우리가 알지 못한다는 것을 스스로 알고 있다면, 이는 인식을 갖는 것으로 되돌아오는 것이다". 하지만

---

* 곽상, 『장자주』, 92.

주해가는 다음과 같이 계속 말하고 있다. "만일 우리가 인식을 갖고 있다면, 이때 우리는 더 이상 모든 자연적 능력의 자동 합치에 의존할 수 없을 것이다若自知其所不知, 即爲有知, 而不能任率才之自當." 우리는 더 이상 그 능력에 의지할 수도, 그것을 이용할 수도 없을 것이다. 반면에 만일 "우리가 전적으로 인식이 없다면 개방성 속에서는 그 무엇에도 관련된 것이 없기 때문에 우리는 의존하지 않는 것이다都不知, 乃曠然無所任矣". 달리 말하면, "단지 우리가 의식이 없기 때문에 의존하는 것은 자신에 의해서 세상을 만드는 것이다夫唯無其知, 而任天下之自爲, 故馳萬物而不窮也".[*] 그리고 그때부터 우리는 '고갈'을 두려워하지 않고서도 '모든 존재자를 질주하도록 만들' 수 있다. 이런 '자동 합치'가 존재자를 해방시키면서 모든 기능을 최선으로 사용하게 해주기 때문에, 바로 이를 완전한 일치라고 명명하는 것이다. 이런 관점은 그리스인처럼 이론적인 것은 아니지만, 실존의 운행이자 생명이 갖는 최고의 체계인 사물의 진행을 참조하는 것이다. 이 점에서 편차를 만들어내는 두 가지 결과가 강조된다. 즉, 인식이 진리를 겨냥하고 있는 반면에, 비인식은 완전한 일치를 겨냥한다. 그리고 이렇게 되면 우리가 통상적으로 '인식하다'라고 부르는 것은 내재성을 방해하는 것이다.

요컨대 겉모습 혹은 내재성 같은 것이, 피론과 도가 사상가 사이의 차이점과 같은 것이 될 것이다. 즉, 한편에서는 '현상現像 phainomenon'이고, 다른 한편에서는 '지위之爲' 같은 근본적인 개념을 말한다. 그 결과 필자가 내재성을 모든 의도가 끝없이 참조하는 것으로 만들어

* 곽상, 『장자주』, 97.

야 했던 것이 정당했다는 사실이 이해되는 것이다. 의도는 내재성으로 끝없이 되돌아간다. 왜냐하면 내재성이란 '내버려둠으로써'만, 초월함으로써만 말할 수 있는 것이기 때문이다. '그것(내재성)'이 말로 표현할 수 없는 것이기 때문이어서가 아니라(그 결과는 '초월'에 남겨진 것으로, 우리는 그 속에서 활동한다), 그것이 불가피하게 말 속에서 사라지기 때문이며, 사유 속에서 없어지기 때문이다. 문장은 구성되면서 즉각적으로 내재성을 흡수하고, 가두고, 완고하게 만든다. 그러한 이유로 인하여 좀 더 유동적이고 느슨한 음악이 말보다도 훨씬 더 잘 내재성을 포착하는 것이다. 내재성은 모든 것을 넘어서는 것이 아니라, 따라서 접근할 수 없는 것이 아니라, 모든 것을 통해 '움직이고' 우리가 붙잡을 수 없는 것이다. 즉, 내재성은 포착할 수 없다. 또한 사람들은 위로 되돌아오는 것, 주변을 맴도는 것과는 다른 방식으로 나아갈 수 없다. 이는 중국의 사유가 연속적인 기습을 통해 한 관점 혹은 다른 관점에서 출발하여 끝없이 행했던 방식과 마찬가지다. 따라서 모든 것에는 **우열이 없다**. '동시에de front'라는 개념, 사람들이 그 개념을 전개시킴으로써 너무 일찍부터 그것으로부터 아무 것도 포착하지 못한다. 스피노자는 예외인가? 그렇다면 어쨌거나 그 이유는 스피노자가 그 원천을 극한까지 밀어붙이면서 동요시켰기 때문이라고 할 수 있다. '일반적으로'라는 개념, 사람들이 그 개념을 가로막을 수 있는 것은 연속된 변화 속에서 그 완곡한 방법을 새롭게 만들면서인 것이다. 즉, '무미건조하고', 비어 있고, 듬성듬성한 의도 속에서인 것이다. 이러한 의도는 내재성의 기반에 머무르기 위해서는 구성되는 것을 자제하고, 말하기 위해서만, 즉 '거의 말하지 않기' 위해서만 항상 시작해야 하는 것이다.*

비록 회의주의의 모든 노력이 겉모습과 기반을 분리하는 것에 속하는 것일지라도 겉모습 자체가 존재론의 기반과 접해 있기 때문에, 겉모습 자체는 더 많은 이론적인 정합성을 가지고 있다. 마르셀 콩슈**에 따르면, 피론에게 겉모습apparence은 하나의 '순수한' 외관이다. 즉, 무엇에 '대한' 것도 아니고, 무엇을 '위한' 것도 아니기 때문에 겉모습은 (즉자 속에서 드러나는 현상과는 달리) 그것 자체만을 드러나게 해주며 아무것도 드러나게 해주지 않는다. "외면적인 모든 사물의 변화 — 모든 것을 존속하게 하는 우주적인 무화의 일종 — 속에서 그(피론)는 지혜의 원칙을 찾는다."*** 실제로 그는 그것에서 지혜의 원칙을 발견하게 될 것이다. 왜냐하면 궤변론자만이 그리스인이 만들어놓은 이러한 존재론적 범주 속에서 그것을 인식했던 것과 마찬가지로, 겉모습들은 더 이상 구분적인 것들이 아니기 때문이다. 그리고 그렇기 때문에 이해될 수 있는 것이 된다. "왜냐하면 겉모습은 서로 대립되지 않기 때문이다. 따라서 겉모습은 그 자체로는 어떤 갈등도, 어떤 동요도, 어떤 어려움도 야기하지 않는다." 중국인이 사유한 바에 따르면, 지혜를 얻어내야 하는 곳은 겉모습(중국인은 이에 대한 개념을 가지고 있지 않다) 속이 아니라, 내재성('도'의 내재성) 속인 것이다. 왜냐하면 '자기 자신의 그러함에 따라서'라는 것의 보편성 속에서 모든 구

---

* 왕부지, 『노자』, 23장 주해.

** 마르셀 콩슈, 『피론 혹은 가상Pyrrhon ou l'apparence』, éd. de Mégare, 1973. 1994년 PUF에서
재출간되었다.—역자주

*** 마르셀 콩슈, 『피론 혹은 가상』, 81.

분이 사라진다고 도가 사상가는 명시하고 있기 때문이다. 따라서 모든 갈등이 사라지는 것도 그곳이다. 그렇게 되면 다시 한 번 이러한 대화는 그것을 포착하기 위한 가장 일반적인 방법이 되며, 혹은 오히려 그 반대의 것, 즉 반대화anti-dialogue가 되는 것이다. 즉, 그 속에서 하나가 다른 하나에 답하는 것이 아니라, 하나가 다른 하나의 질문 속으로 거슬러 올라가는 것이다. 그리고 자신의 차례에 따라 질문을 하면서 그 질문을 해결하면서 그 질문에 답하는 것이다.

그림자의 그림자가 그림자에게 묻는다. "전에는 길을 걸었는데, 지금은 멈췄구나. 전에는 앉았었는데, 지금은 일어나는구나. 무엇 때문에 너는 고유한 행동을 가지고 있지 않은 것이냐?" 그림자가 대답한다. "내가 그러한 것을 위해서 의존(의 관계)을 가지고 있는가? 그렇다면 내가 의존하고 있는 그것 또한 그러한 것을 위해서 의존(의 관계)을 가지고 있다는 것이냐? 내가 뱀의 비늘 혹은 매미의 날개에 의존하고 있는 것이냐? 무엇으로 인하여 그것이 그러한지를 내가 어떻게 알겠는가? 무엇으로 인하여 그것이 그러하지 않은지를 내가 어떻게 알겠는가?"罔兩問景曰, 曩子行, 今子止. 曩子坐, 今子起. 何其無特操與. 景曰, 吾有待而然者邪. 吾所待又有待而然者邪. 吾待蛇蚹蜩翼邪. 惡識所以然. 惡識所以不然*

내재성 혹은 의존성dépendance, 그것은 사람들이 오로지 의존성의 목적 없이 연쇄를 끊을 때에만, 따라서 더 이상 구성하지 않을 때에만 사람들은 그 내재성을 발견할 수 있다. 이때 사람들은 내재성을 가로채고 그것이 (자체의 명증성 속에서) 발현되는 것을 보게 된다. 문장에서도 마찬가지다. 왜냐하면 인과관계의 연쇄라는 관점에서, 즉 생산의 관점에서 보면 그 무엇도 그림자보다 더 의존적인 것은 없기 때문에, 만일 이것이 정확하게 그림자의 그림자에 속하지 않는다고 하더라도 사람들은 끝없이 거슬러 올라갈 수 있을 것이다. 사람들이 목적 없이 길을 걸을 수 있는 것도 마찬가지다. "만일 사람들이 그림자를 몸에 의존시킨다면 그 몸은 창조자에게 의존하게 될 것이다. 나아가 다음과 같이 질문할 수도 있을 것이다. 즉, 창조자는 다시 무엇에 의존하는가 하는 질문이다景待形, 形待造物者. 請問夫造物者有邪無邪."*

앞부분에 언급한 것처럼 만일 소리가 생산물이 아니고 원인이 아니지만 자발성으로서 자신의 발화로서 인식되었을 때라야만 전적으로 (예를 들어 자연적으로) 존재할 수 있다는 것과 마찬가지다. 또한 그 장의 마지막 부분의 기술에서처럼, 비록 그것이 그림자의 존재라 할지라도 모든 존재가 존재 자체로부터 출발해서만, 존재 자체에서 발생함으로써만 항상 포착되었다는 것도 마찬가지다. 즉, 모든 실존은 발생함procédant으로써만 포착되는 것이다. "이것은 자연히 그러함이 갖는 우주(자연)적 구분을 가리키는 것이다. 앉거나 혹은 일어서는 것은 의존적이지 않으며, 따라서 스스로 혼자 획득되는 것이다. 무엇에 의

---

* 곽상, 『장자주』, 111.

한 것에 (그러한 것에) 대해 물음을 던지면서 그것의 이유를 누가 알았다는 말인가?" 이러한 '성향' 혹은 이러한 자연적인 성향, 즉 '하늘'의 성향은 이 같은 또 다른 성향, 즉 생겨난 마음의 성향이 감추고 있던 성향이다. 즉, 구성되는 인위적인 마음의 성향은 매번 하나의 판단을 만들어냄으로써 자신의 특징을 포기하는 것이다. 또한 만일 비인식이 지혜에 길을 열어준다면, 이러한 사실은 비인식이 인간적인 한계를 받아들임으로써 일종의 '지혜로운' 포기로 이끌어서가 아니며, 비인식이 겸허함을 갖추고서 무지에 대한 자신의 고백을 통해서 신념으로 변화되어서도 아니다. 하지만 사람들은 더 이상 '탐문하지' 않음으로써 발생하는 것을 발생하는 것으로서 받아들이게 되며, 사물을 '그 자체로 발생하는 것으로' 취하게 되는 것이다. 그렇게 되면 사람들은 더 이상 그 무엇에 의해서도 고통 받지 않게 된다.

3

이와 같은 내용에 대해서는 의견이 일치되고 있기 때문에, 사람들은 그것이 너무도 진부한 것이라고 말하는 것조차 삼가게 된다. 긴장도 없고, 욕망도 없고, 심지어 최소한의 꺼칠함도 없는 평범한 표현이다. 사유는 더 이상 그러한 것에 관심을 두지 않는다. 즉, 지혜는 '평정에 이르는 것이다'. 이는 마치 세상에 대한 '관심 없음不從事於務'*

*『장자』, 「제물론」, 97.

(그리스어로는 '행위불능apragmosuné')으로서의, 그리고 혼란의 부재로서의 '마음의 평정, 아타락시아ataraxie'인 것이다. 어떤 면에서 혹은 다른 면에서는 완전히 빈약한 개념이다. 왜냐하면 이론적인 전개도 없으며 심지어 가능한 문제제기도 없기 (그 개념을 침묵하게 만들어야 하기) 때문에 구제불능의 개념인 것이다. 철학 자체는 차이의 담론이며 독창성이 풍부하다. 그 결과 철학은 모든 관심을 독차지하고 있다. 반면에 지혜는 더 이상 (정확히) 말해질 수 있는 것이 아니기 때문에 사라졌다. 지혜와 더불어 비극 작가도 사라지게 될 것이다. 즉, 근본적인 균형이라는 개념은 모든 극적인 가능성을 용해시켰다. 인식을 목적으로 하지 않는 탐색을 잘게 나누는 것은 세상을 그리고 삶을 수수께끼로 간주하는 것을 방해한다. "피론주의는 너무나 정확하게도 반비극적 개념이다"라고 마르셀 콩슈는 언급하고 있다. 콩슈는 이러한 사실을 피론이 청년기를 특징지었던 비극적 감정을 제어함으로써만 도달할 수 있었던 것으로 여기고 있다. 도가 사상가가 묘사하고 있는 '과도하며' '지향하는' 것이 무엇인지 알지 못하면서 인간이 벌이는 열정적인 달리기를 읽어보면,* 사람들은 도가 사상가가 유사한 감정을 경험하고 자신의 의사와는 반대로 행동할 정도로 고대 중국에서 매우 드문 개성의 소유자 중 한 사람(굴원과 함께?)이라고 상상할 수 있을 것이다. 왜냐하면 전반적으로 보아서 그리고 그것이 가장 뛰어난 특징 중 하나이기도 한데, 중국의 (이념적인) 세계는 조화에 부여된 절대적 영향력하에 있었기 때문에, 그는 대립과 갈등의 원천에 대해

---

* 『장자』, 「제물론」, 56.

서 폐쇄적이었으며, 심지어 그 원천에 대해서 의심하지도 않았던 듯해 보였다. 바로 이러한 이유로 인해 그가 선호하는 사유의 형식은 '지혜'인 것이다.

공통 공론과 같은 것에서는 여전히 더 의심스러운 점이 있을 것이다. 하지만 논리적으로 보아서 그는 바로 그러한 공론으로부터 시작했어야 했을 것이다. 즉, 현자는 '자신이 생각하는 것처럼' 살았을 것이다. 순전히 이론적인 활동 속에서 발전되었던 철학과는 달리, 현자자신은 '실천에 옮기는 삶을 산다'. 게다가 이러한 점에서 흥미로운것은 철학의 입장이다. 즉, 철학은 궤변술이 더 이상 삶에서의 진리에 관심을 두지 않았다고 쉽게 비난한다. 하지만 이론과 실천('인식'과 '행동')의 간극을 파놓은 철학 자체가 점차 유럽에서 지혜를 불가능한 것으로 만들었으며 지혜의 조건들을 무너뜨렸던 것이다. 사람들이 ('진리'를) 인식하고 그 이후에 ('선'을) 실천에 옮길 수 있는 것과마찬가지이며, 생활에 대한 '적용'이 (과학과 기술 사이에서처럼) 가능했던 것과 마찬가지다. 그것은 '행복'의 관점에서는 다음과 같다. 즉,행복이라는 개념은 중국인이 가치를 두지 않았던 개념이다. 왜냐하면행복을 규제의 논리와 따로 떼어놓지 않았기 때문이며, 목적과 목적론의 절대적 영향력을 경계했기 때문이다. 우리 서구인들은 진리에대해서 했던 것과 마찬가지로 행복을 하나의 본질, 하나의 절대로 만들기 위해서 그것을 추상화했다. 그리고 그때부터 그 간극을 다시 흡수하기 위해서는 종교적·도덕적인 법칙을 필요로 했던 것이다. 이러한 사실로부터 고대 유럽에서 법의 중요성은 철학과 함께 쌍두마차를 이루었다. 왜냐하면 법은 원칙의 사변적인 특징을 상쇄했던 지지

adhésion의 가능성을 제공했기 때문이다.

하지만 피론은 아리스토텔레스 시대에 젊은 시절을 보냈기에 이러한 균열의 역사 속에서, 아리스토텔레스를 뛰어넘기 바라기에는 아직은 너무 이른 감이 있었다. 그리고 학설사가學說史家들에 따르면, 자신의 독창성을 만드는 데도 마찬가지 상황이었다. 반면 알렉산드로스Alexandros의 정복에 의해 동요된 세상 속에서 살았기 때문에, 철학의 책임하에서 진행되었던 '진리 해방'에 대한 욕구는 여전히 더욱더 긴급한 것이었다. 그는 "자신의 삶에 의해서 동반될 것이다"라고 그 욕구에 대해서 말했다. 달리 말해서, 그는 자신의 독트린에 부합하는 삶을 살 것이다. 카리스투스의 안티고누스Antigone de Caryste*에 따르면, 그는 자신이 가르쳤던 것을 극도로 엄격하게 스스로 따르게 될 것이다. 즉, 벽에 부딪치게 될 정도까지 나아갔고, 마차나 부랑하는 개, 구렁텅이에 대해 조심하는 법이 없을 정도였다. 왜냐하면 모든 것이 단지 겉모습일 뿐이었기 때문이다. 하지만 정확히 말해서 사람들은 그러한 정도의 무관심adiaphora을 실행할 수 있는가? 아리스토텔레스는 이미 다음과 같은 문제를 제기했었다. 즉, 무관심의 철학자는 "자신이 물을 마시는 것이나 어떤 사람을 보는 것이 더 선호한다고 생각함으로써, 곧 그러한 대상들에 대한 탐구를 실행할 때도 탐구하지 않으며 모든 것을 동등한 입장에서 판단하지도 않는다.** 삶 속에서 저울의 균형을 잡는 것은 불가능하다. 다시 한 번 카리스투스의 안티고누

---

* 기원전 3세기경 그리스의 자연주의자이자 다방면의 글을 쓴 인물이다.―역자주

** 아리스토텔레스, 『형이상학』.―역자주

스에 따르면, 어느 날 개 한 마리가 뒤에 따라붙자 피론은 나무 위로 피한 일이 있었다. 한 친구가 약속을 지키지 못한 것에 대해 피론은 화를 낸다. 그러나 피론은 "인간을 숙명을 벗는 것"이 얼마나 "어려운" 것인지에 대해서 고백했다.

그런데 정확히 말해서 바로 그러한 사실은, 중국의 사유에 접근하면서 사람들이 그 사실을 이해하게 되는 것은 매우 점진적으로 이루어지기 때문에, 우리를 놀라게 하는 것이 아니라 우리가 결코 완벽하게 중국의 사유를 포착하지 못할 것이며, 어떤 것은 그 자체로 지속적으로 우리에게서 벗어난다는 인상 — 중국의 사유는 은밀하게 우리에게 저항한다 — 을 준다. 중국의 사유가 이러한 편차를 만들어내지 않았던 것과 마찬가지로(비록 중국의 사유가 그 가능성에 대해서 알지 못하고 있었더라도), 중국의 사유는 삶에 대한 사변적인 고찰을 분리하지 않았으며, 단지 하나의 지적인 의미에 불과한 것이 아니며, 사유 속에서만 존재하는 것이 아니다. 내재성의 사유, 그것은 이해되기 위해서, 뒤따라야하는 것을 위해서 노력을 요구하지 않는다. 따라서 그것은 분석 없이도 용해되는 것이기 때문에, 경주해야 할 노력의 부재는 우리를 그 사유에 대해서 접근불가능하게 만드는 것이다.

게다가 뒤따른다는 것은 여전히 너무 말을 많이 한 것이다. 우리가 앞서 살펴보았듯이, '길'이란 마치 그것이 모델의 혹은 지각의 질서에 속했던 것처럼, 그리고 존재에 대한 정보를 주는 외부의 질서(신앙이나 추상의 질서와 같은)에 속했던 것처럼, '따라야 할' 것이 아니기 때문이다. 길이 스스로 내재성에 열려 있는 것처럼, 길은 그 어떤 지향성의 대상이 될 수 없다. 만일 피론이 했던 것처럼, 무관심 속에 머무르기 위해서 그리고 그 무엇도 증명할 수도 없고 동의할 수도 없으면서 외관들에 동의하기 위해서 불가능에 도달할 정도로 노력을 기울여야 한다면, 반대로 사물이 발생하듯 그것을 취하고 각각의 그러함의 도약을 확인하기 위해서는 더 이상 그것을 할 필요가 없다. 따라서 비록 현자가 각각의 그러함에 동일하게 열려 있고 현자에게는 모든 것이 규제의 방식 속에서 균형을 유지하고 있다 하더라도, 현자가 자신의 행동 속에서 그렇게까지 '무관심하게' 있는 것이 아니다. 그의 개방성은 매번 현자를 '길'의 방향으로 향하는 것과 하나가 되게 만든다. 이를 통해 현자는 오히려 스토아주의에 다가가게 될 것이다. 하지만 스토아주의는 재현이라는 사유를 포함하고 있다.

중국의 현자가 그러하듯 **무미한** 것은 무관심한 것이 아니다. 이와는 반대로 가장 중성적인 이러한 상태는 다른 것들의 발생에 스스로를 최대한 동참하도록 하는 상태이며, 다른 것들이 서로 관련이 없을지라도 발화된 소리의 무한히 다양함을 인식하도록 하는 상태인 것이다. 게다가 다음과 같은 사실은 시사하는 바가 있다. 즉, 마르셀 콩슈는 외관에 기초한 지혜를 정당화하기 위해 외관을 내재성의 측면에서 도출하면서 도가 사상가의 다음과 같은 표현을 재발견했다. "존재자의 세계는 더 이상 우리에 의해서 사물화되지 않으며, 우리의 면전에서, 우리에 반하여, 우리의 판단에 의해서 정립되지도 않는다. …… 더 이상 그 판단을 판단하지 않으면서도, 사물을 단순히 사물 자체에 맡겨두어야 할 것이다."*

---

* 마르셀 콩슈, 『피론 혹은 가상』, 130.

4

유럽 문화의 내부에서 이 같은 사실을 가장 잘 말한 사람은 바로 몽테뉴이다. 피론주의의 영향하에서 그것을 대립되는 것들과 분리함으로써 (또한 성향과 쾌락 등의 쾌락주의와 마찬가지로 동의에 대한 스토아주의적 심리와도 분리함으로써) 그는 철학에서 벗어난 '자연'을 인식했다. 사람들이 자연에 '따르는' 것은 '지혜' 속에서이다.

엄청난 이성을 가지고 있는 철학자들은 우리로 하여금 자연의 규칙을 참조하게 한다. 하지만 이 규칙은 너무나 숭고한 인식만을 다룰 뿐이다. 철학자들은 그 규칙에 오류가 있음을 증명하고, 우리에게 그 규칙의 너무 과하게 채색된 모습과 너무나 궤변 같은 모습을 보여준다. 이로부터 너무나 획일적인 하나의 주관에 대한 상당히 다양한 묘사가 탄생한다. 자연이 우리로 하여금 걷기의 기반을 제공했던 것과 마찬가지로, 자연은 우리를 생명으로 인도하기 위해서도 신중함을 보인다. 신중함은 철학자의 창안이 갖는 신중함처럼 그토록 기발하고 견고하고 과장된 것이 아니라, 손쉽고 유익한 성공을 위한 것이다. 그리고 신중함은 다른 사람이 강요한 것을 아주 잘 행하는 것이며, 순진하고 정돈되게, 다시 말해서 자연스럽게 사용되는 것을 아는 시간을 가지고 있는 사람에게 속하는 것이다. 가장 단순한 것은 자연의 몫이다. 가장 지혜로운 것은 자연의 몫이다(『수상록』, III, 13, 「경험에 대하여」).

"너무나 획일적인" 주관에 대해서 말하면, 이러한 내재성은 **평범한**

(일상적인) 것이다. 이 내재성은 자신의 평범함에 의해서 벗어난다. 그렇기 때문에 철학은 내재성을 돋보이게 하려고 시도했으며, 따라서 그렇게 하려고 애씀으로써 구별되는 것이다. "하지만 손쉽고 유익한 성공을 위한 것"에 대해서 말하면, 이는 각각의 그러함의 출현을 통해서 조정의 길을 따르는 것으로 충분하다.

'무지'는 더 이상 인식의 과오가 아니다. '호기심이 없음 혹은 내향성'은 '잘 다듬어진 사고력을 휴식하게 하기 위한 푹신'하고 '부드러운' 베개와 같다. '약간은 자연에 따라 일이 진행되도록 내버려둡시다', '악한 것들의 조건과 우리의 조건에 따라서' 악한 것들에게 '자연스럽게 넘겨줍시다', 의향에 따라 '길을 내줍시다' 같은 것이다. 따라서 변화하는 몸, 노화되는 몸, 그 몸이 그곳으로 '지나간다'. 즉, "방금 고통도 없이, 노력도 없이, 내게서 빠진 이齒가 여기 있다. 다시 말해 그것은 이의 지속기간이 갖는 자연스러운 결말이다".

욕망의 조급함 이후 자신의 계획을 사물에 강요하는 시간이 지나고 나서 이제 사람들이 도래하도록 내버려두는 시간이 있다고 몽테뉴는 말하고 있으며, 이 마지막 시도에서 사람들이 '지나가도록' 내버려두는, 사물이 발생하도록 내버려두기 시작하는 시간이 있다고 적고 있다. 지혜 그 자체가 **도래한다**. 지혜는 마치 노년이 오는 것처럼 온다. 자기 스스로 그러함에 의해서 지혜는 전적으로 홀로 도래한다. 나이 듦, 노년은 전적으로 혼자서 도래하는 우리가 하지 않을 수 없는 경험이다. 만일 지혜가 노년과 함께 오는 것이라면, 그것은 바로 사람들이 젊을 때에는 지혜로울 수 없기 때문이다. 사람들은 철학자가 될 수 있을 뿐이다. 그것은 철학적인 '머리'를 갖는 것으로 충분하다. 그리고 만일 지혜가 젊음에 대해서 '말하지 않는 것'이라면, 그것은 바로 젊음이 지적으로 말하고 사상에 따라서 잘 이해할 수는 있지만, '실현시킬(깨달을)' 수는 없기 때문이다. 그것에는 시간이 필요하다. 혹은 좀 더 정확하게 말해서 펼쳐짐이 필요하다.

중국인은 그것에 주의를 기울인다. 그들은 사물의 운행을 생각한다. 그 결과 생명력이 휴식하고 이완되기 시작함으로써 스스로 발생하도록 내버려두는 것이다. 그리고 몽테뉴가 말했듯이 몸은 죽기 시작하고 스스로 '용해'되고 '스스로에게서 벗어나기' 때문에, 사람들은 이러한 후퇴를 통해서 우리를 사라지게 만드는 사물의 흐름에 점진적으로 민감해지게 되며 그것에 영향을 받기 시작한다. 더 이상 세계와 직면한 자기(확장되는 **자기**와 인식과 정복의 대상으로서의 세계)는 없다. 하지만 '자기 자신'이 쇠퇴하고 벗어나기 시작하기 ─ 몽테뉴는 다음과 같이 주장한다. "그렇다면 내 존재의 이 부분과 몇몇 다른 부분들은 이미 죽은 것이다. 다른 것들은 반쯤 죽은 것이다." ─ 때문에 사람들은 사물의 지속적 변화를 (포괄적인 의미에서) '이해한다'. 그리고 스스로 그것과 동시대 사람이 됨으로써 사람들은 '적절하게' 살아간다. "우리의 위대하고 영광스러운 걸작은 바로 적절하게 살아가는 것이다." 왜냐하면 만일 지혜가 흐르는 시간 그리고 도래하는 노년의 결과라면, 사람들이 체념하고 받아들이는 것도 아니고, 심지어 있는 그대로의 사물을 '수용하는' 것도 아니며, 또한 사물의 다른 모습인 욕망을 더 이상 경험하지 못하는 것도 아니다. 사람들은 사물을 단순히 그것이 오는 것으로 **취하는 것**이다. 더 이상 사물을 그것의 발생 속에서 판단하지도 않는다. 즉, 발생한다는 것은 모든 것이 단지 지나가게 만드는 것을 '실현하는(깨닫는) 것'이다.

지혜에는 개인적 시간이 있는 것처럼 역사적 시간도 있으며, 적어도 지혜가 말하는 시간이 있다. 그 시간을 포착하기 위해서는 특별한 조건이 필요하다. 몽테뉴는 인간적인 것을 정복하는, 세상을 재배치시키는 앎과 인식하는 주체로서의 데카르트적인 주체의 조건 사이에서 열리는 깊이 팬 부분 속에서 (그것을) 말하는 데 성공했다. 즉, 뒤덮기의 몸짓과 기반의 행위 사이에서 말이다. '자기soi'는 더 이상 사물에 매혹된 어떠한 점유와 혼합되지 않으며, 분리에 의해서 발생되는 것도 아니다. 스스로 자기 자신을 점유하면서 인식하는 존재들res cogitans을 밝히기 위한 것이다. '자기'는 공허 속에 있고, '자기'는 열려 있다. '지적으로 예민한', '예민하게 지적인'이라는 것은 다양한 것에 열려 있는 하나의 자기이며, 그것은 각각의 그러함의 '그토록 개별적인 것'에 예민한 것이다. 이것이 바로 '경험'의 자기인 것이다.

하지만 '자기' 밖에서 어떻게 (그것을) 말할 수 있는가? 사람들이 내재성을 더 이상 자기의 관점에서가 아니라 또한 대상 속에 함몰되는 '사물'의 측면에서가 아니라, (그것이) 끝없이 지나가기를 그치지 않는 것처럼 인식하는 것이라면 어떻게 '내재성'을 말할 수 있는가? 더 정확히 말해서 어떻게 내재성이 지나가도록 내버려둘 수 있는가?

VII
하나의 의미를 말하는 것 – 내재성을 놓치는 것

1

(피론의 주석가로 알려진 아리스토클레스Aristocles에 따르면) 사람들은 회의주의가 논리적으로 무엇에 귀결되었는지 알고 있다. 즉, 존재한다는 개념을 제거함으로써 모순의 원칙을 거부하는 것과 마찬가지로, 회의주의자는 말하는 것이 불가능한 상황에 처한다. 이에 따라 '실어증'은 아타락시아(마음의 평정)에 선행한다. 실제로 회의주의자는 자신이 사용하는 언어가 반대되는 것을 입증하지 않더라도 자신의 회의주의를 말하고 싶지 않을 수 있다. 왜냐하면 그 언어는 끝없이 존재를 함축하고 있으며 끝없이 차이들을 만들기 때문에 교조적인 적대자와 관련되었기 때문이다. 또한 피론의 명제 자체도 명제 자체가 말해지자마자 즉각적으로 배반된다. 이는 플라톤 이후에 유동설mobilisme을 주장하는 자들에게 행해진 비판과 연결된다. 즉, 만일 사물이 근본적으로 유동적이라면, 이러한 지칭 자체가 그 무엇도 더 이상 제한할 수 없는 교환가능성 속으로 들어가게 되는 것을 어떻게 피할 수

있겠는가? 만일 의미작용의 확고함이 보장되지 않는다면 사람들은 언어를 사용할 수 없다.

이러한 이중의 확인은 도가 사상가에게서 다시 발견된다. "도道에는 본시부터 한계가 없는 것이다. 말言에는 본시부터 항구성이 없는 것이다. 그 때문에 말에는 구별이 생기는 것이다夫道未始有封, 言未始有常, 爲是而有畛也."* 일반적으로 언어는 "항구적이지 않다". 언어는 결코 고정된 규범을 제공하지 않는다. 고정된 규범은 특히 '타자' 혹은 '자기'의 기능에 따라 다양하다. 그리고 다른 한편 도가 (이것과 저것 사이에서) "결코 구별을 겪지 않았던" 반면에, 사람들이 이것이 '이것'이라고 주장하자마자 경계가 만들어지는 것이다爲是而有畛. 그 경계가 이데올로기적인 범주로 사용되기 때문에, 낮게 평가한 것은 '왼쪽'에 놓고 높게 평가한 것은 '오른쪽'에 놓는 유학자들처럼 사람들은 친족성의 정도에 따라 '분류'하고, 가치에 따라서 '공평성équité'을 미리 규정한다. 혹은 묵가처럼 그 구분을 논리적 범주로 사용하기 때문이기도 하다. 즉, 그 자체로 '경쟁'을 야기하는 '토론'은 '구별'의 결과이며, 그 '경쟁'으로부터 각자가 가져오고자 목표하는 '갈등'이 나타난 것이다. 사람들이 무엇인가를 말하게 되면, 사람들은 사물의 구분불가능성과 반대로 작용하는 것이며, 사람들은 사물의 공통된 근거를 잃게 된다. 그렇게 되면 각각의 그러함을 분리하면서 사람들은 근거를 닫아버리고 완고하게 되는 것이다. 말하는 것, 그것은 선택하는 것이다. 말하는 것, 그것은 구별하는 것이다. 이렇게 함으로써 사람들

* 『장자』, 「제물론」, 83.

은 모든 측면으로 동일한 차원(실존)에서 더 이상 멈춤도 없고 심지어 분기점 혹은 측면도 없는 끝없이 확장되는 흐름 ― '길'(도) ― 의 구획 불가능성과 분리불가능성을 감추는 것이다. 도의 '거대한 네모 틀'은 '각이 없는' 것이다.* 왜냐하면 도가 모든 것을 존재하게(즉, 그 '세계'를 공존하게) 만들 수 있는 것은 바로 그 무엇에도 특권을 부여하지 않음으로써, 그 무엇도 부각시키지 않음으로써, 심지어 그 무엇도 분리하지 않음으로써 그러한 것이기 때문이다.

이러한 결과는 당연히 말과 지혜를 대립시킴으로써 도출되는 것이다. 말과 지혜는 서로를 배제한다. 즉, "만일 사람들이 말을 하지 않는다면" 사람들은 평등함의 기반 위에서 모든 것을 "동일한 차원에 (다시) 위치시키는" 것에 성공하는 것이다.** 반대로 사람들이 말을 하게 되면 "모든 것은 더 이상 같은 차원에 있지 않게 되는 것이다". 즉, 그 자체로 분리된 전체는 하나의 편들기이며, 따라서 분리된 전체가 만들어낸 차이는 침대(의 길이)를 기호에 따라 만드는 것과 같다. 말은 '부분성'을 끌어들이고, 그것에 의해 편파성을 끌어들인다. 모든 것을 말하는 것은 실제로 다시 분출되도록 하는 것이며, 따라서 실존의 평평하고 '평등한' 특성을 내치는 것이다. 천부적인 무심한 평평함, 그것이 내재성의 토대이다. 이렇게 되면 사람들이 말하는 존재자는 분류되고, 정돈되고, 기술될 수 있다. 하지만 자신에게서 단절된 존재자는 더 이상 자신의 도약·움직임 속에서 혹은 아주 단순히 말해

---

* 『장자』, 「제물론」, 87; 『노자』, 41.

** 『장자』, 「제물론」, 949.

서 그의 '삶' 속에서 포착되지 않는다. 그렇게 되면 또다시 우리의 유럽적 차원에서의 개념화는, 베르그송적인 작업을 통해서 불쾌하게도 물렁물렁하고 굴절되는 것이다. 이러한 '평등의 기반에 위치하기'는, 지혜가 무엇을 지향하고 있든지 "그 자체로는 말과 평등한 기반에 위치하지 못한다"고 도가 사상가는 결론을 내리고 있다. 사람들은 지혜의 회의적인 명령으로 되돌아온다. 즉, 말하지 말 것, '실어증'이 그것이다. 존재의 (평등한) 이러한 무심한 평평함을 되찾기 위해서는 침묵으로 되돌아갈 필요가 있다.

2

또한 우리는 회의주의자들이 자신의 존재론적 성향으로부터 로고스를 정화하는 것의 어려움을 말하려는 성향을 가지고 있는 방식에 대해서도 알고 있다. 우선 그 방식은 마치 어떤 하제 작용을 하는 것이 그 자체로 나머지 것들을 이끌어내면서 스스로도 이끌어내지는 것처럼 간주함으로써만 가능할 것이다. 즉, 그 자체로 가치가 있다고 주장하는 다른 담론들과는 달리 회의주의적인 담론은 우리를 회의주의적인 담론과 함께 사라지게 만들면서 담론으로부터 해방시켜주는 것만을 목적으로 할 것이다. 특히 다른 담론들은 (참조에 근거하는) 의미의 논리와 부조리의 논리 사이의 대체를 피하려고 시도하는, 침묵으로 축소시키는, 발화의 형태를 겨냥한다. 가령 가능한 모든 결정작용을 미리 차단함으로써 발화체의 예측 기능을 막아내는 부정 접두사('무'관심, '불'안정, '미'결정)를 철저하게 사용함으로써 그러하든지, 혹은 프레데릭 코수타_Frédéric Cossutta_*에 따르면 의미론적 유연성을 이용하면서 그러하든지 할 수 있는 것이다. 후자의 경우는 완벽하게 동일하지는 않더라도 어쨌든 간에 끝없이 서로 교차하고 이를 통해 연장되는 용어들에 도움을 받는 것이다. 그 결과 점진적인 미끄러짐을 통해서 작용하는 용어들은 의미론적 장場의 불가능한 안정화에 일시적으로 대처한다. 이러한 술어적인 편차를 통해서 하나의 참조는 유지된다. 하지만 그 참조는 더 이상 단정적이지 않으며, 따라서 모호하게 남게 된다. 간략하게 말해서 피론적인 담론은 부정하는 것 없이 부정함으로써, 긍정하는 것 없이 긍정함으로써, 스스로 그것을 말함에 따라서 자신의 말로부터 벗어나는 일종의 반反담화가 될 것이다. 여기서 말은 말이 말한 것을 말하는 동시에, 그 말이 말한 것의 부정을 말하게 될 것이다.** 즉, 그것에 반대하여 말하게 될 교조적인 결정작용을 아이러니하게 피하면서, 모든 담론이 포함하고 있는 환영幻影을 동시에 거부하게 될 것이다.

왜냐하면 이미 아리스토텔레스가 다음과 같은 문제를 제기했기 때문이다. 즉, 사람들은 진실한 어떤 것이 "동시에 진실하지 않은 것이 될 수 없을 것이다"라는 사실은 더 이상 고려하지 않지만, 진실과 거짓을 동일한 기반에 두며 그 차이를 지워버린다. 그렇게 되면 사람들

---

* 프레데릭 코수타는 파리1대학에서 철학국가박사학위를 취득했다. 코수타는 발화이론과 화용론을 이용하여 담론으로서의 철학을 이해하려는 방법론적인 성찰을 발전시켰으며, 1993년 '철학적 담론 분석 연구 그룹GRADPhi를 창설했다.—역자주

** 마르셀 콩슈, 『피론 혹은 가상』.

은 더 이상 아무것도 발화할 수 없을 것이다. 왜냐하면 사람들은 "이 것과 동시에 이것이 아닌 것"을 말하는 것이기 때문에, 하나의 의미 라는 가능성의 조건이 사라진다. 그런데 이 문제는 바로 도가 사상가 가 마주친 문제이기도 하다. 하지만 도가 사상가는 완전히 역전된 입 장을 취한다. 즉, 이것과 동시에 이것이 아닌 것을 말하는 데 어떻게 성 공할 것인가, 그리고 그렇게 하기 위해서 그것들의 구분을 없애는 데 어떻게 성공할 것인가 하는 것이다. 더 이상 (그것을) 다음과 같이 말 하는 것이 아니다. 즉, 구분되는 이것, 개별성 속에서 성숙하는 이것, 따라서 완고해지고 객관화된 이것처럼 말하는 것이 아니다. 왜냐하면 흐름의 보편성에서 단절되고 따라서 배타적인 것이 되어버리기 때문 이다. 하지만 모든 '이것'을 통해서 그것을 그러하도록 만드는 공통 된 — 평등한, 무차별적인 — 기반을 포착하는 것이다.

또 다른 기능이 발견 혹은 재발된다고 할 수 있다. 즉, 철학이 배 제시켰던 (하지만 적어도 현대적인 말라르메와 랭보의 시가 다시 포착했 던?) 기능이며, 중국과의 분기점이 재해석하도록 해준 기능이 그것이 다. (모순의 원칙에 따라서) 의미를 말하는 것은 카셍과 나르시의 의미 의 '결정'을 참고하면* 더 이상 스스로를 결정하는 말로 되돌아가는 것이 아니다. 하지만 말이 환기하는 결정작용을 통해서인 것이다. 그 리고 그 말이 의미작용을 넘쳐나게 만들기 때문에 내재성을 놓치는 것이다. 왜냐하면 내재성('길'의 내재성)은 사람들이 (분리해서 내재성을

---

* 바르바라 카셍Barbara Cassin & 미셸 나르시Michel Narcy, 『의미의 결정La Désison du sens: Le livre Gamma de la Métaphysique d'Aristote』, Vrin, 1989.—역자주

두드러져 보이게 만들면서) '말할' 수 없는 것이기 때문이며, 내재성을 놓치면서만 환기할 수 있는 것이기 때문이다. '존재하도록 내버려두는 것', '놓치는 것'은 구분되지 않으며 어떻게 말하더라도 그러하다. 하지만 그것에 대한 배척을 중화시키는 것이다.

우리는 이미 말하는 것에 대한 거부를, 말의 또 다른 사용을 위해서 앞서 인용된 한 문단에서 언급했다. 하지만 이러한 번역은 필자로 하여금 훨씬 더 명확한, 따라서 제한적인 방식으로 설명할 것을 요구했다. 즉, 그 표현들을 문법적으로 옥죄고 의미내용을 경직시키면서 말이다.[*] 한 글자 한 글자를 비교해보면 다음과 같다.

해·달을 동행하고, 공간·지속을 차지하고, 이 연결부분을 위해서(/만들다) 하나로 통합하고, 이 유동적인 것(모호함)을 내버려두다旁日月, 挾宇宙, 爲其吻合, 置其滑涽.[**]

불분명하고, 모호하고, 맥 빠진, '허술한' 말이다. 서두에서 말했듯이, 이런 말에서는 의미내용이 제거되어버리고 (모든 과정에서 작동되는 편광의 표현처럼) 평행관계만 나타날 뿐이다. 즉, 말을 구해내는 첫 번째 방식은 말을 결정하지 않는 것에 있다. 더 이상 그 무엇도 지명指名해서 말하지 않음으로써, 정확하게 말해서 그 말이 극도로 나팔 모양으로 펼쳐짐으로써 말은 지나가도록 내버려두는 데 성공할 것이다.

---

* 『장자』, 「제물론」, 165. 이 책의 261쪽 참조—역자주.

** [해와 달과 어깨를 나란히 하고 우주를 거드랑이에 낀 채, 만물과 꼭 붙어 하나가 되어 모든 것을 혼돈 그대로에 놓아둔다.](안동림)

의미의 해체 속에서 차이의 벌어짐을 통해서 '길'의 구분불가능성이 지나간다. 이것이 말의 지시 기능을 다른 방식으로 인식하도록 인도하는 것이다. 그렇다고 해서 모든 지시 관계를 포기하는 것도 아니며, 더 이상 지시 관계에 집착해서 존속하지도 않는다. 따라서 현자에 대해 다음과 같이 말할 수 있다. "말하지 않고서, 그는 말한다. 말을 하면서, 그는 말하지 않는다無謂有謂, 有謂無謂."[*] 그런데 좀 더 자세하게 살펴보면, 여기서 말한다는 것은 가리킨다는 것을 의미하고 있다.[**] 현자의 말은 다음과 같다.

아무것도 가리키지 않고서, 무엇인가를 가리켜라. 무엇인가를 가리키면서, 아무것도 가리키지 마라無謂有謂, 有謂無謂(『장자』, 「제물론」).

사람들은 이 인용문에서 지혜에 대한 두 개의 문장을 발견한다. 이러한 말은 붙는 것도 아니고 떠나는 것도 아니다. 이러한 말은 직접적으로 지시에 붙지 않는 것도 아니고 모든 지시 관계를 떠나지 않는 것도 아니며 공허가 되는 것도 아니다. 이러한 말은 모든 지시 능력이 제거된 지시체들 속으로는 이제 더 이상 들어가지 않는다. 모든 지시 관계가 단절되는 것은 아니다. 하지만 그 관계는 흩어지고, 따라서 결과적으로 각각의 경우에 따라 우회적이 된다. 제한되는 대신에, 지시는 부정확해진다. 제약적인 것이 되는 대신에, 지시는 개방적

---

[*] 『장자』, 「제물론」, 97.

[**] 이에 대한 용례는 『후기 묵가』 上, 80; 『후기 묵가』 下, 35 참조.

인 것이 된다. 현자의 마음이 '열려 있는' 것처럼 가장 완벽하게 열려 있음으로써 지시는 그것을 관통하는 모든 것에 동참하고 동시에 그 지시는 각각의 그러함으로 표현된다.

이러한 이유로 인하여 지혜의 속성은 발화체 속에서는 너무나 빈약하며, 따라서 기대에 어긋나는 것처럼 보였다. 하지만 지혜의 속성은 계속해서 생각할 거리를 주는 것이다. 왜냐하면 지혜는 그것의 평범함 속에 있기 때문에, 지혜는 모든 것을 소통시킬 수 있는 (평등한) 천부적인 평평함과 조우한다. 그리고 이를 통해 이해 가능한 것이 된다. 왜냐하면 만일 지혜의 속성이 하나의 의미를 구성하는 것도 밝혀주지 않는 것도 아니라면, 그것은 욕망을 자극하기 위해서도 마찬가지로 그 의미를 감추지 않기 때문이다. 즉, 의미를 관통하고, 그것을 사로잡고, 그것에 합당해야 하는 것이기 때문이다. 아니다. 현자의 말은 공손하며 낮춘다. 대조적인 것들을 부각시키고 독창성을 분출하는 대신에, 현자의 말은 평범함을 통해 이 모든 공통된 것을 끝없이 지시하는 것이다. 따라서 요구, 그것만을 표현하며, 모든 것을 평등의 기반 위에 다시 세우는 것이다.

자신의 모든 삶을 말하면서도, 그는 결코 말하지 않았다. 자신의 모든 삶을 말하지 않고서도, 그는 결코 말하지 않은 것이 아니다.

달리 말하면 그의 침묵이 말을 하고 있는 것이다. 침묵하면서 그는 내재성을 용인한다. 그의 말이 침묵하는 것처럼 그 말은 차이를 침묵하게 만든다.

3

이는 사람들이 '좋아ça va(잘 되어 간다)'라고 말할 때와 같은 것이다. 이것은 모든 사람들이 거의 매일 가장 보편적으로 '줄곧' 말하는 것이다. 왜냐하면 사람들이 '좋아'라고 말할 때 하나의 의미를 말하는 것이 아니기 때문이다. 왜냐하면 그렇게 말하는 것은 아무런 차이도 없기 때문이고, 좀 더 정확하게 말해서 그것은 분명 가능한 모든 의미에서 최소한의 차이를 만드는 것이기 때문이다. 따라서 의미와 마찬가지로 소리의 관점에서도 그러하다. 동시에 이러한 의도는 완결되고, 곧바로 그 의도를 해석하는 일밖에 남지 않을 것이다. '그것ça'은 미결정상태에 있다. 주체와 대상의 혹은 단순히 자아와 세상의 분리가 시작되지 않더라도, 이와 같은 구획은 단순히 그 속에서 모습을 드러내지 않을 뿐만 아니라 오히려 그 구획이 불가능해진다. '가다, 진행되다va'는 모든 '있다, 존재하다'보다도, 혹은 모든 '가지다, 소유하다'보다도 더욱 미결정상태에 있다. 따라서 그것의 간극을 벗어나면서도, 정확하게 말해서 하나의 운동도, 하나의 변화도 가리키지 않는다.

그럼에도 불구하고 그 동사의 의미는 운동이나 변화를 내포하게 될 것이다. 오히려 기능(한자로는 용用)이라고 해야 할 것이다. 만일 그 용어가 서구에서처럼 완고하지 않다면, 그리고 그 메커니즘에서 기인하는 것처럼 고정된 것이 아니라면 말이다. 왜냐하면 그 '좋아'라는 표현은 무無로 향하는 것이 아니기 때문에 어떤 목적성으로도 관통되지 않으며, 그것의 미결정상태에도 불구하고 그 자체로 충분하다. 사람들은 이제 더 이상 그것ce qui이 가는 것에 대해서도, 그것이 향하는 곳vers où에 대해서도 자문하지 않아도 된다. 그 표현은 자신의 관심 없음으로 종결된다. 사람들은 그것을 사유 속에서 지적인 것으로 만들 수 없다. '좋아'라는 표현은 단지 완전한 일치의 상태를 만들 뿐이며, 그것이 실현 가능하다는 것(이것이 '길'을 의미하는 한자 '도道'의 의미에 해당)을 확인하는 것으로 만족한다. 하지만 그 표현이 너무나 요약적으로 만들어내는 완전한 일치의 상태는 가장 총체적인 것이며, 가장 막연한 동시에 가장 뿌리 깊은 것이다. 왜냐하면 존재에 **밀착되**어 받아들여진 상태이기 때문이다. 비록 사람들이 넘치게 말했던 모든 것이 단지 실존을 잘라낼 뿐이고, 따라서 그것을 응고시키고 결정 짓고 잃게 만드는 것이라고 할지라도 말이다. '좋아'라는 진부한 표현을 말하면서도 사람들은 거의 말을 하지 않는 것일 뿐이며, 따라서 동시에 그 표현은 그것을 통해서 사람들이 결코 말로 다 할 수 없을 것보다 더욱더 많은 것이 지나가도록 하는 것이기도 하다. 이러한 지속적인 합치 ─ 하지만 이 용어 또한 너무나 경직되고 협소하다. 즉, 너무나 개념적이다 ─ 가 생명을 만드는 것이다.

철학자들의 언어는 이미 일그러진 언어이다. 너무 불편한 신발에 의해서 발이 변형되듯 말이다(비트겐슈타인, 1941).

4

앞에서 인용했던 왕유의 사행시 「새 우는 물가鳥鳴澗」를 다시 읽어
보자.

사람들은 쉬고 있고 (여러) 계수나무들 (여러) 꽃들이 떨어진다人閑桂花落

고요한 밤, 봄(에) 산은 빈다夜靜春山空

달이 나온다, (여러) 산들 (여러) 새들을 불안하게 만들면서月出驚山鳥

순간이 외친다, 중앙(의) 작은 골짜기(의) 봄(에게)時鳴春澗中

사람들이 휴식을 취한다, 꽃들이 떨어지고, 달이 떠오른다, 봄, 산
······ 이러한 지시체들은 개별적으로는 거의 중요하지 않다. 시적 언
어는 그것들 중 어떤 것에도 집중되지 않는다(혹은 함몰되지 않는다).
시적 언어는 묘사적이지 않다(또한 서사적이지도 않다). 하지만 마찬가
지로 구체적인 것을 포기함으로써 사유가 전개되는 것을 통해서 상
징적인 차원에서는 그것들로부터 출발하여 심화시켜야 하는 의미도
없다. 사람들은 '휴식을 취하고', 꽃들은 '지고', 달은 '떠오르고', 봄,
산, 이렇듯 연달아 펼쳐진 모티브들은 최소한의 독창성을 제공하기는
커녕 가장 평범한 것들이다.
　이러한 모티브들은 상투적인 표현인 것이다. 그런데 또한 시적 상
투적인 표현의 가치는 지시기능이 더 이상 강제하는 것이 아니기 때
문에, 또한 의미작용을 심화시켜야 하고 ('관념'의 차원에서 발전시키기
위해서) 깊이 파고들어야 하는 것이 아니기 때문에, 마치 상투적인 표

현이 그 자체로는 거의 말하는 것이 없는 것처럼, 좀 더 정확히 말해 상투적인 표현이 겨우 말한다고 하는 것이 더 좋을 것인데, 그 상투적인 표현은 묵인되는 것에 성공한 것이다. 따라서 필자가 다음과 같이 말하는 것은 말장난이 아니다. 즉, 상투적인 표현은 무의미한 것이기에 용인된다, 지나가도록 허용된다, 통과된다. 다시 말해서 상투적인 표현은 의미의 응고를 야기하지 않는다. 의미는 아래쪽에 알맹이 없이 남겨진다. 상투적인 표현은 구별하지 않는다. 또한 상투적인 표현은 의미의 배후를 묵인한다. 따라서 배후의 모든 의미는 부각된다. 그리고 그 배후는 의미의 무차별적인 토대이다. 즉, '균등한' 토대, 명증성의 토대인 것이다.

명증성은 하나의 상투적인 표현에서 다른 상투적인 표현으로 이송되었다. 왜냐하면 상투적인 표현들이 환기시키는 구체적인 것은 세상을 묘사하지 않으며 간접적으로라도 사유를 재현하는 데 사용되지도 않기 때문에, 구체적인 것은 사물도 기호도 아니다. 또한 상투적인 표현들은 가리키지 않으면서 가리키는 것이다. 사람들이 상투적인 표현에 집착하지 않기 때문에, 또한 상투적인 표현으로부터 떨어져 있지도 않기 때문에, 상투적인 표현을 넘어서기 위해서 구체적인 것은 눈에 띄지 않게 되고, 따라서 스며들게 된다. 상투적인 표현의 진부함 속에서 지시 기능은 더 이상 집요하지는 않지만, 모호한 채로 남아 있는 것이다. 지시 기능은 명확하게 한계가 정해질 수 없는 것, 또한 범위를 정할 수 없는 것에 대해서 전반적으로 암시적인 것이 된다. 즉, '사물'의, '세상'의, '삶'의 흐름에 대한, 혹은 단순히 생명(내재성)에 대한 총체적인 암시이다. (그것이 특기할 만한 것이든 혹은 창의성이 풍부한 것이든 간에 묘사적인 것 혹은 이상적인 것의 차원에서 하나의 의미를 지시하면서) '말을 하는' 대신에, 상투적인 표현은 언어에 대한 일종의 근거를 만든다. 그 속에서 사람들은 의미의 효과가 흡수되어야 하는 것으로 도래하기 때문에 삶이라는 것을 실현하며, 좀 더 정확히 말해 실현되도록 내버려두는 것이다. 왜냐하면 비록 상투적인 표현이 가장 공통된 것이라고 할지라도 그 표현이 이루는 그물 같은 조직을 포착하는 데 성공하기 위해서는 매우 촘촘한 것이기 때문이다. 즉, '산'과 '봄'은 대면적으로 연속되는 시 구절들을 통해 펼쳐지기 이전에 이미 함께 결합되어 있는 것이다. 병렬적으로 기술된 '빔'과 '중심'은 시를 완결시키기 위해서 (그리고 이를 통해 시를 꽃피우기 위해서) 서로 화답한다. 점차 떠오르는 것을 우리가 보는 달에 우리가 간헐적으로 듣는 새의 지저귐이 화답하듯이 말이다.

몇 마디 보충하면, 세상이 존재하고 모든 것이 공존한다. 하지만 말 그대로 발화하는 데 사용되는 담론이 없더라도, 이 몇 마디에 의해서 드리워진 그물(필자는 그것에 대해 설명할 수는 없었지만 그 그물은 음악적이다)은, 우리가 순간순간 작은 골짜기에서 지각하게 되는 새의 지저귐이 그 작은 골짜기의 침묵을 들리게 만드는 것처럼 그 침묵을 들리게 만든다. 침묵의 근간은 결코 스스로 말하지 않지만 모든 풍경에 스며들어 있다. 현자의 의도에 따라 이 시는 의미의 거만함을 침묵하게 만든다. 그것은 점유와 진부함이 결합된 이러한 효과에 의한 것이다.

5

분명한 구획에 대한 거부는 다음과 같은 표현된다.

　물을 붓지만 결코 채우지 않고, 퍼내지만 결코 비우지 않는다. 따라
서 그것(참과 빔)이 어디에서 연유하는지를 알지 못한다. 이것이 바로
사람들이 보광葆光을 수용한다고 부르는 것이다注焉而不滿, 酌焉而不竭, 而
不知其所由來, 此之謂葆光.*

　가득 참과 빔은 이것과 저것처럼 구별된다. 이러한 용어는 단순히
반명제적인 것이 아니라 구분적인 것이다. 이와는 반대로 지혜의 속
성을 특징짓는 것은 다음과 같다. 즉, 한편의 '가득 참'과 다른 한편
의 '빔'이라는 구분을 피하면서 지혜의 속성은 지속적으로 하나에서
다른 하나로의 이행 속에서 유지되는 것이다. 따라서 그것은 선택해
야 하고 잘라내야 할 일이 없다.

　그 자체로 분명하게 정체를 확인할 수 있으며, 어떤 자질 속에서
구축되는 포화상태와 고갈이라는 이러한 대립된 상태들 사이에서 결
코 채우지도 비우지도 않으면서, 지혜의 속성은 녹은 것 혹은 이행의
단계에서 사물에 접근하는 것이다. 즉, 이것인 동시에 이것이 아닌
반쯤 염색된 단계, 중성적인 톤 혹은 무미건조한 톤의 단계, 즉 **회색**

＊『장자』, 「제물론」, 83: [아무리 부어도 차지 않고 아무리 퍼내도 마르지 않지만, 이것이
유래한 원인을 알지 못한다. 이러한 경지를 보광葆光이라고 한다.] 보광은 가려진 빛, 밖으로
눈부시게 내비치는 빛이 아니고 안에서 휘황하게 빛나는 빛을 뜻한다.(안동림)

톤*의 단계에서 사물에 접근하는 것이다. 그러한 단계 덕분에 지혜의 속성은 사물의 흐름 속에서 어떤 측면으로도 흔들리지 않으면서 유지될 수 있으며, 따라서 편파성을 피할 수 있는 것이다. 만일 지혜가 실제로 '회색'이라면, 그것은 그 무엇도 배제하지 않기 위함이다. 왜냐하면 만일 '도가 눈에 띄는 것'이라면, 그리고 도가 구분됨으로써 주의를 끄는 것이라면(따라서 또한 필연적으로 주의를 다른 곳으로 돌리는 것이라면. 이러한 유일한 사실만으로도 어떤 '다른 곳'이 발생하기 때문이다), 앞서 이미 말했던 것처럼 "그것은 더 이상 도가 아니다". 왜냐하면 도는 도처에 있기 때문이다. 또한 지혜는 내재성의 근간("그것이 어디에서 유래하는지", 즉 몽테뉴 같은 사람의 "관심 없음"이 어디에서 기인하는지)에 대해서 알아보려고 노력하지 않고서도 "빛을 조화시키는 것和其光"** 혹은 "빛을 수용하는 것"이다.

하지만 말이 갖는 이러한 '미끄러짐'을 무엇이라 말할 것인가? 마치 우리가 음악에서 이음줄에 관하여 말하듯 말이다. 혹은 적어도 이행의 이러한 중단 없는 방식을 포착하지 못한다고 하더라도 말이다. 왜냐하면 그 방식이 분간할 수 없는 것이기 때문에 우리는 뒤로 물러나면서, 따라서 양측에서 그것을 가리킴으로써 이행 방식의 **유동적인** 특징을 구분해야 할 것이기 때문이다. 그 특징은 유동적이면서 동시에 교체적인 것이다. 왜냐하면 어떤 측에서도 부동의 상태로 있지 않음으로써, 하지만 한 측에서 다른 측으로의 변화 속에서 발전함으로

---

* 비트겐슈타인에 따르면 **지혜는 회색이다**.

** 『노자』, 56편.

써 그것에는 그 무엇도 부족하지 않기 때문이다.

다음과 같은 이미지가 지혜의 속성을 아주 잘 특징지어주고 있다. 이는 그 이미지가 지혜의 속성을 지칭危岂하는 데 사용되었다는 의미에서 그러하다.[*] 고대의 기술에 따르면, 가득 차면 기울고 비워지면 다시 차는 술잔 혹은 요술 컵 같은 것이 있었다. 즉, 그 잔은 동일한 상태에 머물러 있지 않고 상황에 따라서 변화한다. 그 이미지는 분명하다. 고정된 위치를 가지고 있지 않기 때문에(앞서 언급한 저울은 완전한 합치의 상징이다), 주해가들의 말에 따르면 그 용기用器는 다음과 같은 마음의 능력을 환기하고 있다. 즉, 생겨난 마음으로서 하나의 개념에 집착하는 대신에, 개방되어 있고 편견 없이 머물러 있는 마음의 능력을 환기한다. 따라서 담겨 있던 물이 넘치면 사방으로 무차별적으로 쏟아지듯이 그 용기는 (지도적인) 관점의 부재를 예시하는 것이며, 그 결과 편파성의 부재를 설명하는 것이다.

진리에 대한 말이 고정시킴으로써 분리하는 반면에, 그리고 그렇게 함으로써 변화하는 **모든** 것을 방해하는 반면에(이로부터 언어의 지속적인 오류가 발생한다), 지혜로운 의도의 속성은 경직성도 없고 고정성도 없다. 사물 혹은 의미작용을 안정성―우리는 그 안정성이 환영적이라는 것을 알고 있다―에 맡기는 대신에, 지혜로운 의도의 속성은 그것의 고유한 유동성에 의해서 사물 혹은 의미작용의 변화무쌍함에 적응할 줄 알고 있다. 더 뛰어난 것은, 그 속성이 끊임없이 변화함으로써 항상 사물의 근간으로 향한다는 점이다. 왜냐하면 새로워지고 '매일매

---

[*] 『장자』, 「우언」, 947; 프랑수아 줄리앙, 『우회와 접근』, 380 이하 참조.

일' 흘러감으로써, 마치 앞서 말한 잔처럼 지혜의 말은 (자연스러운) "하늘의 경계와 일치한다"고 말해진다. 하나의 의미를 말한다고 주장하는 대신에, 지혜의 말은 '의향에 따라 퍼져 나간다'. 즉, 의향에 따라 퍼짐으로써 지혜의 말은 홀로 그 운행의 '끝까지' 갈 수 있는 것이다.*

왜 이러한 '변화하는 언어' ― 현실세계를 의미하면서 그 현실세계를 말하지 않는다 ― 가, 펼쳐짐의 한계까지 현실세계에 일치하면서 현실세계를 가장 잘 포함할 수 있는(그 잔을 말함), 따라서 '현실세계의 지속을 기다릴' 수 있는 이유는 무엇인가? 사물이 '다양한 구현'에 의해서 '시작'도 없고 '끝'도 없는, 따라서 사람들이 '주어진 질서'를 발견할 수 없는 하나의 흐름으로 끝없이 대체되기 때문에, 말에 의해서 '자연적인 평등성'을 존중하는 것 또한 바람직하다. 주해가가 명시하고 있듯이,** "따라서 사람들은 하나의 특별한 발화에 집착할 수 없다"라는 표현이 '출발점' 혹은 원칙으로 사용되고 있다. 이와는 반대로 끝없이 스스로 새로워지는, 따라서 이를 통해 방향도 특권도 강요하지 않는 변화하는 말은, 그러함이 자신의 개별적인 출현에 동참함으로써 그러함이 매번 공개되지 않았던 참신한 것을 가지고 있을 때 각각의 그러함에 대답할 수 있게 된다. 이와 동시에 변화하는 말은, 하나에서 다른 하나로 변화함으로써 그 운행의 무차별적인 근거를, 그 말들을 연결시키는 '평등한' 근거를 이해시키는 것이다.

---

* 『장자』, 「제물론」, 108.

** 『장자』, 「제물론」, 952.

따라서 정의定義, spécification하기의 논리를 따르면서, 그리고 모순의 원칙을 준수하면서 현실세계를 그것의 뉘앙스 속에서와 동시에 그것의 내밀함 속에서 (또한 그것의 강렬함으로써) 이해시킬 줄 안다는 것이 바로 하나의 의미에 대한 한정인 것은 아니다. 왜냐하면 의미로부터 자질(장점)을 제거함으로써 의미를 안정시킨다고 말하는 것은 항상 거짓이기 때문이다. 사람들은 도가 사상가가 전도된 전략을 취하고 있다고 여기고 있다.* 그 전략에서는 반대로 말의 펼쳐짐과 넘침이 바로 그때 작용하게 되는 말한다는 것의 느슨함에 의해서 하나의 관점이 갖는 협소함이 그 속에서 풀리기 때문에, (그 의미를) 말의 흐름 속에서 파악할 수 있고 포착할 수 있다. 구별 없이 말함으로써 사람들은 (우리가 '내재성' 혹은 '삶'으로써 지칭하는 것을) 가장 잘 지나가게 할 수 있다. 왜냐하면 의미의 명령과 여러 범주의 구속으로부터 해방됨으로써 사람들은 이때 "그것이 온다(발생한다)ça vient"라고 말하는 것이다. '그것이 온다(발생한다)'는 표현은 현실세계로부터 말 속으로 오는 것이며, 또한 말한다는 것의 긴장도 단어의 압력도 없이 전적으로 홀로 이루어지는 것이다.

공허하고 동떨어진 의도와 함께, 무한히 광대한 말과 함께, 끝도 없고, 한계도 없는 표현들과 함께, 그는 편파성에 빠짐이 없이 그 순간의 의향에 따라 처신하며, 따라서 일방적인 관점으로 사물들을 고려하는 것을 경계한다.

---

* 『장자』, 「천하」, 1098.

그렇기 때문에 지혜로운 의도는 변화Variation로서 이해된다. 왜냐하면 변화만이 항상 이러저런 양상을 그 양상이 발생하는 대로 '의향에 따라' 차별하지 않고서 고려하도록 해주기 때문이고, 따라서 여러 양상을 미리 통합시키지 않고 또한 각각의 그러함의 개별성을 코드화하지 않고서 받아들이도록 해주기 때문이다. 변화는 항상 개방적인 말이며, 항상 말하기 위해서 시작하도록 할 뿐이며, 구성하지 않기 때문에, 따라서 매번 필요한 측면으로 돌아설 수 있는 것이다. 그 무엇에도 집중하지도 않으면서, 그 무엇도 부각시키지도 않으면서, 변화는 자체의 유일한 움직임에 의해서 사물들에 밀착되어 있으면서, 사물의 '평등성'에 답하는 것이다.

또한 변화는 하나의 관점에서 다른 관점으로 이행하면서 그 관점들 중 어떤 것에도 멈추지 않도록 해주기 때문에, 관점을 끊임없이 없애고 열어 놓는 것이다. 이와 동시에 사람들이, 모든 것을 통해서 확산되기 때문에 결코 고립될 수 없는, 심지어 분명해진 나머지 더 이상 가시적이지 않게 된 (그것을) '실현시킬(깨달을)' 수 있는 것은 단지 끝없이 시각을 변화시킴으로써, 항상 그 관점 위로 되돌아옴으로써만 가능한 것이다. 결국 변화는 발전적이고 건설적인 담론과 구별된다. 그러한 담론은 변증법적으로 발전하기 때문에, 그것은 철학의 담론에 속하는 것이다.

그 첫 번째 운동은 하나씩하나씩 구성하고 첨가하는 것이다. 반면 다른 운동은 항상 새롭게 그 동일한 것을 포착하려고 노력한다(비트겐슈타인, 1930).

VIII
이러한 논의가
어떻게 알려지지 않을 수 있었는가?

1

　현자를 철학의 가장자리에서 마주친 여러 모방자들, 즉 신비주의자, 소피스트(상대주의자), 회의론자 등과 분리해야 할 것이다. 그들은 한 측면 또는 특정한 관점에서 현자와 유사한 특징을 가지고 있지만, 현자는 근본적으로 그들과 다르다. 심지어 가장 유사해 보일지라도 현자는 정반대의 입장을 취하고 있다. 따라서 현자는 분류할 수 없게 되는 것이다. 즉, 우리가 대충 훑어볼 때, 현자가 보이는 모든 측면은 대립되는 것으로 보인다. 그런데 그러한 것들을 모두 갖추고 있는 현자가 실제로 편듦이 없다는 것이 있을 수 있는가? 현자가 행하는 것은 정확하게 말하자면 그가 (그를 정의할 수 있도록 해주는) 더 이상 어떠한 편듦도 가지고 있지 않다는 것인가? 알 수 없는 자로 평판이 자자한 소피스트조차 훨씬 수월한 먹잇감이었다. 그리고 만일 사람들이 철학에 도움을 청한다면, 그 모든 측면을 관련시키는 관계의 특별성은 더욱 잘 드러났을 뿐이다. 실제로 신비주의적인 것, 소피스트적인 것 혹은 심지어 회의론과 관련해서 철학은 그것들과의 공개적인 단절을 아무리 선언해도 소용이 없다. 즉, 갈등은 명백한 것이며 논쟁을 야기하는 것이기 때문에, 사람들은 갈등이 그 부분들 속에서의 대면이 이미 준비되었고 각인되었으며 조직되었기 (따라서 또한 이미 특정한 방식으로 제거되었기) 때문에 가능해진다는 점에서 줄어든다는 것을 알지 못할 것이다. 그리고 또한 어떤 면에서는 사람들이 결국 그러한 언쟁이 하나의 의미를 갖고 있다는 사실을 **충분히 이해하는** 한에서만 줄어든다는 것을 알지 못할 것이다. 즉, 불화는 공공연한 만큼 단지 화합의 기반에서만 가능한 것이다. 하지만 그 기반 자체는 무언적인 것이다. 그리고 사람들이 공공연한 반대자를 자처했던 것과 마찬가지로, 그 순간이 오면 싸움을 버리고 교섭하는 것이 어떻게 정당해지지 않을 수 있겠는가? 철학은 (말로 표현할 수 없는 것에 관하여) 신비주의와 타협했고, (수사적인 것에 관하여) 철학과, (탐구에 대한 충족되지 않은 욕구, 즉 '진리 탐구'에 관하여) 회의론과 타협했던 것이다. 필자는 다음과 같이 주장하면서 위험을 무릅쓰지는 않을 것이다. 즉, 철학의 모든 **사소한 타자들(소小타자들**petits autres**)**이 철학을 그 근간에서 흔들기는커녕 철학의 영역을 두드러지게 만드는 데 기여했으며, 따라서 철학을 견고하게 만드는 데 더욱 기여했다고 주장하는 것이 그것이다.

　지혜와 철학 사이에서는 완전히 다른 식으로 진행될 것이다. 이 둘의 분열이 그늘 속에서 이루어졌고, 그 분열에 대해서 말하지 않는 것처럼, 그 분열이 잠재적인 것처럼, 사람들은 그 둘의 만남이 최소한의 불꽃이라도 만들어내는 것을 기대하지 않는다. 철학이 지혜를 박대함으로써 지혜로부터 그 무엇도 기대하지 않게 된 것은 오래된 일이다. 한쪽이 자신의 개념적이고 이론적인 기반과 더불어 자신의 방법론적인 기법을 확고하게 만들수록 다른 한쪽은 더욱 해체되는 것처럼 보였으며, 사람들은 그것을 더 이상 분간할 수 없게 된다. 혹은 힘에서 화학적 작용이 벌어질 필요가 있었다. 사람들이 일반적으로 그렇게 하듯이 그 둘을 같은 욕조 (동일한 사상의 '욕조') 속에서 혼합되도록 방치하는 대신에, 사람들은 그 욕조를 분석의 대상으로 삼았다. 이때 사람들은 그것들의 요소가 철저하게 변별적인 형상으로, 대립되는 두개의 영역으로, 즉 지혜 대$_{versus}$ 철학으로 다시 분리되는 것을 목도하게 된다. 즉, 두 몸이 서로 전적으로 독립적인 것으로 재구축되는 것이다.

비록 철학과 지혜 사이의 차이점이 (철학과 철학의 또 다른 긍정된 것들 사이보다) 덜 두드러진 것이라 하더라도, 필자는 그 차이가 더 많이 구속한다고 추측하고 있다. 혹은 만일 양립불가능성이 그 둘 사이에 최소한의 것이라면, 외면성 ─ 하나가 다른 것과 **대면하고 있는**$_{vis-à-vis}$ ─ 은 가장 근본적인 것으로 드러난다. 필자는 다음과 같이 가정했었다. 즉, 유기적으로 지혜를 철학의 대립적인 축으로 재구성함으로써 사람들이 철학을 하나의 특정한 외부 ─ 결국 하나의 **외부**를 ─ 로부터 재검토할 수 있을 것이며, 그 결과 철학의 편견들 속으로 거슬러 올라갈 수 있다는 것이었다.

2

지혜와 철학에 대한 이러한 가능한 **분리**는 그것들이 서로 **논의**로부터 기대하는 것에 의해서 검증된다. 왜냐하면 이러한 구분은 변화의 대척점으로 등장했기 때문이다. 이미 필자가 언급했듯이 고대 중국에서는 비록 논의의 절차가 상당히 잘 구성되어 있다 — 특히 묵가에서 — 고 할지라도, 제자백가 전체가 그 절차에 대해 설명을 했어야 할 정도로 잘 구성되어 있다고 할지라도, 당시의 주요 사상가들이 그 절차를 완곡한 방식으로 사용하는 성향이 있는 것은 여전히 사실이다. 즉, 도가의 주요 사상가들은 그 운행을 공개적으로 만들 정도였다.[*] 왜냐하면 현자가 **다투지 않는다**는 것에 대해서 의심하지 않기 때문이다. 실제로 모든 구분이 그 자체 속에 '구별될 수 없는 것'을 포함하고 있는 것과 마찬가지로, 모든 논의는 그 속에 '논의되지 않는 것'을 포함하고 있었다辯也者, 有不辯也. 그런데 이와 같은 사실을 잘 검토해보면, **논의되지 않는 것**으로 남은 것이 단지 논의의 나머지인 것만은 아니다. 즉, 논의가 일부러 한쪽에 남겨놓았을 수도 있을 것이며, 혹은 심지어 사람들이 그것에 관하여 영원히 논의를 끝낼 수 없을지도 모르는 것이다.

그러나 여기에는 조건이 있다. 모든 차이의 기반에는 분화되지 않은 것이 있어야 하는 것처럼, 즉 공통된 기반으로서의, 따라서 하나의 차이가 그 기반으로부터 솟아오를 수 있는 것이 있어야 하는 것처

---

[*] 『장자』, 「제물론」, 83.

럼, 모든 논의가 논의되지 않는 것을 전제로 하고 있는 것처럼, 논의는 그 두 부분이 서로 대립될 수 있기 위해서 그것들 사이에 충분하게 합의한다는 것을 필연적으로 암시하고 있다. 하지만 논의는 바로 이러한 이유로 인하여 논의에 이르게 하는 방법을 알지 못한다. 그러므로 논의되지 않는 채 남아 있는 것은 논의의 여지가 없는 것에 속하는 것이다. 따라서 논의의 여지가 없는 것 덕분에, 혹은 더 정확히 말하면 논의의 여지가 없는 기반에 기초하여 사람들은 논의를 진행할 수 있는 것이다. 다른 식으로 말하면 이러한 토론이 도달하지 못하는 **토론의 기반**이 항상 남아 있어야 하는 것이다.

어떤 해결책이 있는가? 주어진 대답은 간결하다. 즉, 현자는 '자신 속에 담는다聖人懷之'. 그는 함께 유지한다. 그는 항아리가 혹은 유리잔이 채우는 것처럼 담는다. 달리 말하면, 현자는 함께 취한다. 사유의 명증성에서 도달한 사람에게서 지적으로 파생된 의미에서가 아니라 포괄된 모든 것을 조화시키는 모든 것을 동일한 차원에서, 전체 그 자체 속에서 조화시키는 사람에게서 좀 더 근본적으로 파생된 의미에서 그러하다. 즉, 현자는 현실을 분열시키기 위해서 오는 관점, 따라서 대립으로 이끄는 관점을 분리되도록 내버려두지 않는다. 이와는 반대로 군중을 이루고 있는 타인은 '서로서로에게 스스로를 드러내 보이기' 위해서 논쟁을 벌이며, 각자는 타인에게 '보게 만들길' 원하며, 자신이 본 것을 보도록 만들고자 하는 것이다衆人辯之以相示. 이런 사람은 보는 사람이 자신이라는 것을 알리고자 하는 것이다. 도가 사상가는 진리를 위해 토론한다는 태도에서 사람들이 항상 '겉치레'와 과시에 직면하게 되는 것을 경계하고 있다. 모든 토론 — 이것은 또한 논증을 위해서도 가치가 있다 — 은 연출된 것에서 무엇인가를 취한다.

　이러한 이유로 인해 결론은 모든 논쟁이 '눈에 띄지 않는 것'을 포함하고 있다. 이것은 주해가들이 보통 이해하고 있듯이 단순히 사람들이 모든 논쟁에서 타인의 관점에 개방하지 않고서 단지 자신의 관점만을 보게 될 것이라는 점만을 의미하는 것이 아니라, 좀 더 근본적으로는 모든 논쟁이 여러 입장들을 돌출시키고 이어서 대립을 낳으면서 단지 피상적인 것이 될 수 있을 뿐이라는 것도 의미하는 것이다. 우리가 항상 사물의 거품에 관해서만 논쟁을 벌이고 있다고 도가 사상가는 넌지시 알려주고 있다. 왜냐하면 우리는 항상 이론의 여지가 있는 것만을 논쟁하기 때문이다. 실제로 논쟁이 돌출시키는 것은 항상 그것이 조직하는 갈등에 의해서 멈추게 된다. 모든 토론은 조립을 대상으로 삼기 때문에 이러한 대면을 벗어나는 모든 것을 규칙 밖에 남겨둔다. 즉, 토론은 현실세계와 사유에 의해서 눈살이 찌푸려지고 주름 잡히고 대립되고 반박될 수 없는 모든 것을 처음부터 규칙 밖에 남겨둔다. 토론은 처음부터 논쟁의 대상이 될 수 없을 모든 것을 무시하는 것이다. 그러므로 원칙에 따라 그런 식으로 토론해도 불구하고 심지어 토론이 모르는 가운데, 토론은 본질적인 것을 옆으로 제쳐놓게 되는 것이다. 즉, 사물의 이러한 기반은, 그 기반이 공통되기 때문에 분리되도록 내버려두지 않는다. 또한 그 기반이 평등하기 때문에 그 기반은 부각되도록 내버려두지 않는다. 토론은 그 기반에 스며들지 않는다. 사람들이 알고 있듯이 명증성의 속성은 그 명증성이 논의의 여지가 없다는 것이다. 그런데 명증성에도 불구하고 사람들이 그 명증성을 볼 수 없을 정도로 사방에서 우리를 둘러싸고 있다. 그리고 명증성은 단순히 우리를 둘러쌀 뿐만 아니라 우리를 관통하기도 한다. 즉, '삶', 그것은 알아차리지 못한 가운데 진행된다. 왜냐하면 사람들이 항상 삶을 목도하고 있기 때문이다. 삶에 스며들 수 있어야 하며 '깨닫는 것이' 필요한 것도 이 때문이라 할 것이다.

그 광대함 속에서 고려된 '큰 도大道'가 '말이 없는' 것과 마찬가지로 '큰 토론', 즉 더 이상 인위적인 것이 아니며 혹은 하찮은 일에 집착하지 않는 큰 토론은 '말을 하지 않는다'. 왜냐하면 우리가 살펴보았듯이 눈에 드러나는 도는 더 이상 도가 아닌 것과 마찬가지로, '논쟁하는 말은 목표를 이루지 못하기 때문이다'.* 도가 사상가는 다음과 같이 말하고 있는 듯이 보인다. 즉, 모든 논쟁은 독단적인 것이 되지 않기 위해서 항상 너무나 코드 속에 편입되어 있고, 진정한 것이 되기 위해서 너무나 자신을 드러낸다. 마찬가지로 진정한 '인간미'는, 인류를 위해서 '완벽하게' 되어야 한다는 위험을 무릅쓰든 아니든 간에 고정된 방식으로 동일한 장소에 영향력을 행사하면서도 항상 인정을 표시하지 않는 것에 있다. 혹은 진정한 '청렴결백'은, 더 이상 '선명함'이라는 위험을 무릅쓰든 아니든 간에 자신의 순수성을 과시하지 않는 것에 있다. 논쟁하는 대신에, 그리고 심지어 논쟁을 하지 않기 때문에, 현자는 모든 것을 평등의 기초 위에서 이해하며 스스로 '하늘의 곳집, 천부天府'의 역할을 한다. 현자는 물탱크와 같은 것이다. '하늘'로부터, 다시 말하면 내재성 혹은 자연으로부터 논쟁은 항상 우리를 좀 더 그것으로부터 거리를 두게 만든다. 왜냐하면 논쟁은

---

* 『장자』, 「제물론」, 83.

여러 구분들의 결말이기 때문이다.

신이 철학자에게 세상 모든 사람들이 눈앞에 보고 있는 것을 꿰뚫을
능력을 주었을까(비트겐슈타인, 1947).

3

구분dis-tinction과 논쟁dis-cussion에 들어 있는 접두사 dis-는 여기서 분
리를 말하고 있다. 먼저 구분이 있고, 그 구분으로부터 논쟁이 생긴
다. 이 두 용어는 너무나 비슷하고, 중국어에서는 동음이의어이자 종
종 동의어(辯과 辯)이기도 하기 때문에, 거의 구분되지 않는다. 왜냐하
면 중국에서 논쟁은 분리라는 순수한 논리에 따라서 제명除名에까지
가는 것으로 인식되고 있기 때문이다. 따라서 결코 혹은 아주 조금이
라도 그것과는 역전된 대화와 협동이라는 논리에 따르는 것이 아니
기 때문이다. 묵가에 의해서 정의된 것과 같은 것으로서의 논쟁은,
타인이 그렇지 않다고 주장한다고 하더라도 그렇다는 것을 확증하는
것이며 필연적으로 한 측은 옳고 다른 측은 그른 것이 되는 것이
다.* 따라서 만일 하나의 엄정한 대답이 갖는 조건들이 고려될 수
있는 것이라면,** 그 조건들은 발전될 수 없다. 왜냐하면 논쟁은 더욱

---

* 『후기 묵가』 下, 35.

** 『후기 묵가』 下, 41 참조

광대한 쟁점을 가지고 있지 않기 때문이다. 즉, 고대의 중국 사상가들은 논쟁이 생산적인 것이 될 수 있다고 상상하지 못했으며, 따라서 토론이 발견하는 데 도움을 줄 것이라고 상상하지 못했다. 그리고 바로 이러한 점이, 이번엔 철학의 관점에서 보면, 고대 중국 사상가들의 사유가 갖는 맹목적인 시각을 구성하는 것이 되고, 따라서 지혜를 위태롭게 하는 것이 된다.

사람들은 도가 사상가가 작성한 다음과 같은 결론을 통해서 이와 같은 사실을 확인하게 된다.

만일 너와 나, 우리가 논쟁을 벌일 때, 그리고 논쟁에서 승리한 자가 내가 아니라 너일 때, 실제로도 옳은 자가 너이고 틀린 자가 나인가. 그리고 만일 승리한 자가 네가 아니라 나라면, 실제로도 옳은 자가 나이고 틀린 자가 너란 말인가既使我與若辯矣, 若勝我, 我不若勝, 若果是也, 我果非也邪, 我勝若, 若不吾勝, 我果是也, 而果非也邪(「제물론」).

다른 말로 하면, 사람들이 옳은 이유가 '승리했기' 때문이 아니라는 것이다. 그리고 만일 이러한 가정을 확대해보면 다음과 같이 될 것이다.

한 사람이 옳은가 그리고 다른 사람이 틀린가. 혹은 이 둘 모두가 옳은가. 혹은 둘 모두가 틀린 것인가其或是也, 其或非也邪, 其俱是也, 其俱非也邪(「제물론」).

이로부터 다음과 같은 확증된 사실이 나온다.

너와 나는 (우리 사이에) 서로를 알 수 없다. 따라서 타인은 모호함 속에 처하게 된다. 그렇다면 내가 그것이 옳다고 설명할 책임을 저야 하는가我與若不能相知也. 則人固受其黮闇. 吾誰使正之(「제물론」).[*]

왜냐하면 제삼자는 그것을 개선할 수 없을 것이기 때문이다.

너와 동일한 의견을 갖고 있는 어떤 사람이 있을 수 있는가. 하지만 이때 너와 동일한 의견을 갖는다는 것이, 어떻게 옳다는 것을 설명해줄 수 있는 것인가. 혹은 나와 동일한 의견을 갖고 있는 어떤 사람이 있을 수 있는가. 하지만 이때 나와 동일한 의견을 갖는다는 것이, 어떻게 옳다는 것을 설명해줄 수 있는 것인가. 혹은 너와 나와는 다른 의견을 갖고 있는 어떤 사람이 있을 수 있는가. 하지만 이때 너와 나와는 다른 의견을 갖는다는 것이, 어떻게 옳다는 것을 설명해줄 수 있는 것인가使同乎若者正之, 既與若同矣, 惡能正之. 使同乎我者正之, 既同乎我矣, 惡能正之. 使異乎我與若者正之, 既異乎我與若矣, 惡能正之(「제물론」).[**]

---

[*] [이 일은 나와 너도 알 수가 없다. 그렇다면 다른 이들도 물론 판단을 내릴 수 없다. 우리는 누구를 시켜 이를 판단하게 하겠는가.](안동림)

[**] [너와 동일한 의견을 가지는 자에게 판단을 시킨다면 이미 너와 동일한 의견을 가지고 있으니 어떻게 공정한 판단이라 할 수 있겠는가? 나와 의견이 같은 자에게 판단을 시키면 이미 나와 같은 의견을 가지고 있으니 어떻게 공정한 판단이라 할 수 있겠는가? 나와도 너와도 입장이 다른 사람에게 판단을 시킨다면 그는 이미 나와도, 너와도 다르므로 어떻게 공정한 판단을 할 수 있겠는가?](안동림)

제삼자가 너와 나와 같은 의견을 가지고 있다고 하더라도 마찬가지 결과가 될 것이다. 실제로 제삼자가 한 사람의 입장과 다른 사람의 입장 혹은 둘 모두의 입장을 거부한다고 가정할 때, 제삼자가 더 이상 '믿을 만한' 사람이 아니다. 혹은 우리 두 사람의 입장을 다른 방법으로 생각함으로써 제삼자가 새로운 구분을, 즉 사유를 다른 식으로 여러 번 주름지게 할 뿐인, 따라서 단순히 앞선 사유에 첨가함으로써, 즉 사유의 옆에 첨가하면서도 앞선 사유가 더 이점이 있다는 것을 알지 못하면서, 앞선 사유를 더 약화시키거나 확고히 하지 못하면서, 더 '설득적'이지 않은 새로운 구분을 내놓을 수도 있다. 이러한 조건들 속에서는 나와 너 그리고 다른 사람은 서로의 의견을 알 수 없다. 혹은 '우리는 여전히 다른 어떤 사람에 의존하게 될 것인가?'

논쟁의 길이 봉쇄되었다면, 현자에게는 더 이상 대화하지 않고 혼자 중얼거리게 되는 변화의 방식이 남게 된다. 왜냐하면 사람들은 상대적으로 '서로의' 라는 표현이 아니라 '자기 자신의(에 의한) 것'이라는 표현을 '옳다고 여기게 될 것'이기 때문이라고 주해가는 결론 내리고 있다.[*] 자신의 고유한 여정에 의해서 자기 자신 속에서 '깨달으면서' 이해하는 것이며, 그것 덕분에 사람들은 다른 여정을 간접적으로 부추길 수 있다. 하지만 사람들은 더 이상 의사소통을 할 수 없다. 그 이유는 우리가 알고 있듯 내재성이 의존 관계의 해체 속에서, 따라서 몸과 관계를 맺고 있는 그림자의 해체에서 발견되기 때문이다. 그런데 사람들은 이와 같은 '타인과의 대면적 의존성'으로부터

---

* 곽상, 『장자주』, 108.

논쟁이라는 순수한 '소리의 전달'이 만들어낸 대화 상대자를 기대할 수 있을 것인가化聲之相待. 현자는 이러한 모순의 유희를 취하도록 내버려두는 대신에, 이러한 대립을 자연적인 '평등성', '하늘'의 평등에 따라 '조화시킨다'라고 도가 사상가는 결론짓고 있다. 즉, 의향에 따라 방출되면서 더 이상 단언하지 않으면서도, 이렇듯 각 존재자를 더 이상 '제한적'이지 않은 것 속에 '수용하는' 말 속에서 조화시키는 것이다寓諸無竟.

중국 사상의 위대한 텍스트 중 하나이자 우리가 거의 전체를 읽어본, 이 같은 '사물과 담론의 평등에 관한' 그 짧은 글 중에서 유일하게 위 문장이 실망스럽다는 사실을 우리는 고백한다. 왜냐하면 그 글이 조직하고 있는 유희를 통해 한 번 더 사유를 불가능하게 만들기 위하여, 그리고 대립되는 가정들 속에서 끝없이 그 사유를 흔들면서 선택적인 논리로부터 사유를 끌어내기 위하여 우리가 이번에는 더욱 격렬한 거부의 노력을 간파하기 때문이다. 이번엔 그 유희가 완벽함에 대한 염려 때문에 너무 지나치게 집요해진다. 이것은 마치 드러나면 자신의 사상을 위험에 빠트리기라도 하듯 모든 가장자리를 차단하는 것과 관련되기라도 한 것 같다. 특히 사람들이 타인에게 보여주는 대화를 통해, 그리고 역으로 여러 관점이 갖는 초라함과 편파성으로부터 빠져나오도록 하는 대화를 통해 발전하는 능력을 통해, 중재인 혹은 판관으로서의 제삼자의 도움을 통해, 또한 대립된 입장들의 배척을 제거하도록 해주는 중재, 특히 탐색이 아닌 만큼 **생성**élaboration도 아닌 것을 통해서 말이다. 따라서 **공통적인** 그것은 더 이상 순간의 완전한 일치가 아닌 것으로부터, 하지만 상황의 초월에 의해서 진리 속에서 구성된다.

4

'소크라테스'(그가 상징하는 것)는 양면성을 가지고 있다. 그만큼 그가 아이러니하기 때문이라거나, 혹은 외부는 추하고 속은 아름답기 때문이라서가 아니라, 정확히 말하면 그가 지혜와 철학의 교차로에 위치해 있기 때문이다. 혹은 그가 이러한 교차로를 만들 것이기 때문인가? 이러한 점에서 볼 때 그는 불안한 채로 남아 있다. 그리고 니체가 그를 규탄했던 이유이기도 하다. 왜냐하면 적어도 플라톤이 무대에 등장시킨 대로의 소크라테스에게서 사람들은 철학이 지혜와 구분되는 것을 보게 되고, 따라서 철학이 하나의 자율적인 사변적 길에 참여함으로써 그 사상이 더 이상 알려지지 않고 있는 '본질' 혹은 '관념' ― 비록 여전히 이데아에는 미치지 못하고 있을지라도 ― 의 차원을 구성하는 것을 보게 된다. 지혜롭고 또한 호인이었던 그가 철학을 출구 없는 모험 속으로 몰아넣었던 것이다. 즉, 철학의 모험 속으로 말이다.

사람들이 그린, 혹은 사람들이 스스로의 안도감을 위해서 그린 에피날 판화*의 이미지에 따르면, 소크라테스는 태평하고 무관심한 모습이다. 그는 자신의 개인적인 발전에만 몰두하기 위해서 불가능한 지식에는 등을 돌리고 실천적인 것에 매진했다. 하지만 아리스토텔레

---

* 사회 상황을 풍자하는 판화 및 사실주의적인 판화를 일컫는다.―역자주

스에 따르면 철학이 그 토대가 되는 **로고스**의 창안자로 부르는 이 또한 소크라테스인 것이다. 즉, 진리를 발견하기 위해서 산파술을 거쳐 즉자에 대한 탐구에 매진한 사람으로 여기는 것이다.

현자로서의 소크라테스는 사람들이 선고한 죽음을 두려워하지 않았다. 철학자로서의 소크라테스는 남은 마지막 날을 친구들과 함께 불멸의 가능성에 대하여 논의하는 데 보냈다. 그런데 그가 죽음 앞에서 태연했던 것을 그가 영혼 불멸을 확신했기 때문이었다고 생각하지 않는다면, 현자의 모습과 철학자의 모습은 연결되지 않는다. 혹은 거의 소통되지 않는다. 우리는 그 사실을 잘 알고 있다. 따라서 플라톤은 다음과 같은 사실을 믿게 하려고 시도하지 않았다. 즉, '관념'이 실존에 대한 그런 식의 힘을 가질 수 없다는 것을 말이다. 반면에 소크라테스는 담론을 믿고 있는 것이다. 따라서 그에게 대화는 논쟁을 긍정적인 것으로 만들어주는 것이다. 그것은 최종 순간에서도 마찬가지였으며, 그리고 가장 공개적으로 추론을 벗어나는 문제 중 하나에서도 마찬가지였다. 즉, 우리가 이미 알고 있듯이, 모든 결론이 영원히 이의 제기를 받을 수 있는 문제와 그가 '이성혐오misologie'를 경계한 문제에서도 마찬가지였다. 논증된 논쟁에 대한 그의 옹호는 이때 정확하게 도가 사상가가 했던 비판에 반대한다. 마찬가지로 그는 다음과 같이 인정한다. 즉, 존중했던 사람에게서 신뢰를 잃은 이후, 그것도 여러 번 되풀이된 경우 사람들은 결국 감정이 상해서 '인간과 관련된 모든 것에 증오심을 품게' 되며, '인간혐오자misanthrope'가 되게 된다는 것이다. 마찬가지로, 상상하는 것에 대해 찬성의 추론을 하고 반대의 추론을 하느라 시간을 보내는 사람들에게는 결국 '최고의 현자가 된' 그들이 추론뿐만 아니라 사물에도 '건전한' 그 무엇도, '안정된' 그 무엇도 존재하지 않는다는 것을 알게 된 유일한 사람이라는 것이다. 이때 사람들은 모든 논쟁을 혐오하기에 이르는 것과 마찬가지로 추론을 싫어하기에 이르는 것이다.* 혹은 만일 사람들이 다시 그것을 사용한다면, 그것은 전혀 진리를 위한 고려에 의해서가 아니라 자신의 관점이 승리하도록 만들기 위해서인 것이다. 소크라테스는 이렇게 반대로 말한다. "당신의 감정은 내가 진실하다는 것인가? 그렇다면 당신은 나와 동의하는 것이다. 그렇지 않은가? 당신의 모든 이성을 나에게 반대하는 것에 목표로 삼아라." 요컨대, "당신은 소크라테스에게 관심을 두지 말라"고 소크라테스는 자신에 대해 반대 의사를 제기한 바로 그 사람들에게 말한다. "하지만 진리에는 더욱더 많은 관심을 두라"고.

대화를 계속해서 따라가 보면(그리고 대화상대자를 바꾸면서), 소크라테스는 도가 사상가에 대답할 것이다. "나는, 당신이 말하는 것처럼 단순히 타인에게 보여주기 위해서만 논쟁하지는 않는다. 나는 타인이 보는 것처럼 보기 위해서도 논쟁한다. 소크라테스는 짐짓 순진한 듯 연기하는 것이다. 왜냐하면 만일 내가 당신들에게 실제로 다음과 같은, 즉 각자는 자신의 여정에 의존하여 있고 **자신의 사유 속에 사로잡혀 있다**는 것에 대해 동의한다면, 여러 관념들은 서로 소통된다. 즉, **대화**('dia'[분리·구별·횡단]-logue)는, 그것이 공동으로 투입하는 것에 의해서, 그리고 그렇게 촉진하는 것에 의해서, 논쟁 분리의 반대

---

* 『파이돈Phédon』, 89~91.

인 것이다."

게다가 분명히 소크라테스는 다음과 같이 이야기를 계속해 나갈 것이다. 즉, 중요한 것은 관념을 '교환하면서' 각자가 자신의 편파성으로부터 빠져나올 수 있다는 것도 아니고, 타인과 대화하면서 우리가 우리 각자 속에서 끌어내는 것, 그리고 우리 사이에서 발생되는 관계에 따른 호의, 즉 자유로운 동의의 힘도 아니라는 것이다. 논쟁의 시험이 가치 있게 만드는 것은 바로 그 사람이며, 진리는 바로 그 사람에 기초를 두고 있는 것이다. 따라서 그 어떤 '적합성adéquation'의 부당한 영속화에 기초를 두고 있는 것이 아니다. 사람들이 철학이라고 부르는 사유의 작업이 효과적인 것이 되는 것은 바로 그 사람으로부터 출발하는 것이다. '함께 검토해보자suskopein'라는 표현에서 볼 수 있는 것은, 더 이상 스승과 제자의 구분이 없다는 것이다. 즉, 우리가 서로 동의하게 될 그 무엇, 바로 이것이 우리가 참이라고 부르게 될 것이다.

이러한 이유로 진리의 개념에 내 자신을 다가서게 하기 위해서 나는 타자에게 의존할 수밖에 없다. 따라서 이러한 의존은 생산적이다. 논쟁의 대상은 '무찌르는 것'이 아니다. 너 혹은 나는 동등하다. 하지만 이러한 논쟁으로부터 하나의 확신이 도출된다. 확신은 구별 없이 공유될 수 있는 것이다. 즉, 확신conviction의 쿰cum은 대화dialogue의 디아dia(분리)에 화답한다. 사람들은 타인과 대화한다. 혹은 사람들은 (침묵 속에서 '생각하면서') 자신과 대화한다. 이로부터 필자는 기꺼이 다음과 같은 결론을 맺을 수 있을 것이다. 즉, 그리스의 공헌은 자유로운 동의가 가진 결정적인 특징을 드러내준 것에 있다. 중국이 그것을 몰랐기 때문이 아니라,* 중국이 그것을 촉진시키고 계발하지 못했기 때문이다. 따라서 '개방된' 마음을 가졌지만 중국의 현자는 그것에 놀라우리만치 마음을 닫고 있었던 것이다.

필자가 지속적으로 추적하고 있는 문제는, 이렇게 하면 불필요하게 반복되는 말이 되겠지만, **그곳으로부터** '변증법'이 탄생한 곳에 있다. 즉, 우리가 여기서 그 문제의 출발점으로, 공동 탐구의 대화를 통한 방식으로서 질문과 대답을 통해 포착한 그 문제에 있다. 따라서 그 문제는 이후부터는 스스로 변모함으로써 철학을 안내하고 철학을 꿈꾸게 만들기를 그치지 않았다. 왜냐하면 사람들이 더 이상 알지 못하고 있는 우리의 사상사와 아주 잘 혼합되어 있는 '소크라테스적' 창안은 중국에서 이해된 그것의 명철함 속에 다시 나타났다. 중국은 대화하다dia-loguer와 같은 점에서 우리를 놀라게 하고 있다.** 이와는 반대로, 서로가 적대적으로 만들어진 유가와 묵가 사이에서 도가 사상가는 변증법적으로 발전시키지 않고 있다. 그는 그 문제를 고려하지 않는다. 그는 대립된 입장을 검토하지 않는다. 그는 어떤 측에도 위치하지 않으며, 자신의 고유한 사유를 '드러내면서' 그 대립을 넘어서려고 시도하지 않는다.*** 하지만 소크라테스는 관점들의 대립에 대

---

* 특히 『순자』, 115.

** 반면 『파이돈』에서 중요한 것은 금욕주의적 이상에 찬성하는 벅찬 옹호가 아니라, 위협받고 있는 동시에 공유된 하나의 말에 대한 신뢰이다. 이러한 대화는 '위험kindunos'에 대한, 그리고 친구들의 평등함에 대한 것이다.

*** 이와 달리 "너에게 고유한 사유하는 방식에까지 이르러라". 그런 후에 나는 타인의 사유하는 방식을 차례로 '맛보게' 될 것이다. 혹은 "우리의 공동 노력을 통해 빛을 보게 할 수 있을 것"이라고 소크라테스는 테아이테토스에게 말했다. 아리스토텔레스, 『형이상학』, 157d.

해서는 단번에 토론의 파기라고 결론을 내리고 있다. 그 어떤 입장도 유지될 수 있어서가 아니라(일반화된 회피 또는 기권을 결론지으면서 회의론자가 생각하고 있는 것처럼), 모든 입장 표명은, 뚜렷이 드러냄으로써, 대립됨으로써, '은폐하는 데' 충분할 것이기 때문이다.

5

이번 연구 작업 내내 제기했던 문제를 다시 검토해보자. 즉, 사람들은 **입장을 취하지 않은 채** 사유할 수 있는가라는 문제가 그것이다. 하나의 의미(굳어진 의미, 강요된 의미)를 결정하는 것으로부터 벗어나는 변주의 기법을 통해서, 중국의 사상가들은 그것이 어떻게 가능한지를 보여주는 데 만족하지 않았다. 그들은 그것을 지혜의 '길'로 삼았다. 그럼에도 불구하고 그 대가代價가 어떤 것인지를 보여주지는 않고 있다. 사람들이 역사 속에서 검증하는 정치적인 비용 말이다. 즉, 도가 사상가처럼 모든 입장은 그것이 수행하는 표절을 통해 사물과 사유의 평등한 차원을 소멸시킨다고 간주하면서, 그리고 유가 사상가처럼 매 '순간' '가능한 것'을 신봉하기 위해서 항상 '중심'의 위치를 점유할 것을 주장하면서, 중국의 현자는 모든 저항의 가능성을 스스로 포기했다. 중국의 현자는 항상 권력에 복종했으며, 의향에 따르는 삶을 살았다. 물론 군주의 의향대로 살았던 이들도 있다. 도가 사상가가 자신의 큰 경쟁자인 공자에게 그것을 말하도록 한 것처럼, 군주 앞에서 "그를 속으로는 비난하면서도 겉으로는 복종할 수" 있어야 한다. 하지만 이러한 곡예는 위험한 것이다. "왜냐하면 복종하기 시작한 자는 그것을 끝낼 수 없을 것이기 때문이다." 그렇지 않다면 "너는 그들 손에 반드시 죽게 될 것이다". 대비되는 사실을 보여주기 위해서 필자가 다음과 같이 말해야만 할 것인가? 즉, 철학이 우리에게 그렇게 하라고 가르쳐준 것처럼 입장을 취함으로써 (중국의 '학자'는 도달하지 못한) 유럽의 지식층이 형성되었으며, 유럽의 지식층이 자유롭게 된 나머지 토론의 조건들이 창시되고 필요불가결해진 것이라고 말해야만 할 것인가? 사람들은 다음과 같은 사실을 알고 있지만, 중국에 대해서는 그 사실을 더욱 잘 평가해볼 수 있다. 즉, 철학은 도시에서 탄생했으며, 도시의 근거를 제공한다. 반면에 지혜는 자연에 대한 사유로 머무르기 때문에, 근본적으로 정치에 관여하지 않는다.*

　필자가 이 책을 시작하면서 인정했듯, 철학은 지혜와 한 가지 해결해야 할 문제를 가지고 있다. 지혜는 그 문제에서 철학의 한 가지 면모를 발견한다. 지혜와 철학이 언젠가는 구분될 수 있을 것인가? 필자는 오히려 철학이 지혜의 순응주의와 마주하여, 철학의 원리상 — 철학이 '자연'에 작용하는 단절에 의해서 — 혁명적인 면모를 보여준다고 믿고 싶다. 심지어 철학이 혁명적이지 않을 때에도, 또한 철학의 이념적인 선택들에서 반대되는 것이 명확히 드러날 때에도 말이다. 따라서 만일 철학자가 자신이 생각하는 것을 참으로 간주하기 위해서 (**참으로 간주하는 것**은 '무엇에 집착하는 것'이 아니다) 타인의 동의에 호소

---

　* 이러한 사실은 중국 사상이 처한 궁지이기도 하다. 그 결과들은 오늘날에도 여전히 확인되고 있다. 반면 중국 사상은 끊임없이 권력에 관심을 두는 것을 그치지 않았다. 즉, 중국 사상은 **바로 그** 정치를 제거하지 못했다.

한다면, 만일 철학자가 설득하고 논증하고, 아주 단순히 말해서, 말하는 것을 필요로 한다면, 이러한 '의존' — 이러한 의존 자체는 도가 사상가가 저지한다는 이유로 거부했던 것 바로 그것이다 — 이 또한 얼마나 해방시키는 것인지를 어떻게 알지 못하는 일이 있겠는가? 게다가 이것은 단순히 의존이 단면적이기 때문만이 아니라, 또한 의존이 빔의 결과 따라서 결핍의 결과로 인하여 편파적이기 때문이기도 하다. 의존이 (버림으로써 시작한다는 것에 의해서) 실행하는, 요컨대 의존이 조직하는 불평등에 의해서 실행하기 때문이기도 하다. 그 철학자의 말이 해방시키는 것이기 때문이기도 하다. "당신은 정말로 그 철학자가 논쟁하는 것이 타인에게 보여주기 위해서, 따라서 타인에게 자신의 관점을 강요하기 위해서라고 생각하는가"라고 소크라테스는 중국 현자에게 대답할 것이다. "혹은 철학이 끝없이 주름 잡히고 또다시 주름 잡힘으로써 이론의 여지가 있는 것에 제약을 가하는 것이기 때문에, 혹은 철학이 현실을 해석하는 데에서 기쁨을 취할 것이기 때문에 그렇게 생각하는가"라고 대답할 것이다. "오히려 당신은 이러한 갈라진 틈 — 그 틈들은 한이 없을 것이다 — 들 각각이 어떻게 매번 생각할 수 없는 것에 하나의 새로운 틈을 열어주는지를 보아야 한다"라고 대답할 것이다.

소크라테스는 장난스럽게 다음과 같이 덧붙일 것이다. "결국 우리의 잘못 혹은 광기는, 다름이 아니라 위험에 찬성하는 사유를 취함으로써 우리가 결과적으로는 사유의 모험에 동참한 것이라오."

저자 후기

철학의 가능한 무모순성을 지혜에 부여하려는 것을 목적으로 삼은 이와 같은 몽타주는, 사실상 중국과 그리스라는 사유의 두 기슭에서 포착된 멀리 떨어진 지시체들을 통과해야 하는 여정과 마찬가지로, 우리가 말로 표현하고 ― 하지만 '우리가' 정말로 그것들을 말로 표현하는 것일까 ― 우리가 사용하는, 혹은 오히려 깊이 생각하지도 않고 지나는 길에 언급하듯 사용하게 되는, 가장 일상적이고 평범한 표현들을 다시 듣도록 하는 것 이외에는 다른 목적을 가질 수 없을 것이다.

이러한 표현들은 '현실과 유리된 것도' 아니고, 아무것도 고안해내지 못하는 것도 아니다. 이러한 표현들은 그 누구에게도 속한 것들이 아니다. 왜냐하면 이 표현들은 관념 속에서 지적인 것이 되지도 못하며, 또한 속담이나 격언 같은 지속성도 가지고 있지 못하다. 오히려 상투적인 표현보다 더 보편적이다. 하지만 바로 이러한 점에서 그 표현들은 모든 구상에 밀착된, 사유의 어떤 특정한 ― 중성적인 ― 기반을 이해시키는 것이다. 다시 말하면 결국 철학이 이해하지 못했던 것을 말하거나, 혹은 오히려 용인하는 결과를 얻는 것이다.

논의를 마무리하며 시 한 수를 적어본다.

결국 따지고 보면

모든 것을 고려하는 것,

모든 것을 그것이 발생하는 것으로서 받아들이는 것,

그것은 잘 되어간다.

하나의 세상을 만들기 위해서는 모든 것을 해야 한다.

열린 마음을 갖는 것,

너그러워지는 것,

모든 것을 상세히 (재)검토하는 것,

그 무엇도 버리지 않는 것,

상대화시키는 것,

그러면 됐다.

노코멘트.

중국학 참고문헌

'고정된 관념이 없음'에 할애된 제1부에서, 약어가 지칭하는 참고문헌은 『역경』, 즉 『주역』이다. 이는 왕부지가 주해한 1988년본 『주역내전』(NZ)과 『주역외전』(WZ)에 따른 것임을 밝혀둔다. 또한 유교의 주요 참고문헌인 『논어』, 『맹자』(MZ), 『중용』은 『중국자학명저집성中國子學名著集成』(vol.3~8)을 바탕으로 주해를 인용하였음을 밝혀둔다.

다른 두 가지 참고문헌이 이 연구를 보완하고 있다. 하나는 『순자』, 「해폐」편으로 현자의 공정함과 관련된 것이다. 다른 하나는 중국에서 최고로 발전된 토론의 논리를 보여주고 있는 묵가의 정전으로서, 필자가 참고한 문헌은 그레이엄의 『후기 묵가의 논리, 윤리와 학문Later Mohist Logic, Ethics and Science』(홍콩과 런던, 중국대학출판사, 동양학 및 아프리카학 대학, 1978)과 『묵경훈석墨經訓釋』*이다.

'그러함'에의 접근을 포함하고 있는 제2부는 『장자』, 「제물론」편에 대한 체계적인 해석이며, 「우언」편과 「천하」편에 대한 두 개의 보충적인 참고문헌을 참조했다. 본문에 언급된 페이지는 곽경번郭慶藩**의 고전 판(『莊子, 世界書局』, 대만, 2vols)에 따른 것임을 밝혀둔다.

---

* 姜宝昌 著, 『墨經訓釋』, 濟南: 齊魯書社, 1993.―역자주

** 郭慶藩 撰, 『莊子集釋』.―역자주

찾아보기

중국 고전

지은이

프랑수아 줄리앙

프랑수아 줄리앙 François Jullien은 파리고등사범학교에서 그리스 철학을 공부하고 베이징 대학교와 상하이 대학교에서 중국학을 연구한 뒤, 극동지역에 대한 연구로 박사학위를 취득했다. 프랑스의 '중국학연구회' 회장과 '국제철학회' 회장을 역임했으며, 현재 파리 제7대학 교수로 재직 중이다.

지은 책에는 『사물의 성향』, 『맹자와 계몽철학자의 대화』, 『운행과 창조』, 『역경』, 『양생술』 등이 있고, 옮긴 책과 논문에는 『루쉰: 아침 꽃을 저녁에 줍다』, 「글 읽기 또는 투사: 왕부지를 어떻게 읽을 것인가?」 등이 있다.

『현자에게는 고정관념이 없다』에서 확인할 수 있듯 줄리앙은 유럽 사상 및 철학이 역사 속에서 발전시켜왔던 것과는 다른 길을 극동아시아, 즉 중국의 공자나 장자 및 묵가 등과 비교함으로써 '서양 철학'을 재구성하는 데 주력하면서 동시에 그 반대 효과로서 그동안 두 진영 간에 놓인 간극을 어떻게 하면 좁힐 수 있을지를 고민하고 있다. 민족중심주의적 편견과 이국주의에 의해 조작된 매혹이라는 이중적인 암초를 피하려고 노력하는 그의 야심은 손쉬운 보편주의는 물론 게으른 상대주의도 경계하는 새로운 지적 지형도를 구성하는 데 있다고 볼 수 있다. 이러한 그의 관심사는 중국적인 '헤테로토피아'를 유희하면서 궁극적으로는 유럽적 전통을 재조망하는 데 목표가 있다. 서양 철학을 탈범주화·재범주화시켜 사유의 장을 새롭게 터잡는 데 기여하기 위해서다.

옮긴이

박치완

한국외국어대학교 불어과/철학과, 동 대학원 철학과를 졸업했다. 프랑스 부르고뉴 대학교 Univ. de Bourgogne에서 앙리 베르그송의 방법론 연구로 박사학위를 받았다. 현재는 한국외국어대학교 철학과/글로벌문화콘텐츠학과 교수로 재직 중이다.

지은 책에는 『이데아로부터 시뮬라크르까지』, 『공간의 시학과 무욕의 상상력』, 『지식의 역사와 그 지형도』 등이 있고, 논문에는 「저개발의식과 이중의 자기소외」, 「식민주의적 타자관과 인종문제」, 「인문학의 이중고: 글로벌 표준화와 로컬의 문맥화」, 「글로컬 시대, 문화 해석의 새로운 지평」 등이 있다.

김용석

한국외국어대학교 불어과와 동 대학원 불어불문학과를 졸업하고, 알베르 카뮈의 『이방인』 번역 연구로 문학 박사학위를 받았다. 현재 한국외국어대학교에서 프랑스 문학을 가르치고 있다.

지은 책에는 『문체론 용어사전』(공저)이 있고, 옮긴 책에는 『나는 흑인이다 나는 흑인으로 남을 것이다』(공역), 『오르배 섬의 비밀』, 『이방인』, 『사르트르와 카뮈 : 우정과 투쟁』(공역), 『새로운 강대국, 중국』, 『캉디드 혹은 낙관주의』, 『잘난 척하는 철학자를 구워삶는 29가지 방법』(공역), 『값싼 석유의 종말, 그리고 우리의 미래』, 『그리스도 철학자』(공역), 『수사학 3: 아리스토텔레스』, 『알파벳의 신비』, 『예고된 공황』 등이 있다. 그 외 번역 관련 몇 편의 논문이 있다.

한울아카데미 1213

현자에게는 고정관념이 없다
철학의 타자

지은이 ┃ 프랑수아 줄리앙
옮긴이 ┃ 박치완·김용석
펴낸이 ┃ 김종수
펴낸곳 ┃ 한울엠플러스(주)
편집 ┃ 배소영

초판 1쇄 발행 ┃ 2009년 12월 30일
초판 2쇄 발행 ┃ 2020년 8월 20일

주소 ┃ 10881 경기도 파주시 광인사길 153 한울시소빌딩 3층
전화 ┃ 031-955-0655
팩스 ┃ 031-955-0656
홈페이지 ┃ www.hanulmplus.kr
등록번호 ┃ 제406-2015-000143호

Printed in Korea.
ISBN 978-89-460-6608-3 93190

* 책값은 겉표지에 표시되어 있습니다.